U0730440

"21世纪的美国与世界"丛书（11）

Series on the United States and the World in the 21st Century

从相互依赖到战略竞争

美国对华经贸战略的重塑

宋国友 著

From Interdependenceto Strategic Competition:

The Resetting of the United States' Economic Strategy towards China

复旦大学出版社

复旦大学美国研究中心
"21世纪的美国与世界"丛书

主编　吴心伯（复旦大学美国研究中心）

编委（**按姓氏音序排列**）

　　　陈东晓（上海国际问题研究院）

　　　达　巍（清华大学社会科学学院）

　　　贾庆国（北京大学国际关系学院）

　　　倪　峰（中国社会科学院美国所）

　　　宋国友（复旦大学美国研究中心）

　　　王鸿刚（中国现代国际关系研究院）

　　　吴心伯（复旦大学美国研究中心）

　　　信　强（复旦大学美国研究中心）

　　　姚云竹（中国人民解放军军事科学院）

丛书总序

复旦大学美国研究中心推出的"21世纪的美国与世界"丛书旨在深入研究21世纪以来美国在政治、经济、社会、文化等方面的发展变化,美国在世界上的地位和影响力的变化,美国与世界关系的变化,以及这些变化所带来的复杂影响。

21世纪是世界加速变化的世纪,对于美国来说尤其如此。进入21世纪以来,美国政治极化的加剧使美国政治机器的运行成本上升,效率下降,公众和精英对美国政治制度的信心大打折扣。一场突如其来的金融危机和经济危机使美国经济遭受了20世纪30年代大萧条以来最严重的打击,经济复苏缓慢而乏力,就业形势空前严峻。贫富差距的增大、贫困人口数量的上升使以中产阶级为主的社会结构面临巨大挑战,"茶党运动"和"占领华尔街运动"的兴起宣泄着来自左右两端的不满。美国向何处去?这是一个重大的问题,答案只能向未来寻找。

进入21世纪以来,美国在世界上的地位和影响力也在发生重要变化。在21世纪第一个十年里,美国占世界经济的比重从30%左右下降到20%左右,美国的国际经济优势在下降。阿富汗战争和伊拉克战争使美国在军事上付出了巨大代价,也削弱了美国的战略优势。中国、印度、巴西等新兴国家的快速崛起和俄罗斯的战略复兴，加速了国际政治格局的多极化趋势，美国在后冷战时代一度在国际事务中操控全球的好景不再。在可预见的将来，虽然美国仍将是世界综合实力最强的国家，但美国的优势地位和国际影响力都在不可避免地逐步走低，在某些情况下甚至会加速下滑。可以肯定的是，21世纪美国在世界上的地位和影响力将远逊于它在20世纪创造的纪录。

就美国与世界的关系而言，奥巴马的执政意味着重要调整的开始。奥巴马任总统时不仅致力于结束旷日持久且代价高昂的伊拉克、阿富汗战争，而且要为美国介入世界事务制定新的准则。美国要更多地依赖外交等非军事手段处理外部挑战，要尽力避免在海外开展大规模的军事行动，除非面对的问题关系美国的重要利益，并且这个问题是可以用军事手段解决的。对美国的盟友，美国认为它们应该加强自身力量，在处理它们面临的各种挑战中承担更大的责任。对于新兴大国，美国要更多地利用国际机制和国际规范来影响它们的行为。在很大程度上，奥巴马开启了美国的战略内向进程。这不仅是受两场不成功的战争的影响，而且也是基于对美国自身力量变化以及国际力量对比变化思考的结果。

美国的上述变化无论是对自身还是对世界都将产生重大影响。对中国的美国研究者来说，及时、深入和全面地研究这些变化，能使我们更好地把握美国以及世界的发展趋势；客观、准确地分析这些变化所产生的种种影响，有助于我们妥善应对外部环境的变化。在 21 世纪,中国的力量将进一步增长,国际影响力会大大提高,这是毋庸置疑的。在新的时代环境下,中国如何发展自己的力量,如何发挥国际影响力,对这些重大问题的思考需要我们拥有开阔的视野、卓越的见解和敏锐的思维,而深入、系统地研究 21 世纪的美国与世界将对此大有裨益。

　　复旦大学美国研究中心向来注重对当代美国政治、经济、社会以及对外关系的研究,一些研究成果得到国内外学术界的重视和好评。出版这套丛书,既反映了我们长期以来的学术关注,也是为国内美国研究界提供一个展示和交流的平台。欢迎学界同仁积极为这个平台提供相关的优秀研究成果,共同推动对 21 世纪美国的深入研究。同时,也真诚地希望大家为这套丛书的成长献计献策。

吴心伯

2014 年 7 月于复旦大学

CONTENTS 目录

导　论

中美两国是全球前两大经济体,中美经贸关系是全球最重要的国家间双边经贸关系。在中国改革开放,尤其是加入世界贸易组织以来,中美两国在各经贸领域的互动大为增强,形成了较为深度的相互依赖关系。但随着 2007 年美国爆发金融危机,美国国内对中美经贸关系的模式出现了反思,寻求中美经贸关系的再平衡。特朗普 2016 年当选后,对华经贸政策发生重大调整,对华经贸政策中的竞争性和对抗性上升,更是发生了对华贸易战这一标志性事件,极大地改变了中美经贸关系的原有轨迹。拜登政府执政后,延续特朗普的对华经贸政策,并结合实际情况加以调整。其对华经贸政策有新的发展,经济因素的作用有所弱化,非经济因素的影响持续凸显,中美经贸关系的发展逻辑面临冲击。

总体上,从特朗普到拜登,美国政府试图构建更为有效的对华经贸战略框架。经过多重调适后,拜登政府把"去风险"定型为美国对华经贸战略的核心。拜登政府通过调整"去风险"的产业和技术范围,以期实现对华经贸战略目标。在连续多年的高关税打压以及日益严厉的高技术出口限制下,中美经贸关系出现了历史性的转折。当前中美经贸数据一方面指向了两国经贸关系确实具有强大的市场韧性，市场力量仍旧在当前中美经贸关系中发挥作用，有力地保障了中美经贸关系的基本稳定；但另一方面也暴露了在美国服务于对华战略竞争的限制性经贸政策下，泛安全化和泛政治化带来了严重冲击。中美经贸稳定发展的干扰因素明显增多，发展动力不足。本书旨在分析特朗普（第一任期）和拜登两任政府对华经贸政策的主要内容，研判中美经贸关系的演变轨迹，识别中美经贸关系的发展趋势，并对产业政策和出口管制这两个重大议题进行深入分析。本书的研究对于更好开展对美外交、维护国家经济安全以及构建新发展格局具有重要意义。

第一节　中美经贸相互依赖的复杂互利性

在中美相互依存的经贸关系中，中国和美国都获得了巨大的绝对收益。这种利益相互依存对于两国宏观经济增长是有利的，两国在消费市场、就业市场、各类产业和宏观调控政策等方面表现出高度的正相关性。但是中美两国利益依存是不对称的。具体表现为两个方面。第一，从总体利益而言，美国认为中国获得的利益要大于美国获得的总利益。① 第二，从利益来源而言，中国在贸易和投资领域获得的利益巨大，而美国在金融和货币领域获益较多。这些利益相互交叉，彼此转换，难以进行清晰界定和计算。

---

① "Americans Are Critical of China's Global Role," Pew Research Center, April 2023, https://www.pewresearch.org/global/2023/04/12/americans-are-critical-of-chinas-global-role-as-well-as-its-relationship-with-russia/.

中国和美国利益相互依存的不对称性最为集中地体现为贸易和金融的不对称。中国通过对美贸易获得了巨额贸易顺差,这些贸易顺差构成中国外汇储备的主要来源。同时中国又把外汇储备中半数左右用于购买美元资产,尤其是美国国债,为美国政府融资,支撑了美元的全球地位。美国对华贸易逆差以及中国购买美国国债这一"贸易-金融"交换构成中美利益相互依存以及双边经贸关系的基石。如果美国通过人为政策大幅改变美国对华贸易逆差这一利益源,或者中国大幅减少对美国国债的持有,中美两国以往所形成的利益相互依存格局将受到严重冲击。

此外,中国在投资领域也为美国跨国公司资本提供了诸多利益。从利益总量而言,中国在金融和投资方面对美利益输出巨大。一是美国对华投资获得高额,甚至是超额利润。二是中国对美债券投资收益较低,变相对美输出利益。总体上,中国在金融和投资领域为美国创造的利益大致上可以抵消美国在贸易领域为中国创造的利益。

与美国对华主要提供贸易利益相比,中国对美提供金融和投资利益的主要弊端在于金融利益和投资利益具有典型的模糊性和垄断性。而中美贸易为美国所带来的利益,比如美国普通消费者可以用更低成本购买中国货,往往具有"不可见"和"分散性"等特征。而从中美贸易关系中受损的群体通常带有行业性和地域性特点,与普通民众利益相关,容易被政客所操纵,也容易引发经济民族主义。

中美两国在贸易领域利益严重不对称,中国对美国的总体利益需求要大于美国对华利益需求。一是中美贸易依存度的非对称性。中国对美贸易总额、进口和出口的比重要远大于美国对华在同领域的指标。二是中美两国贸易结构的非对称性。中国对美国的出口集中在劳动密集型产品，美国对中国的出口集中在资源和资本密集型产品。三是中美贸易对国民经济贡献的非对称性。中国对美出口的增长是国民经济增长的重要动力，创造了大量就业。① 美国对华贸易主要利益是提高产品的生产效率和产业结构的优化调整，并实现低通胀情况下的经济高速增长。由于美国对华长期实施高科技产品出口限制，这意味着中国总体上没有在战略性物品领域对美产生依赖。但是，美国正在不断扩大战略物品的范围，泛化国家安全边界，把更多产品纳入对华出口管制中。

在直接投资领域，中美利益相互依存并未形成，不对称性也较高。美国在华投资利益要远大于中国在美投资利益。美国在华投资利益既是中国对美贸易顺差的重要因素，也是美国在中美利益相互依存中获益更多的来源。中国提供的投资市场和销售市场对美利益重大。值得注意的是，从美国限制中国对美直接投资的趋势看，美国希望保持中国对美证券投资（尤其是购买美国国债）而非股权投资的状态，尽量占据投资领域的不对称利益。②

一定程度的经济不对称是国际经济的正常现象，但是过度的不对称不利于双边关系的正常发展。美国认为中国在中美利益相互依存中获益更多，而自身在双边利益相互依存中获益

---

① "How Trade with China Benefits the United States," The US-China Business Council, 2023, https://www. uschina. org/how-trade-china-benefits-united-states.

② "Chinese Investment In The United States: Impacts And Issues For Policymakers," United States-China Econimic And Security Review Commission, 2017. https://www. uscc. gov/sites/default/files/transcripts/Chinese%20Investment%20in%20the%20United%20States%20Transcript. pdf.

较少；认为中方获益甚至是以美国受损为代价的。① 这是美国对中美经贸关系现状不满的主要原因。得益方希望继续维护双边经济相互依存的现状关系，但是受损方迫切希望调整和摆脱现有的利益相互依存格局。作为自我认定的受损方，美国希望改变美国在中美利益中的分配。目标的修正、政策的调整会形成预期，也会改变未来的利益分布。这给现有的利益相互依赖格局带来不确定性。

中美经济利益相互依存事实上反映了两国国内经济结构在投资与储蓄、实体与虚体等领域的高度互补。继续维持现有的利益相互依存固然能够使中国从中获得短期利益，但长期而言，会造成本国经济结构调整和产业升级延缓。2007 年金融危机爆发本来使双方有调整双边利益相互依存格局的动力，但是收效不大，原有利益格局总体得以延续。2017 年特朗普上台后，希望短期之内就看到改变，使得中美经贸关系以及既有的利益相互依赖进入政策不稳定的阶段。

中美两国利益相互依存的不对称不仅反映在两国之间，更表现在两国内部。中美两国各利益集团及各地区从中美利益相互依存中的获益存在巨大差异。对美国而言，金融利益集团、对外投资利益集团、高科技制造业利益集团以及进口零售利益集团获益较多；劳动密集型制造业利益集团、出口利益集团获益相对较少，甚至受损。从地区来看，西部、东北部以及中南部农业州更为得利；其他地区，尤其是"铁锈地带"则相对受损。以往美国国内中美经济利益得益集团愿意、也能够对美国政府施加较大影响。但特朗普不看重美国的金融利益，也不太

---

① Nye and Joseph, "Power and Interdependence with China," *The Washington Quarterly*, Vol. 43, 2020, pp. 7-21.

受金融利益集团的影响，而是更为看重制造业利益和出口利益。①

中美政治制度以及经济制度的不同导致两国在经济利益国内分配以及应对经济利益受损时的反应也存在着显著差别。由于中国是民主集中制国家，即使中美经济国内分配在各阶层和地区中分布不一，但中国政府大致上能够从国家整体角度对利益进行再分配，使得利益在国内的分配大体平衡。在面临外部利益威胁时，也能够统筹各种国内力量应对挑战。但是美国是联邦制国家，联邦政府难以从全国层面制定统一的利益内部分配机制。加之目前政治极化困境凸显，决策部门的政策空间更为狭小，这导致在实现对外经济目标或者应对挑战时，美国除了依靠自身强大经济实力进行调整外，较难统合各种政治和经济力量服务于统一目标。特别是美国国内政治中各类"政治否决点"的存在，导致制定整体性对华经济政策来调整双边经济利益分配以及国内经济利益分配显得尤为困难。②

中美利益相互依存虽然存在不一致、不对称性，但中美利益关系发展至今所形成的总量利益对于任何一方都是至关重要的。巨量利益总量形成经济领域的"利益恐怖平衡"，这种"利益恐怖平衡"在贸易-金融领域表现得最为明显。类似于安全领域的核武器恐怖平衡，利益总量越过一定门槛之后，即使两国总体利益以及力量存在着重大失衡，但也没有任何一方敢

---

① "Trump's Trade Policy: An Assessment," U.S. Chamber of Commerce, January 2021, https://www.uschamber.com/international/trumps-trade-policy-an-assessment.

② 吴心伯：《美国国内政治生态变化如何重塑对华政策》，《美国研究》2022 年第 4 期。

于对对方发动经济领域的总进攻。这将有助于对任何一方的冒失行为形成约束。这种巨量利益的存在迫使一方要去调整利益相互依存中的不对称问题时,主要通过利益的交换来进行。利益交换的过程是博弈的过程。

虽然中美利益相互依存及其不对称性可以通过数据加以大致衡量,但是这种衡量仍然是不全面的。利益具有典型的主观性和变化性。即便中美经贸所带来的客观利益没有发生大的变化,但由于美国政府对利益的主观认定发生了变化,那么对中美经贸关系利益得失的评估、利益重点的变化和实现利益的手段也会不一样。从利益的动态变化而言,过去美国可能为中国提供了更多的利益,但未来中国可以为美国创造更多的利益。大致上,美国愈发认为自己是中美经贸关系的利益受损者,而中国是获益者,美国决心调整对华经贸政策,改变对华经贸关系模式。[①] 特别是面对中国国家实力的增强,经济问题和国家安全问题关联交织,尽管中美经济深度依存,美国政府执意把中国看成是其国际经济地位的首要挑战者,试图打破相互依赖的状态,谋划对华经济脱钩,蓄意挑起对华经济对抗,希望通过强行改变中美经贸利益分配现状,打压中国正常的经济增长,应对对华战略竞争,维护美国全球经济体系利益。

----

① Xiaoyu Pu, "Interdependence vs. Geopolitics: Securitization and Partial Recoupling of Sino-American Relations," In: Kalantzakos, S. (eds), *Critical Minerals, the Climate Crisis and the Tech Imperium*, Archimedes, vol. 65, March 2023, pp. 27-43.

第二节　美国对华经贸脱钩及其评估

从特朗普政府①到拜登政府，其对华经贸政策的一条主线是如何在中国国家实力增强的情况下，采取措施维持美国全球经贸的主导地位，赢得对华经贸竞争。从特朗普时期的"脱钩断链"到拜登时期的"去风险"，虽然名字有所更改，但其本质并未变化。

一是对华供应链脱钩，迫使贸易转移至第三方市场。美国政府采取的相关政策包括但不限于：维持对华不合理的高关税，抬升中国输美产品成本；加大美国国内产品采购力度；针对中国，推动供应链安全化、政治化和"意识形态化"，大搞"供应链联盟"，推动"近岸外包""友岸外包"等。二是对华金融脱钩，减少对华所谓金融"输血"。相关政策包括但不限于：持续推动中概股在美会计审查，加速中概股摘牌进程；禁止美相关政府基金购买中国债券；对华相关机构和个人进行金融制裁等。三是对华投资脱钩，钳制双边投资往来。美国试图在中国对美直接投资及美对华直接投资方面双向阻碍中美间跨境投资流动。特朗普政府推动《外国投资风险审查现代化法案》，加大中国等国家对美投资的审查力度。拜登政府则以"供应链安全"为由加强对中美相互投资的双向审查。四是对华科技脱钩，干扰中国高技术行业发展的良好势头。相关政策包括但不限于：持续对其国内科技和教育界人士进行"中国恐吓"，阻碍他们与中国科技界开展正常的学术交流合作；颁布行政措施及修改法律，

---

① 本书中的特朗普政府特指 2017 年至 2021 年时期的特朗普政府，文中不再一一说明。

加大在科研领域的涉华资金来源审查；限制中国相关机构和专业学生、学者在美学习；扩充对华出口限制清单。

从特朗普政府到拜登政府，美国在上述领域对华脱钩进程已经推行数年，但效果并不理想。在对华供应链脱钩方面，中国贸易和出口总额连年上升，国际贸易占比不断增加，贸易顺差进一步扩大。尽管面临贸易战冲击，中国对美出口额及顺差均稳中有升，对美贸易未遭受重大冲击而向第三方转移。对华供应链脱钩极为复杂、耗时，其他经济体尚无法取代美对外贸易中的中国地位。① 在对华金融脱钩方面，美国对华金融脱钩虽然给中国带来一定的不确定性，但中国金融内生性不断提升，货币发行、股市发展以及汇率波动主要受内部因素影响。中美双边资本融通、资金流动总体仍然顺畅。在对华投资脱钩方面，中美双向投资虽然面临障碍，投资金额有所下降，但中美两国双向投资总体稳定。美国企业对华直接投资意愿依然强烈。② 而且，中国吸收外来直接投资稳定增长的势头没有改变，没有受到美国政府对华投资打压限制的影响。在对华科技脱钩方面，美国并未如愿阻止中国科技进步，也未根本限制中美交流。中国高技术发展虽然一度面临阻力，但总体上仍保持良好进步态势，内生创新动力不断增加，解决"卡脖子"问题能力增强。以半导体这一美国对华技术封锁核心领域为例，尽管美国对华封锁日益严厉，中国在 14 纳米、7 纳米制程芯片方面进步明显。此外，大多数美国科研、教育机构仍欢迎中国学生

① "Is US Trade Policy Reshaping Global Supply Chains?" World Bank, November 2023, https://policycommons. net/artifacts/6950641/is-us-trade-policy-reshaping-global-supply-chains/7860607/.

② "2023 Member Survey," The US-China Business Council, 2023, https:// www.uschina. org/reports/2023-member-survey.

和学者赴美学习交流。

美国对华脱钩未能取得预期效果,并非美国政策不够强硬,而是该政策无视历史发展、经济规律和市场逻辑,存在着巨大的内在矛盾,面临一系列因素的共同制约,注定走向失败。第一,中美经济交往的历史积淀。中美正式建交意味着中美两国也开启了经济交往。建交以来四十余年的时间赋予了中美两国经济交往强大的历史动力和惯性,时间本身就是一种不以人的意志为转移的力量。美国政府想无视中美经贸历史,甚至想与历史惯性对抗,在很大程度上是徒劳的。第二,中美经济结构的高度互嵌。中美两国经济不是相互平行的,而是高度镶嵌的,是真正的"你中有我,我中有你"。结构上的互嵌至少包括三方面。一是上下游分工的产业相嵌。中美两国产业分工总体上高度互补。二是产业内的贸易互嵌。中美巨额双边贸易以及美国对华出口不断增加本身就是中美贸易互嵌的集中表现。三是市场领域的投资镶嵌。中美两国相互直接投资存量加起来近万亿美元,不少投资者交叉持股,股权联系密切。[1] 第三,中美经济发展的巨大体量。美国是全球第一大经济体。中国经济快速发展,也已成长为全球第二大经济体。美国推动对华经贸脱钩,不是推动两个小型经济体之间的经济脱钩,也不是"一大一小"两个经济体之间的经济脱钩,而是推动全球前两大经济体彼此之间的脱钩。经济体量越大,经济相互引力越大。美国目前及未来都不具备完全脱离中国经济体系的力量。第四,中美经济所处的全球经济网络格局。中美两国

---

[1] "US-China Financial Investment: Current Scope and Future Potential," Rhodium Group, January 2021, https://rhg.com/wp-content/uploads/2021/01/US-China-Financial-Investment_25Jan2021-2.pdf.

除了相互之间的彼此关系外,还是世界经济体系网络中的有机组成。全球经济网络会对美国施加影响。一是制度网络。美国难以打破各种国际经济规则交融、穿插、联结所形成的制度网络。二是交易网络。美国难以突破市场主体分工协作形成的交易网络。美国作为全球网络中的一部分,推动对华经贸脱钩断链,不仅是要和中国脱钩断链,还要打破身处其中的全球经济网络,障碍巨大。第五,中美经贸关系中的中国能动性。美国极力推动对华脱钩断链,但这只是双边经济关系中一方的选择和行为。中国作为另一方,在中美经贸关系中的经济影响增加,塑造能力增强。而且,中国在全球供应链体系中的地位具有不可替代性,拥有全世界最完整的制造业体系、高素质劳动力群体和高效基础设施配套。中国高度审慎,并没有对美国也采取脱钩断链政策,而是努力维护中美正常经贸关系,这能够部分抵消美国脱钩企图。第六,其他经济体的理性选择。中国是全球100多个国家的最大贸易伙伴,和其他经济体经贸合作良好。中国与贸易伙伴的供应链体系经过多年发展早已深度融合。绝大多数国家在与中国贸易中受益,不会因为美国的战略诉求和压力就贸然减少或者中断与中国的经贸关系。其他经济体也深知,美国越来越趋向保护主义,并不会向其他经济体更多开放本国市场。因此,绝大多数经济体对美国对华脱钩断链持反对或者至少是中立立场,避免被美国的对华战略竞争政策所绑架,伤及自身正当利益。①

美国在对华脱钩断链的错误方向上越用力,其副作用则越

---

① "The Winners From U.S.-China Decoupling," Foreign Policy, July 2024, https://foreignpolicy.com/2024/07/15/china-decoupling-derisking-emerging-markets-malaysia-mexico-economy/.

突出。从后果看，美国这种自私、狭隘和短视的行为会给自身带来严重的负面影响。一是损害美国经济健康发展，导致经济体系紊乱。美国产业发展现状是长时间市场作用的结果，本身也已经嵌入全球产业分工中。在某种程度上，当前全球分工格局还是美国跨国公司过去数十年主动决策实施的产物。包括高科技企业在内的诸多美国企业已经成为对华经贸关系的受益者和供应链利益攸关方。美国政府为了服务对华竞争的战略和外交目标，制定不合时宜的政策，强行与中国脱钩断链，将会给本国产业、行业和企业造成大范围的深度异常波动，加大其正常运营成本，使其面临重大不确定性及不必要风险，损害本国经济体系正常运转。二是损害美国普通消费者利益，推高美国通货膨胀。对华经贸关系有利于美国经济，其中一个长期存在、被美国国内和国际经济学界普遍接受的共识是从中国进口商品有助于美国降低物价水平。这为美国消费者大幅减轻了日常生活成本，也有利于美国物价总体稳定。据测算，仅取消特朗普政府对华加征的"301"关税，就可总体上帮助美国降低通货膨胀 1.3 个百分点以上。[①] 三是损害美国国际经济地位，影响美国全球经济竞争力。美国过多从战略竞争角度看待对华经贸关系，没有充分意识到中国本质上还是美国国际经济地位的支撑者。中国改革开放事实上是融入了美国所主导的全球经济体系。中国所购买的巨额美国国债，有利于维护美国全球金融市场领先地位；中国企业在美上市，有助于美国巩固其全球股市的首要位置；中国对美贸易及对外贸易中广泛使用

---

① "Economic Impact of Section 232 and 301 Tariffs on U. S. Industries," United States International Trade Commission, March 2023, https://www. usitc. gov/publications/332/pub5405. pdf.

美元结算,有利于强化美元国际地位;美国跨国公司在中国市场投资和销售,有利于增强美资企业全球影响力。由此,美国与中国脱钩断链,也是在削弱其自身竞争力。

虽然美国政府对华"脱钩"仍在推进,但其不仅难以真正提升美国供应链韧性,反而可能会导致全球供应链断链的风险,给美国带来新的成本。在反华心理作用下,美国所谓来自中国的"供应链风险"被夸大,任何中美贸易往来都可能被贴上"风险"标签,这阻碍了美国获得正常的贸易福利。全球供应链延长和对华持续高关税也导致美国进口成本上升;在美国通货膨胀尚未得到控制的情况下,也对美国经济健康发展形成冲击。更为重要的是,长期而言,对华供应链"去风险"使得中国对美国经济依赖度降低,导致美国更难对中国施加经济压力,意味着未来美国对华实施制裁和进口限制的难度上升。

此外,美国对华脱钩断链也会给世界经济造成巨大损害。一是违背市场经济基本理念,冲击全球自由市场经济秩序。世界经济的理念基石是公平竞争和自由交易。这已被各经济体及主要国际经济组织所认同。美国对华大搞脱钩断链,甚至用非市场方式加以强行推动,严重背离上述理念。美国用强权安排替代公平竞争,用政治需求凌驾自由交易,歪曲了数百年来全球经济体系的发展脉络,动摇了全球自由市场的秩序基础。美国基于一国之利益而采取的非市场竞争方式,损害了全球经济的运行基础,为全球经济体系健康发展埋下巨大隐患。二是撕裂全球经济体系,增加全球交易成本。[①] 全球市场是有机分

---

① "The High Cost of Global Economic Fragmentation," IMF Blog, August 2023, https://www.imf.org/en/Blogs/Articles/2023/08/28/the-high-cost-of-global-economic-fragmentation.

工的动态稳定系统。通过全球资源分配、全球分工协作以及全球市场开放,形成全球经济体系的规模效应。美国对华脱钩断链,意图打造把中国排除在外的半封闭经济体系。在美国压力之下,全球经济体系将呈现出一定程度的碎片化、两极化、阵营化和盟友化的发展态势。部分经济体被迫在中美之间选边站队,或者选择对冲平衡。全球统一大市场所需要的技术、市场、规则和标准等,不再一致。全球经济的动态稳定和规模效应被美国对华的"脱钩断链"人为中止,效率被无端牺牲,大幅增加企业和跨境经济活动的成本。如果未来全球经济体系被隔绝成两大平行体系,世界经济将面临巨大灾难。① 三是为增强脱钩效果而采取的排华性政策加剧了地区对抗的风险,增加了地缘政治冲突的可能性。美国为进一步推动对华脱钩断链,势必会采取各种政治、外交,甚至是军事手段加以协同,并对其他国家施加压力。个别美国核心盟友也会在战略上或者策略上追随和配合美国,对华实施不同形式的经济限制。这就不仅仅是纯粹的经济问题,而是地缘安全问题。若处理不慎,将会引发东亚乃至亚太地区安全和地缘政治冲突。该地区在全球经济中举足轻重,其经济和安全的恶性联动,将进一步扩大全球经济体系的分裂程度,可能把全球经济推向长期衰退的深渊。②

中国当前在全球经济体系中的功能、作用和角色是历史发展的必然,也是全球化分工的必然。而中美双边经贸关系发展

---

① "America's Zero-Sum Economics Doesn't Add Up," Foreign Policy, March 2023, https://foreignpolicy.com/2023/03/24/economy-trade-united-states-china-industry-manufacturing-supply-chains-biden/.

② Steinbock Dan, "US-China trade war and its global impacts," *China Quarterly of International Strategic Studies*, Vol.4, No.4, 2018, pp.515-542.

到目前状态,同样是历史发展的必然和全球市场分工的必然。中美两国经济高度交融、互利互补。美国对华脱钩断链,是一种无视历史和市场的错误决定,站在了历史和市场的对立面,也不符合未来的发展趋势。如果美国一定执意为之,这将会带来中美双输的局面。

第三节　中美经贸关系中的重大关系

中美经贸关系中存在着若干组重大关系。这些关系长期存在于中美经贸关系中,是深层的、根本性的重大问题,是中美经贸关系良性发展中挥之不去的影响因素。如何认识和处理这些关系,成为中美两国政府看待双边经贸关系的前提。然而,中美双方对这些关系并没有牢固的共识,随着所处环境和特定情势的变化而变化,对于关系中某一要素的重要性会予以强调或者降低,这严重制约了中美经贸关系的健康发展。

一、自由贸易与公平贸易的关系

自由优先还是公平优先? 这是中美经贸关系首先要处理的第一组重大关系。当中美都在强调本国才是维护全球自由贸易体系的国家,而对方在破坏全球自由贸易的时候,这个问题难以回避。特朗普所强调的中美经贸要对等(reciprocity),其实就是对公平性的另一种表达。从全球贸易的发展历史看,先是对自由贸易的推动,自由贸易发展到一定阶段后,一些国家开始重视公平贸易问题。自由贸易和公平贸易两者之间存在密切联系。一方面,公平贸易的获得以自由贸易为前提和基础,公平贸易既是对自由贸易的约束,也是对自由贸易的保护。

另一方面，公平贸易是对自由贸易的提升，是更大范围内的自由。自由和公平不是绝对对立的。自由贸易是以公平贸易为基础，公平贸易必须以自由贸易为前提。只有自由贸易和公平贸易相结合，全球贸易体系才能稳定发展。在国家安全日益凸显、保护主义不断增强的情况下，公平贸易超越了自由贸易，比自由贸易更加重要。现在的公平贸易更多指向制度公平、机制公平和规则公平。但是，哪怕当下公平贸易优先于自由贸易，这也不意味着自由贸易就不重要。自由贸易是国家间贸易的基石和前提条件，没有自由贸易，最终将没有贸易。

作为全球两大贸易体，中国和美国需要在自由贸易和公平贸易中实现平衡，否则既不能带来自由贸易，更无法实现公平贸易，最终受损的是包括中国和美国在内的所有国家。

中美应努力寻找双方关于全球贸易体系中自由和公平的共识。从历史延续、哲学思辨和时代潮流的角度，自由贸易和公平贸易应以如下原则为基础。

一是以道德诉求为基础的自由和公平。无论是自由贸易还是公平贸易，全球贸易要通过贸易为全球的可持续发展及减贫做出贡献。贸易的目标是为那些经济上弱势或在传统贸易体系中被边缘化的国家和个人提供机会。二是以契约精神为基础的自由和公平。自由贸易和公平贸易都必须建立在契约精神的基础上。没有超越契约精神的自由，也没有超越契约精神的公平。在全球贸易以及中美双边贸易领域，最大的契约是中美经过谈判的世贸组织（WTO）规则。原有双边贸易契约或者地区贸易契约可以进行调整，也可以进行关于新契约的谈判和订立，但是在出现新契约之前，已经同意的契约必须得到尊重和遵守。三是以市场机制为基础的自由和公平。自由和公平都要建立在市场机制的基础上,而市场机制的核心是平等和资源的合理流动。中美都应尊重在国内和国际层面上的市场自我调节机制,不应去干扰和破坏。四是以利益格局为基础的自由和公平。全球贸易的整体格局由"北北结构"趋向"北北结构""南北结构"和"南南结构"并存。① 新兴经济体和发展中国家在全球贸易格局中的利益不断上升。贸易的自由和公平需要反映新的利益格局。

在道德、契约、市场和利益的大前提下,中美之间深入讨论具体的贸易公平问题。中美可就下面四个问题进行深入沟通。一是对贸易利益分配的准确衡量。确保自由贸易的前提下,要促使全球贸易更加公平。但是衡量贸易公平,不能仅仅从贸易本身的利益分配来衡量,而且要考虑贸易和投资的加总利益。二是确保贸易利益分配公平的举措。在对贸易利益分配进行准确衡量的基础上,再有针对性地制定确保贸易利益分配相对公平的举措。三是防止国内政治对于贸易政策的绑架。美国更容易遭受国内政治的绑架。美国要建立可行的多边贸易承诺。四是中美就贸易规则是否公平的问题进行坦诚对话,对话包括三个方面:规则的基本原则、规则的具体条文和规则的实际使用。在此基础上,中美可以共同设计更为合理的全球贸易规则,促使全球贸易投资收益能够相对公平地在相关利益攸关方之间进行分配。中美可以在这一方面合作。

二、规则的竞争与合作关系

中美总体上都从现有国际经济规则中获益。由于美国是

---

① 《分裂世界中的发展前景:全球失序与区域应对》,联合国贸易发展报告,2022 年,https://unctad.org/system/files/official-document/tdr2022_ch.pdf。

创设者,国际经济规则总体上更有利于美国而非中国。即便如此,美国仍然希望能够借助规则形成更大的竞争优势,获得更多的经济利益。美国借用规则对中国进行"软制衡"。美国希望通过规则约束,对中国国内及国际经济活动加以干扰或者限制。[①] 这在美国利用规则在对华贸易逆差、人民币汇率、投资问题以及所谓"产能过剩"等问题上均有表现。美国本身也策略性地对待国际经济规则乃至制度。

现在国际经济规则面临着竞争性重组。美国的规则竞争策略如下。第一,新、老规则方面。美国虽然是现有国际经济体系的创始者和维护者,但这并不意味着其会一直严格遵守和支持老规则。相反,美国会根据规则对其自身的影响来调整对规则的态度。[②] 老规则对美国有利的部分,美国会大力支持,要求中国遵守相关规则。老规则不能维护自身利益的方面,美国会忽略,或者通过打造新的规则来更好地实现本国诉求。例如,"跨太平洋伙伴关系协定"(Trans-Pacific Partnership Agreement,TPP)以及"印太经济框架"(Indo-Pacific Economic Framework,IPEF)等把中国排除在外的制度和规则,变相抑制中国从世界贸易组织中获益。

第二,硬、软规则方面。美国试图把对自身进行约束的硬规则软化,比如美国逃避《京都议定书》所列出的气候变化及环境有关的规则;同时把对中国进行约束的软规则硬化,比如在汇率问题上,无论是双边还是世界货币基金组织(IMF)的汇率监督机制并没有硬性的规则,但美国试图对华设定汇率指标。

---

① 徐崇利:《中美实力变迁与国际经济立法模式的走向:"规则-契约"谱系下的制度选择》,《法学家》2020 年第 5 期。

② 杨双梅:《制度地位、"退出外交"与美国的国际制度选择》,《外交评论》2020 年第 4 期。

　　第三,双边和多边方面。美国当前在军事安全、经济贸易、气候变化以及核扩散规则竞争中奉行小多边主义(minilateralism)。美国认为,小多边主义能够通过最低成本的规则谈判最大限度地施展自身影响。极端的小多边主义是单边主义,美国用其国内的单边规则来约束他国。在与其他国家达成双边规则后,美国再推动双边规则向两个方向拓展。其一是双边规则的国内化拓展,利用双边规则来塑造谈判国的国内规则制定。其二是双边规则的国际化拓展,通过多个双边规则推动形成以自身为核心的规则网络优势,进而推动实现自身偏好的诸边规则和多边规则。

　　中美正在进行规则竞争,这是中美大国竞争关系的客观组成部分。中美两国也要看到规则竞争的积极性。竞争是市场经济的要义。竞争是正常的,也是必要的。如果美国从一开始就担忧和拒绝同中国竞争,实质上是既得利益国家的霸权思维,不符合市场精神。中美两国在经贸领域的规则竞争不仅有利于中美各自更好地提高相关经济制度的效率,而且利于地区经济体系和规则更为合理。可以想见,美国如果在贸易或者金融领域未曾面临中国的竞争,将较少有动力去改善规则。此外,中国在经济领域倡议的规则和机制也需要经过同美国竞争才能更好地发挥效果。例如,如果亚洲基础设施投资银行、“一带一路”倡议的规则不能适应现实需求,不能在机制建设、地区治理方面形成优势,就难以真正发展下去。如果发展趋势向好,说明在规则上具有竞争力。这一道理对美国所主导的各类国际和地区金融开发机构同样适用。

　　在中美战略竞争的背景下,中美也要着力化规则竞争为规则合作。

第一,中美合作共同提高原有规则的合理性,共同分享国际规则改革带来的利益增量。中美对自身利益的维护不损害其他各方的利益,甚至有利于其他各方利益的实现。中美两国政府在世界货币基金组织的改革等方面已经开展了合作。[①] 对世界货币基金组织增资方式进行改革,使其能基本反映变化了的国际经济现实,从而使建立在规则基础上的国际经济制度更具有合法性和代表性。

第二,中美共同制定符合两国利益同时也是符合全球利益的新规则,也就是通过合作共同作为规则的供给方。例如,中美可以在规则尚未定型的气候变化领域和全球多边投资协定谈判领域进行合作,探讨能够被共同接受的规则。

第三,探讨中美规则合作的新模式,比如中国可以提供更多关于硬件层面的地区公共产品,例如基础设施建设等,中美合作确立这些公共产品的适用规则。这里的规则并非一定是中国或者美国的规则,而是两者共同认可的规则。

第四,中美两国要管控差异性和平行性的规则体系,明确差异性规则的适用范围,避免利用平行性的规则来排除和损害对方的利益。在条件许可的情况下,尝试差异性规则和平行性规则的融合和对接。

三、安全与开放等问题之间的关系

国家安全日益成为中美经贸关系开展的重要因素。中美经贸相互依赖也因为其安全后果,而被迫减少。中美经济发展

[①]　Barry Eichengreen, "IMF reform is tricky: the US and China will need to work together," The Guardian, July 2024, https://www.theguardian.com/business/article/2024/jul/18/imf-reform-us-china-europe-barry-eichengreen.

需要开放的国际环境,也需要一个开放的对方。完全追求安全将会限制开放,进而不利于发展。因此,中美两国在制定能够维护国家安全的国内经济政策和对外经济政策时,要充分考虑经济政策的外部性,不能追求封闭的、排他的、固化的经济安全,而要追求开放的、包容的和动态的经济安全。为此,中美要正确看待安全和开放的关系。

第一,基于开放的安全。中国过去经济快速发展与中国1978年以来的开放密不可分。一个基本经验是开放可能会带来经济安全风险,但开放能通过统筹国内国际两种资源、两个市场,创造更多的财富和更好的发展来实现安全。封闭在短期内似乎能够抵御外部经济风险,但会在内部同时集聚更多的风险。随着中国产品、资本和劳动力越来越需要在全球范围内寻找机会,开放本质上是帮助中国拓展市场空间。中国比其他国家可能更有通过开放来实现国家经济安全的需求。

第二,基于发展的安全。中国维护经济安全的前提在于发展,经济发展是经济安全的前提。只有不断发展的经济才能获得不断安全的经济。在中国实现第一个百年奋斗目标以前,保持一个较高水平的经济发展速度对中国经济安全至关重要。由于中国的经济发展已经和其他国家的经济发展不可分割,这里的发展不单是中国经济的发展,而且是世界经济的整体发展。这要求中国也要为地区和世界经济发展多做贡献。

第三,基于改革的安全。改革是中国维护经济安全的根本。改革的意义在于去除那些影响、制约和拖累中国经济发展的各种不利因素,降低交易成本,合理配置资源,消除利益集团掣肘。短期而言,改革可能会带来经济发展的阵痛,但对于经济机构、利益和机制的总体改革而言,能够促成更长时期经济的健康、可持续发展。

第四，基于法治的安全。法治是市场的天然盟友。国内外各种经济规则的制定，众多经济活动的治理，都需要在法治的框架内进行。法治是用以规范政府、市场和社会等各种力量的基础，也是确保改革开放顺利进行的前提。中国要更加积极地推动国际经济法治，以法治理念和法治措施来维护经济安全。当前，中国重视涉外经济法律的制定和完善工作，形成适应、有利于中国与世界经济交往的经济强国的国际经济法律体系。同时，这种法治理念也会成为遵守国际相关经济规则的重要动力。

第五，基于市场的安全。中国政府遵守市场机制的基本准则，要求包括国有企业在内的所有微观主体遵循市场理念。在维护安全的过程中，将会以市场手段为前提。这将会增加稳定性和预期性，也会增加透明度。

但是，安全从来都是相互概念，也是相对概念。中国经济发展过程中的安全相关问题与美国密切联系。中国对经济安全概念的理解、经济安全观的变化以及据此制定的经济安全相关政策是对美国国家经济安全政策的反应。美国维护自身经济安全的措施会促使中国重新思考其经济安全并且加以应对。当务之急是中美对"国家安全"进行清晰定义，防止滥用国家安全破坏中美经济信任。

四、中美经贸关系中的权利和义务关系

如何看待中美在双边经贸关系中的权利和义务？这是中美经贸关系中的第四组重大关系。美国政府经常指责中国在全球经贸体系以及中美双边经贸中获得了过多权利，但承担了

较少义务。特朗普政府甚至据此对中国发动贸易战。而中国也认为美国给中国施加了太多与本国现实不相符合的义务,但不承认中国正常发展、正当发展的权利。为此,应从以下几个原则出发,正确看待和处理中美经贸关系中的权利和义务问题。

权利和义务的能力原则。权利和义务都应以国家能力为基础。需要赋予与国家能力相匹配的权利和义务。在中美经贸关系以及中国和世界经济的互动中,中国的权利大致应以中国的国家能力为标准,不能过高,也不能过低;中国的义务也应该以中国的国家能力为基础,不能过多,也不能过少。考虑到中国国家能力的上升,中国的权利和义务都应增加。以往中国主要通过身份来界定权利和义务,通过突出中国发展中国家的身份来承担权利和义务。身份随着能力变化而变化,没有一成不变的身份。随着中国的发展,中国不宜再把权利和义务与身份相挂钩,不宜再以自我主张的国家身份来界定权利和义务,而是要以国家能力来确定权利和义务。中国总体需要承担更多的义务和责任,这是大国成长和崛起的必然要求,也是中国发挥作用的必经阶段。

权利和义务的对等原则。在能力原则的基础上,还要强调对等原则。以往的权利和义务对等主要指中国所承担的权利和义务对等。这也是中国所强调的。在中美经贸关系中,要努力实现另外两个对等。其一是中国需要监督美国所承担的权利和义务是否对等。比如在货币事务领域,美国的权利远大于义务。这需要中国能够定义美国的权利和义务。其二是中国和美国分别承担的权利和义务需要对等。除了基于自愿基础上的行为,中美之间的权利和义务关系要大体均衡。对中国而言,中国承担的义务不能大于美国,但是所获得的权利远小于美国。对美国而言同样如此。这需要中美之间列出权利和义务清单,并且进行对账。

权利和义务的意愿原则。除了有契约和规则要求的必需义务外,所有国家承担权利和义务时都要有自愿性。无论是否有国家愿意承担更高的权利和义务,都要有自愿性。不能强加义务,甚至包括权利。当然,自愿原则也要和能力原则相匹配。

权利和义务的非理念原则。不能用理念来界定权利和义务,而是以行为(政策)及其效果来衡量权利和义务。理念的主观性强,难以衡量,不可量化。没有一元化的理念,在一定阶段内没有普适性的理念,也不存在最佳、最优或者必然的理念。尊重和鼓励基于不同理念的权利和义务承担。

权利和义务的衡量可引入第三方需要和评价原则。如果是涉及第三方的权利和义务关系,而非中美之间的权利和义务分配时,应充分尊重第三方的意见。比如中国或者美国对第三方国家援助的权利和义务,应该更多考虑第三方的评价。

特别需要指出,对于以上几组关系,要用动态、辩证和发展的眼光看待。需要认识到,随着中国经济的发展,中国正在努力实现从贸易大国到贸易强国、从投资大国到投资强国的升级转型。美国现在所坚持和推动的一些经贸理念、规则和政策,尽管中国现在反对和怀疑,但未来很可能会理解,甚至是支持。而一些现在能给我们带来利益的理念、规则和政策,未来可能会带来严重的损害。因此,对于涉及中美经贸中的几组关系,要留有余地,保有弹性,避免到时出现我们对于规则的被迫修正。

第一章
特朗普政府对华经贸政策

中美经贸关系的发展深受美国国内政治的影响，而四年一次的总统大选毫无疑问是美国最大的国内政治事件。在2016年的美国总统大选中，共和党候选人特朗普战胜民主党候选人希拉里，最终入主白宫。特朗普在竞选过程中就对中美经贸关系发表了较为负面的评论，任内更是发动了对华贸易战。特朗普2017年至2021年4年任期所制定的对华经贸政策，改变了中美经贸关系发展的逻辑，严重动摇了中美经贸关系的根基，中美两国经济良性互动面临重大挫折，对中美经贸关系产生了极为负面的影响。

第一节 特朗普政府经贸政策之变

特朗普当选适逢去全球化现象兴起，中美2016年双边贸易额出现了自2009年以来的首度下降。对于中美经贸关系的健康发展而言，全球化有所退潮，虽然影响重大，但也仅仅构成外部因素，真正的威胁是特朗普就任后的对华贸易政策走向。

特朗普就任总统后的美国继续滑向贸易保护主义，给中美经贸关系带来巨大变数，直接冲击中美经贸关系稳定发展的基石。总体上，特朗普政府对华经贸态度趋严、手段趋多和要求趋硬。与奥巴马政府相比，特朗普政府的经贸政策有以下变化。

一、特朗普政府内外经济政策之变及其制约

（一）国内经济政策之变

　　和奥巴马政府相比，特朗普政府国内经济政策以"去监管"为抓手，以大规模减税为重点，以推动实体经济复苏为核心，采取有利于制造业回流的政策设计，意在提升美国经济增长活力和竞争能力，刺激经济发展。

　　第一，"去监管"政策。特朗普本人商人出身，对政府监管深恶痛绝。从监管政策的绝对数量看，从小布什时期到奥巴马时期，美国联邦政府年均大约增加 53 个具有重要经济意义的规章。特朗普入主白宫后，大力推行"去监管"政策。2017 年 1 月，特朗普颁布第 13711 号行政令，要求联邦行政部门"每实施一项新的规章，至少消除两个先前的规章"①。据统计，在 2017 财年，美联邦政府部门实施了 3 项具有重大意义的规章，消除了先前 13 项具有重大意义的规章；在 2018 财年，美联邦政府颁布了 14 项具有重要意义的规章，取消了 57 项具有重要意义的规章；在 2019 财年，美联邦政府通过了 35 项具有重要意义的规章，取消了此前 61 项具有重要意义的规章。特朗普政府的"去监管"政策在医疗保健、企业雇佣、居民消费、金融监

---

① "Reducing Regulation and Controlling Regulatory Costs," Federal Register, January 2017, https://www.federalregister.gov/documents/2017/02/03/2017-02451/reducing-regulation-and-controlling-regulatory-costs.

管和营商环境等各个领域均有体现。特朗普政府评估认为,这些"去监管"政策每年将为美国创造约3 100亿美元的收益。①

第二,推动大规模减税。特朗普认为,原先的税法复杂、烦琐,且税负繁重,难以适应经济发展的需要。国会预算办公室(OMB)的一项分析表明,在原有的税收安排下,70%以上的公司税负实际上落到了美国工人的身上。② 横向来看,在经济合作与发展组织(OECD)成员国中,美国的法定企业所得税税率最高,这在很大程度上制约了美国经济竞争力。特朗普希望通过降税增加美国经济活力。2017年底,特朗普大力主张的减税政策以《2017年减税与就业法》这一法律的形式获得通过。新法案一是决定公司所得税由原先适用15%—35%的累进税率改为适用21%的比例税率。二是允许抵扣投资成本,促进社会投资。允许企业100%扣除未来五年的短期投资费用,且不限定投资领域。三是跨国公司征税被改为属地制。原则上,美国企业向海外东道国政府纳税后,无需再向美国政府纳税。美国企业利润转回国内就可以避免被双重征税。四是对公司在1986年后产生的海外递延收入,新法案将征收一次性过渡税,税率为15.5%(累计收益以流动资产方式持有,如现金及现金等价物)或8%(累计收益以非流动资产方式持有)。③

第三,推动制造业回流。特朗普政府高度重视制造业在美

---

① "Economic Report of the President", The White House, February 2020, https://www.whitehouse.gov/wp-content/uploads/2021/07/2020-ERP.pdf.

② "International Burdens of the Corporate Income Tax," Congress Budget Office, August 2006, https://www.cbo.gov/sites/default/files/cbofiles/ftpdocs/75xx/doc7503/2006-09.pdf.

③ "Tax Cuts and Jobs Act," The Congress, December 2017, https://www.congress.gov/115/bills/hr1/BILLS-115hr1enr.pdf.

国经济体系中的地位,采取各种措施帮助制造业回流。特朗普政府选定了部分制造业行业为其重点政策方向。同时,特朗普政府还瞄准先进制造业和新兴制造业,推出政策倡议,以实现更为精准的政策扶植和倾斜,帮助美国在特定制造业领域取得全球发展优势。例如,特朗普政府针对人工智能领域,专门颁布《人工智能倡议》的行政命令。[①] 该行政命令对美国人工智能发展进行了规划,包括支持基础研究,帮助研究人员获得对联邦数据的访问权限和计算资源等;鼓励人工智能的创新应用,改善成果;指导联邦机构加强人工智能技能培训,推动科学、技术、工程和数学(STEM)教育,使美国人为未来的工作变化做好准备;指导监管机构为技术和工业部门的人工智能开发和使用制定准则;呼吁国家标准与技术研究院(NIST)制定适用于人工智能系统的技术与安全标准;通过创建一个能够支持美国人工智能研究并确保关键人工智能技术发展的国际环境,保护美国在人工智能领域的优势。本质上,这类倡议类似于中国等国家的产业政策,通过规划先导、政策前置和资源投入,推动特朗普政府所认定的产业发展。

第四,以发展传统能源为重点的产业结构调整。特朗普政府认为,美国的传统石化能源储量丰富,技术先进,有价格优势,而低价格的能源有助于降低企业运营成本。2017 年 6 月,特朗普首次宣布退出有 195 个国家参与的《巴黎协定》。特朗普认为,该协定影响了美国具有传统优势的煤炭、石油等能源

① "Maintaining American Leadership in Artificial Intelligence," The White House, February 2019, https://trumpwhitehouse. archives. gov/presidential-actions/executive-order-maintaining-american-leadership-artificial-intelligence/.

产业的发展,减少了就业机会,还将导致美国损失 3 万亿美元的国内生产总值,增加美国成本支出。[①] 退出之后,美国可以不用承担相应的减排义务,企业的负担将会减轻,有利于促进传统能源产业的发展。基于同样逻辑,特朗普政府于 2017 年 10 月改变了奥巴马政府限制传统能源、大力发展新能源行业的政策取向,重视传统能源的生产,特意废除了奥巴马政府的"清洁能源计划"(Clean Power Plan),允许新墨西哥湾等部分限采区域进行能源开发,为石油和煤炭等传统能源生产开绿灯。[②] 通过调整能源政策,美国传统石化能源生产大幅增长,有力地降低了美国国内能源价格,从而有助于降低美国制造业的生产成本。

第五,特朗普直接挑战美联储的独立货币制定权力,施压美联储降低联邦基准利率。特朗普认为,低利率政策有助于企业降低投资成本,增加投资信心,促进经济活力。特朗普影响货币政策有两条路径。一是对美联储货币政策的预期影响。特朗普多次公开喊话,要求美联储降低利率。根据美国国家经济研究局(NBER)的一篇论文分析,即使特朗普没有直接影响美联储的决定,他的政治压力仍然可以通过改变市场对美联储的预期,间接影响政策。定量分析表明,特朗普涉及货币政策的相关表态总体把美国联邦基金利率共拉低了 10 个基点。[③] 考

① "Statement by President Trump on the Paris Climate Accord," The White House, June 2017, https://trumpwhitehouse. archives. gov/briefings-statements/ statement-president-trump-paris-climate-accord/.

② "Trump's EPA set to repeal Obama's big climate rule," Politico, October 2017, https://www. politico. com/story/2017/10/06/epa-clean-power-plan-repeal-243535.

③ Francesco Bianchi, Howard Kung, and Thilo Kind, "Threats to Central Bank Independence: High-Frequency Identification with Twitter," *NBER Working Paper*, No. 26308, September 2019.

虑到美联储通常一次降息 25 个基点,这种影响其实相当大。二是通过其他宏观经济政策的影响。高盛公司的一份研究还表明,特朗普关于贸易政策的推文,对美联储政策的市场预期会产生更大的影响。据估计,特朗普威胁将中美贸易战不断升级的推文,具有降低联邦基金期货的隐含收益率约 60 个基点的累积影响。①

(二)国际经济政策之变

特朗普国际经济政策也服务于其"美国优先"的执政理念。其采取保护主义、单边主义以及对等原则,减少国际公共产品提供,推卸全球治理责任,打击战略竞争对手,维护国家经济安全,给美国与世界经济关系带来巨大扰动。

第一,贸易保护主义政策。特朗普政府时期贸易政策体现出鲜明的保护主义倾向。一方面,特朗普政府不承认奥巴马政府及其他前任美国政府的自由贸易协定,通过单边退群的方式,以退为进,大力推进双边和诸边自由贸易协定的再谈判,希望借助自贸协定的再谈判来维护美国经济利益。其中最为典型的是,特朗普政府推翻克林顿时期就签署且运行良好的《北美自由贸易协定》,执意推动《美墨加自贸协定》(USMCA),把有利于美国汽车业和其他制造业的条款加入其中,扩大美国产品对这些国家的出口。另一方面,特朗普政府通过关税加征或威胁加征等单边方式,对其他经济体进行威胁,迫使其他国家进行相应政策调整,降低其他国家输美产品价格优势,限制其他国家产品进入美国市场,试图扩大美国商品对外出口市场。

① "Goldman Says Trump's Tweets Have Hit Market Pricing for the Fed," Bloomberg, October 2019, https://www.bloomberg.com/news/articles/2019-10-08/goldman-says-trump-s-tweets-have-hit-market-pricing-for-the-fed.

在该方面最为突出的是,特朗普政府对中国发动贸易战,对超过 3 500 亿美元中国输美产品征收 25％的高关税。

第二,弱势美元政策。特朗普认为,"弱势美元"更有利于美国制造业出口,减少对外贸易逆差。特朗普公开宣称,他不希望看到一个强势的美元。特朗普首次就任美国总统的 2017 年 1 月,美元指数高居 103,在其就任总统一年之后,美元指数跌至 88 左右,贬值幅度超过 10％,是 2003 年以来跌幅最大的一年。美元汇率政策不仅体现在综合性的美元指数上,更体现在国别性的汇率差异上。特朗普利用国内法,不断敲打其他经济体,希望其他经济体货币升值。例如,在中美贸易战升级的背景下,美国财政部根据特朗普总统的要求,一度以新闻稿的方式宣布中国为"汇率操纵国",而此前美国财政部每半年度公布的汇率报告一再声明,中国不符合美国法律所规定的确定货币操纵国的条件。

第三,修改多边规则,推动世界经济机制按照美国意愿运转。特朗普政府认为现有多边贸易体系下的全球分工变化导致美国制造业失去竞争力,造成美国在现有体系中所获得的相对收益越来越小,而后融入这个体系的国家如中国的相对收益反而很大。特朗普政府因此试图通过改变规则来取得有利于本国制造业发展的国际规则环境。在各种规则竞争中,特朗普尤其对世界贸易组织原有规则不满,抨击、指责世界贸易组织"对美国不公平""让美国吃了大亏"。2019 年 3 月 1 日美国贸易代表办公室发布的《2019 贸易政策议程及 2018 年度报告》中,主张对世界贸易组织改革的建议如下:(1)世界贸易组织必须解决非市场经济的挑战。(2)世界贸易组织争端解决必须充分尊重成员的主权政策选择。世界贸易组织的争端解决机制,尤其是上诉机构层面的争端解决机制,已经偏离了最初的谅解,大大削弱了现行制度的政治可持续性。美国一直多次敦促争端解决机制遵从这些原始谅解。(3)世界贸易组织成员必须遵从通知义务。(4)世界贸易组织对发展中国家的待遇问题必须进行修改,以反映当前的全球贸易现状。① 这四条针对新兴制造业大国的意图明显。

第四,以打击对手为目标的各种经济制裁政策。特朗普政府对外经济政策的一个显著特征是大量使用经济制裁措施。与前任美国政府相比,特朗普政府的对外经济制裁措施有三大特点。一是针对的国家极为广泛。几乎所有被美国认为是对手或敌人的国家都被实施了经济制裁,而且制裁实施次数之多,也创下了单个美国总统四年任期的历史纪录。二是大量使用二级制裁(secondary sanctions)。一级制裁旨在限制美国的企业或个人与被制裁对象的经济贸易往来。而二级制裁将适用范围扩大,限制美国之外的第三方公司或个人与被制裁对象进行金融和贸易往来,并对违反规定的第三国公司或个人实施制裁。三是多种政策并用。特朗普政府对外制裁不仅通过传统的财政部海外资产控制办公室,而且越来越多地通过商务部工业和安全局(Bureau of Industry and Security,BIS),出口管制也成为特朗普政府对外制裁的政策内容。在对华方面,中国有上百家公司和个人被列入出口管制清单,正常市场行为不得不接受美国政府的限制。

(三)特朗普政府内外经济政策之变的影响

特朗普政府上述国内外经济政策,不仅深刻地塑造了美国

---

① "2019 Trade Agenda and Annual Report," Office of the United States Trade Representative, March 2019, https://ustr.gov/sites/default/files/2019_Trade_Policy_Agenda_and_2018_Annual_Report.pdf.

国内经济运行,给美国经济制度注入消极的"特朗普主义",还影响了国际经济运转,给全球经济治理带来了负面的制度冲击。

一是严重破坏了国内外自由市场的分工和资源配置原则,使得市场作用遭受制度性损害。在如何看待市场方面,特朗普政府经济政策有鲜明的两面性。一方面,特朗普政府看起来确实把"去监管"作为其经济政策的重要理念,并且取得了一定的成绩。这似乎是自由市场理念的体现。但严格来说,这种"去监管"更多是特朗普从商人反对监管的本能出发,并不能真正表明其对市场的尊重。另一方面,比所谓"去监管"本能更为严重的,却是其政府对市场系统性的干预。以特朗普极为看重的制造业回流为例,特朗普政府无视全球市场分工和要素禀赋差异,强行推进制造业回流措施,并不惜发动对华贸易战,让跨国公司无所适从,扰动了资本、资源等要素的正常流动,增加企业运营成本。而特朗普重视制造业回流,又有着反市场的深层政治考虑。因为其支持者广泛分布于"铁锈地带",为获得竞选连任,特朗普需要从政治逻辑而非经济逻辑考虑经济政策的影响。再比如,在国内产业上,特朗普政府用差别性的政府"有形之手"扶植或者打压不同行业,而非用市场这一"无形的手"壮大或者淘汰不同行业。能源行业可谓是典型。特朗普政府重视、支持煤炭和石油等传统能源行业,为这一行业发展提供政府预算,减少政策管制。但对于新能源行业,特朗普政府却明显压制。特朗普政府广泛介入市场运行,给市场预期带来高度的不确定性,扰乱了本应由市场发出的价格信号,损害了市场运行的重要基础,不利于美国产业的健康发展。

二是过分强调本国经济安全,导致国家间经济竞争陷入安全化陷阱，甚至导致主要经济体面临经济安全的制度性困境。虽然此前美国总统或多或少都强调美国的经济安全，但是特朗普政府在维护所谓美国经济安全方面可谓登峰造极。是否有助于美国的"经济安全"成为特朗普政府制定经济政策的重要评价标准。在经济安全理由之下，美国对其他国家加征惩罚性关税，限制竞争国家对美直接投资，打压其他国家的科技创新，滥用"长臂管辖"制裁其他国家和企业。然而，这些追求"经济安全"的政策并未维护和巩固美国经济竞争力，反而弱化了美国全球经济领导力，事实上损害了美国的经济安全。美国从经济开放到经济安全的政策转向，引发了其他国家的广泛担忧，也产生了严重的连锁反应。美国为了确保自身经济安全的各种措施，带来巨大的负外部性，客观上损害了其他国家的经济安全。为抵御美国维护本国经济安全所施加的伤害，其他国家也制定旨在有效抵御美国经济政策冲击的经济政策。各国政策普遍升级，除了耗费更多的经济成本之外，美国并不能单独提升其经济安全。美国过分强调经济安全，既给其他国家带来战略压力，也给其他国家形成不良示范效应，恶化了国家间良好的经济关系，破坏了在市场条件下本应具备的经济信任及合作关系，"泛安全化"不得不成为各大国经济政策制定的考虑因素。

　　三是阻碍了全球化进程，动摇了冷战后所形成的全球经济多边治理机制，全球经济机制正常运作面临巨大的制度性困难。毫无疑问，特朗普政府经济政策与全球化背道而行，成为全球化进程中的一股逆流，国际贸易和投资活动都因此大为受限，拖累了全球化深入发展。不仅如此，特朗普经济政策所展现出来的浓厚"反建制"特征也严重摧毁了国际经济机制，削弱了各国际经济组织的制度能力。特朗普公开抨击各主要国际经济组织，威胁减少给各主要国际经济组织的投入。由于受到特朗普政府的刻意干扰，各国际经济组织作用急剧下降。最为恶劣的是，特朗普政府还以阻挠上诉机构法官任命的手段，瘫痪了世界贸易组织最重要的贸易仲裁功能，导致世界贸易组织无法行使其关键权力。① 特朗普政府给国际经济组织所带来的伤害短期内难以修复。在新冠疫情期间，世界各国见证了特朗普政府国际经济政策的恶果。面对疫情可能导致的全球经济大衰退，各国本应利用二十国集团这一多边治理平台，加强宏观经济政策协同。但由于美国政府对全球多边经济治理缺乏兴趣，二十国集团遭遇机制失能，无法如之前那样在全球治理中发挥引领作用。

需要承认的是，特朗普政府的经济政策不仅迎合了美国保护主义的基本诉求，也通过数年的政策推行强化了这一政策所代表的政治力量。拜登政府执政之后，面对美国国内日益加剧的政治极化和政党对抗，难以在短期内进行根本调整，特朗普政府部分经济政策遗产继续存留，制约着拜登政府经济政策的制定。

二、对华经贸政策之变及中国应对

中国是特朗普对外经济政策制定的焦点。2017 年特朗普第一任期开始，也改变了美国之前政府长期以来所推动的以"自由"和"接触"为核心的贸易政策。

---

① "It's the end of the World Trade Organisation as we know it," *The Economist*, November 2019, https://www. economist. com/finance-and-economics/2019/11/28/its-the-end-of-the-world-trade-organisation-as-we-know-it.

（一）对华经济政策之变

第一,美国对华贸易理念变化。政策制定由深层次的理念推动。纵观奥巴马总统 8 年任期,其对华贸易政策总体上是基于规则和自由的理念,重视多边贸易规则和双边经贸规则,但梳理特朗普 2016 年竞选及当选之后的对华经贸关系表态,不难发现特朗普本土主义色彩浓厚,对华经贸理念与奥巴马总统大为不同。

一是突出"公平"贸易(fair trade)。特朗普及执政团队成员主张中美双边贸易不是公平贸易,认为中国通过对美贸易获得了更多利益,而美国却遭受了损失。这是结果上的"不公平"。而且,中国是通过"操纵"人民币汇率以及不完全履行世贸组织规则等方式,"不公平"地对美积累了大量的贸易顺差,过程也"不公平"。因此,美国把"公平"贸易作为开展对华经贸关系的前置性条件。二是借助保护贸易(protective trade)。为了确保"公平"贸易,特朗普如其在就职演说中强调的那样,推行对华保护贸易。① 在特朗普的认知当中,"保护"一词没有贬义,是国家为了维护本国利益的正当选择。对华保护贸易的重点是扩大对华出口、相对减少从华进口。三是强调对等贸易(reciprocal trade)。在对华经贸关系开展过程中,特朗普政府有更强烈的对等观,看重对华经贸是否能够为美国带来大致同等的经济利益。② 利益的算计贯彻于特朗普政府对华经贸关系政策制定的全过程。值得注意的是,对等贸易的消极

---

① "The Inaugural Address," The White House, January 2017, https://trumpwhitehouse. archives. gov/briefings-statements/the-inaugural-address/.

② "U. S. Policy toward China," Asia Society Task Force Report, February 2017, https://china. ucsd. edu/_files/02072017_US_China_task-force_report. pdf.

含义就是贸易报复。如果中国对美采取了负面或者限制性的经贸措施，美国将对华采取限制性的经贸政策。

　　理解特朗普政府对华经贸关系的主导理念对于认识特朗普对华经贸政策有重要作用，这些理念构成特朗普对华经贸政策的逻辑起点。

　　第二，对华经贸重点变化。一是目标变化。特朗普2016年的竞选口号是"让美国再次伟大"，其对华经贸政策也大体上围绕这一目标而展开。具体目标聚焦于：对华出口增加，贸易逆差减少；制造业能够加速回流到美国，为美国制造业工人创造更多就业岗位；美国对华经济竞争优势继续巩固，美国高端制造业对华优势继续维持等。二是多边平台重要性下降，双边协调重要性上升。与奥巴马政府相比，特朗普政府在全球经济治理，尤其是全球气候治理领域的兴趣大幅消退。这使得中美两国在奥巴马政府时期通过气候变化治理以及其他国际经济治理来夯实、提升中美经贸关系的模式面临调整。三是对华贸易诉求变化。在汇率方面，特朗普政府要求人民币对美元升值；在贸易方面，要求采取措施减少美国对华贸易逆差；在金融方面，要求中国继续持有美国巨额国债，以便稳定美国金融市场以及提供国内基础设施建设所需资金；在市场准入方面，要求中国更为公平地对待美资企业。

　　第三，对华贸易手段变化。首先是单边手段。一是在人民币汇率问题上对华加大施压。特朗普政府利用一年两次的《汇率报告》对华施压，即使美国财政部在《汇率报告》中不给中国贴上"汇率操纵国"的标签，也在其中用更为严厉的措辞来描述中国的人民币汇率政策，以便获得谈判筹码。① 二是通过税收手段谋求调整贸易关系。共和党谋划边境调节税（Border Adjustable Tax, BAT），旨在对美国进口产品征收公司所得税，同时对出口带来的收入免征任何税收。② 如果边境调节税通过的话，会对中国对美出口产生重大影响。三是美国采取贸易救济措施。奥巴马政府最终未能承认中国的市场经济地位。特朗普政府充分利用所谓中国的"非市场经济地位"，对中国输美产品采取反补贴和反倾销措施。与奥巴马政府相比，对中国输美产品"双反"频率和税率均大幅增加。

其次是多边手段。一是在世界贸易组织规则框架内对华施压，选取更多案例对中国提出诉讼。二是拉拢其他国家建立针对中国的具体产品或者行业的论坛和机制，让中国面临更大国际压力。三是不配合中国提出的全球经济治理倡议，例如对于全球气候变化谈判和二十国集团协调机制采取冷淡态度。

最后是双边手段。特朗普政府在开始阶段就在单边和多边渠道对华实行经贸威慑，达到引发中方担忧的目的，然后在此基础上通过已有双边交流对话机制就美国政府关注的问题提出关切，再展开双边协商和谈判，要求中国解决。单边和多边手段最后都会回到双边层面，让中国做出让步或者调整。

---

① "U.S. Foreign Exchange Policy—The Trump Administration and the Dollar," CSIS Report, November 2019, https://www.csis.org/analysis/us-foreign-exchange-policy-trump-administration-and-dollar.

② "Reform, including a border adjustment tax, will happen this year, chief GOP tax writer says," CNBC, February 2017, https://www.cnbc.com/2017/02/03/gops-brady-tax-reform-including-a-border-adjustment-tax-will-happen-this-year.html.

（二）制约特朗普政府对华经济政策的潜在内外因素

总体而言,特朗普政府推行保护主义色彩浓厚的对华经贸政策脉络基本显现。[①] 这反映了美国国内正在兴起的本土主义和民粹主义思潮,也有助于帮助特朗普兑现其竞选承诺。[②] 然而,在各种潜在因素的限制之下,特朗普政府的政策意图与实际的政策制定之间,以及与最终的政策效果之间存在着巨大的差异。特朗普政府难以完全从其自身诉求以及美国本身情况出发制定真正保护主义的对华经济政策。

第一,美国国内制约。一是共和党的制约。共和党传统立场是偏向于自由贸易,自由贸易有助于维护共和党所代表的跨国资本的利益。特朗普极端的贸易保护政策会形成"回旋镖"效应,反而可能损害美国大型跨国公司的利益。因此,共和党不会完全支持特朗普的极端贸易保护主义。共和党的制约来自两部分。其一是共和党控制的国会。国会不会任由特朗普滑向极端的贸易保护主义。由于贸易等国际经济政策受国会决定影响较大,国会的作用能够得到体现。其二是共和党州。在2016年的州长选举中,共和党赢得了33个州的州长席位。特朗普采取过于严厉的贸易保护主义,损害这些州的经济利益,美国大部分州会从州的角度开展对华自由贸易,从而对特朗普政府的过于严厉的对华贸易保护主义形成一定限制。

二是美国跨国公司的制约。美国对华贸易保护主义真正损害的是美国跨国公司。特朗普政府关心的是美国本土经济

---

① "Trade Deals That Work For All Americans," The White House, https://www.whitehouse.gov/trade-deals-working-all-americans.

② John Paulson, "Trump and the Economy: How to Jump-Start Growth," *Foreign Affairs*, February 2017, https://www.foreignaffairs.com/articles/united-states/2017-02-13/trump-and-economy.

利益。正如美国商界主流所批评的，这是狭隘的利益观。① 事实上，美国经济利益早已超越国家界限。美国跨国公司才是全球化的最大受益者。它们布局全球，拓展公司实力，全球化以及贸易自由主义的最大利益被这些跨国公司所得。美国对其他国家挥舞保护主义大棒，其他国家损失的主要是贸易额，美国跨国公司损失的是实际的经济利益。在贸易战的极端情况下，美国跨国公司还很容易成为对象国贸易反击战的目标。

三是美国战略利益的制约。美国成为全球第一，成为全球经济规则的主导者，靠的是开放型的美国市场及其推行的自由经济理念。特朗普政府通盘计算的只是自身贸易利益得失，而没有衡量美国作为世界经济体系主导国所带来的宏观收益，也没有评估与之高度相关的战略收益，更没有考虑贸易保护主义对其他国家以及世界经济的冲击。日益内向、封闭和自私的美国不能引领其他国家走向未来，甚至美国盟友都会弃保护主义的美国而去。美国的全球经济领导力比其他国家遭受更严重的削弱。

第二，中美经贸结构制约。中美之间存在着三大结构性因素，有利于中美经贸关系不至于出现系统性和颠覆性的大危局。一是利益融合的结构性。中美两国利益高度融合，特朗普政府短期内难以用政策手段对此加以调整和切割。二是发展阶段互补的结构性。服务业在经济结构中的地位持续上升，两国在服务业领域可以开展更多合作。三是实力对比趋于对称

---

① "Understanding the US-China Trade Relations," The US-China Business Council, January 2017, https://www. uschina. org/reports/understanding-us-china-trade-relationship.

的结构性。① 中国在中美经贸关系中的地位大为提升,能够采取有力措施对特朗普政府的对华贸易政策进行回击,这避免了美国对华经贸政策限制或者制裁的单边冲动。

第三,全球力量制约。一是全球化的制约。相比于冷战结束以来的高歌凯进,当前的全球化确实有所退潮,但是全球化的动能和力量依然存在。特朗普政府的政策本质上是从全球化往回退缩,这不符合全球化的实际形势。而且,美国作为全球化的重要推手,其利益和全球化的利益密切结合。如果美国从全球化执意回抽,其现有的经济利益难以得到有效保障,也会引发全球化力量的反弹,并不利于美国的国家利益。

二是国际市场的制约。特朗普政府的做法,本质上是借助美国的力量以政治化以及霸权化的方式来解决全球市场对其不利的问题。用美国的政策来重新调整要素分配,重整经济利益。而现有的经济格局是市场化要素配置长期形成的结果。市场会自发对美国的保护主义措施形成有力制约,迫使美国政府在市场力量面前有所退缩。

三是其他国家的制约。特朗普政府的保护主义倾向本质是希望美国获得更多的经济利益,这将改变经过竞争和合作之后所形成的利益格局。而且,特朗普政府的政策带有过多的自利色彩和单边主义,试图用强硬的措施迫使其他国家就范,对国际经济的良性发展带来挑战。其他国家,甚至美国的盟国也

---

① Marcus Noland, Gary Clyde Hufbauer, Sherman Robinson, and Tyler Moran, "Assessing Trade Agendas in the US Presidential Campaign", Peterson Institute for International Economics, September 2016, https://www.piie.com/publications/piie-briefings/2016/assessing-trade-agendas-us-presidential-campaign.

在双边层面和多边层面对特朗普政府的政策加以应对。① 面临激烈的国际反弹,特朗普政府不得不弱化其贸易保护主义立场,进行新的政策调整。

（三）中国应对特朗普变局的主要措施

美国仍是中国最为重要的贸易国。中国在国力增强的过程中依然需要和美国保持稳定的经贸关系。特朗普政府转向贸易保护主义给中国的经济安全带来严重挑战。中国要从继续维护中华民族伟大崛起战略机遇期的高度,深入了解美国对华经贸政策的国内政治成因,分析其对华政策诉求,寻找其对华政策着重点,力争规避中美矛盾冲突点,瞄准中美经贸政策的突破点,从而更有针对性地开展工作。在中美经贸关系中,中国尤其注意从利益和规则的角度塑造美国对华经贸政策偏好,引导和塑造中美经贸关系。中国应对特朗普政府对华经贸政策变局,主要从以下几个基本原则和重点领域等方面展开。

第一,应对特朗普对华经贸政策的基本原则。特朗普原则性不强、变化性较多、意识形态观念淡薄,同时其谈判经验丰富、策略较为灵活,是一位难缠的谈判对手。应对特朗普政府的对华经贸政策诉求,遵循"守住底线、展示灵活、真诚沟通、交换利益、主动引导"等五大基本原则。

一是"守住底线"。特朗普政府在以往的商业谈判中,擅长狮子大开口、漫天要价,经常提出一些看似相当过分的请求。中国要清楚地了解自己的核心利益所在,对于没有底线的要价,中国必须坚守底线,否则可能陷入特朗普的谈判套路。二

---

① Michael Stothard, "Europe Ready to Fight against Trump Protectionism," *Financial Times*, December 2016, https://www.ft.com/content/441f4074-bfa4-11e6-9bca-2b93a6856354.

是"展示灵活"。在守住底线的情况下,应对特朗普政府时展示灵活态度。避免自我设置过多红线,要能够跟上其政策变化,同时要让美国觉得可以和中国进行谈判。三是"真诚沟通"。要把中国的真实情况和真实想法与美国政府及时沟通,对美国政府的不满和诉求也直接表达,不回避矛盾,不拖泥带水,对于能够答应的事情要爽快答应。四是"交换利益"。从特朗普熟悉和认可的"做生意"思维去处理中美经贸关系,加强利益置换的理念,通过置换,既满足双方的诉求,又形成新的利益交融。在利益置换中,确保成本负担和利益分配大致公平。五是"主动引导"。中国在中美经贸关系中发挥更大的议题设置能力和议程主导能力,主动谋划和倡议有利于中美两国共同利益的大政策、好政策,引导美国政府进一步认识到中美经贸关系的极端重要性,改变过多从美国视角来看待中美经贸关系的情况。

第二,把握对美经贸关系的新重点。一是关键突破点。从特朗普政府的经济政策路线图看,能源行业能够成为中美两国合作的关键点。特朗普政府希望以扩大石油、煤炭和天然气等传统能源生产和出口来实现增加美国就业、改善对外出口等多重目标。[①] 传统能源行业大发展成为特朗普政府的重要政策抓手。在共和党国会的帮助下,特朗普政府能够较快解除限制传统能源生产的禁令。中国是能够大幅吸纳美国传统能源产能增加的国家,把中国扩大从美国的能源进口作为中美经贸合作的突破口,以点带面,改善双边贸易关系。

---

① Vakhshouri Sara, "The America First Energy Plan: Renewing the Confidence of American Energy Producers," Atlantic Council, August 2017. JSTOR, http://www.jstor.org/stable/resrep17116.

二是利益汇合点。中美在双向均衡投资领域更加发力，打造基于直接投资的利益汇合点。从中国的角度，希望引进更多外资，确保外来投资的稳步增长，继续营造有利的营商环境。美资是外资的重要构成，在我国吸收外来投资中发挥重要作用。从特朗普政府的角度，希望通过吸引更多投资来促进美国经济发展。中资企业是对美外来投资的新增重要来源。中美两国可以在这一领域达成共识，采取共同措施，推进双向投资的稳定发展。

三是党派接触点。特朗普和共和党在 2016 年选举阶段互不欣赏，共和党认为特朗普偏离共和党传统立场过多，特朗普也对共和党党内建制派有诸多指责，但是特朗普当选（2016）之后两者之间的关系不断拉近。特朗普不仅需要共和党在人事和政治上的支持，而且需要共和党在国会立法层面的配合。中国一方面保持和共和党主流以及高层的密切联系，通过共和党的传统政治势力来稳定特朗普政府的对华政策；另一方面继续扩大与美国地方各州的交流，尤其是做共和党人主政的各州工作，与共和党州长协会保持良好互动关系，形成自下而上的关系优势，确保共和党对华政策的稳定共识。

第二节　特朗普政府对华贸易战

特朗普 2017 年就任美国总统后，逐渐把其竞选期间贸易保护主义的论调转变为贸易保护主义的政策实践，对多个贸易伙伴发起贸易限制措施。特朗普总统的国际经济政策突出反映了其民粹化、内向化、保守化和本土化的理念。中国作为美国的第一大贸易国、第一大进口国和第一大贸易逆差来源国，成为特朗普政府贸易保护主义的焦点国家。特朗普政府的若干重大经济政策直接针对中国,其经济政策的外溢效果也波及中国。为实现对华经贸目标,特朗普政府对华发动了有史以来国家之间最大规模的双边"贸易战"。面对特朗普政府凌厉的贸易攻势,中方也采取贸易反制措施,中美经贸关系遭受重大冲击。进入2019年,中美双边经贸关系仍然起伏不定,贸易谈判历经多轮无果后,美国于当年5月和9月分别再度对华加征关税,中国被迫采取反制措施。中美贸易谈判一度处于破裂的边缘,直至2020年1月,中美才最终达成了经贸协议。尽管如此,中美经贸战略竞争态势更为突出。

在很大程度上,爆发于2018年的中美贸易战是中美关系正常化以来中美经贸关系,乃至中美关系中最大的冲突事件。美国对华发起贸易战,试图重塑中美经贸互动模式。中美贸易战延烧将近两年。随着2019年年末中美两国政府逐渐形成中美第一阶段经贸协议,中美经贸关系才进入了新的稳定阶段。在新的阶段,中美经贸关系在原先互动的基础上,呈现出新的趋势。这些趋势直接塑造中美经贸关系未来发展的脉络和轨迹。从历史的演进看,两国关系出现剧烈的贸易摩擦有必然性。美国2007年金融危机主要依靠国内经济调整以及国际宏观政策协调,而不是通过对外军事战争方式解决。这已经打破了历史的规律。2018年,美国经济并未真正好转,中国经济欣欣向荣,美国锁定中国,挑起冲突实为必然。贸易战如果最终失控,对中美关系是非常不利的,会加速进入大国冲突自我实现的陷阱。两国因为本次贸易战而高涨的民族主义情绪会绑架两国历史发展进程。这次贸易战一定程度上相当于一个战略对撞和利益冲突的减压渠道,通过贸易战而非军事战重新分配两国的利益,提前释放了部分中美战略竞争的压力,如果能达成新的均衡,将能够维持中美关系在未来数年的总体稳定。

一、中美贸易战总体回顾

以 2018 年 7 月特朗普对华加征第一轮关税为中美贸易战正式爆发的时间起点,到 2020 年 1 月中美两国正式签署中美第一阶段经贸协议,这次中美贸易战持续了约 18 个月。[①]2018 年可谓是美国对华贸易战的试探期和加码期,当年中美政府历经四轮谈判和两轮关税加征、反制。虽然美国对华极限施压和策略性接触两手反复使用,双边谈判未能取得进展,2018 年美国政府分两轮对华共计 2 340 亿美元输美产品征收关税。第一轮金额为 340 亿美元,税率为 25%;第二轮实施于9 月,金额为 2 000 亿美元,税率也为 25%。作为反制,中国分两轮对自美进口共计 940 亿美元产品征收关税。在加征关税和推进磋商的同时,中美两国也借助当年 12 月二十国集团布宜诺斯艾利斯峰会机遇,进行首脑会晤,达成继续磋商的共识。在 2019 年上半年,双方认真推进第 5 轮至第 9 轮经贸磋商,总体进展良好。但是,中美第 10 轮和第 11 轮经贸磋商推进不力,均遭遇重大挫折。特朗普政府为对华施压,甚至在第 11 轮磋商尚在进行之际就宣布自 2019 年 5 月10 日起,对从中国进口的 2 000 亿美元清单商品加征的关税税率由 10% 提高到 25%。作为反制,中国政府则宣布,自2019 年 6 月 1 日起对原产于美国的部分进口商品提高加征

---

①　关于美国发动对华贸易战的动因和影响,可参见宋国友:《中美贸易战:动因、形式及影响因素》,《太平洋学报》2019 年第 6 期。

关税税率。

2019年6月底,中美两国元首在二十国集团大阪峰会期间再次会晤,同意双方要在平等和相互尊重的基础上重启经贸磋商。美国政府表示不再对中国出口产品加征新的关税。两国经贸团队将就具体问题进行讨论。秉承两国元首共识,中美谈判团队7月底在上海举行第12轮磋商。虽然两国磋商团队就经贸领域共同关心的重大问题进行了坦诚的深入交流,但是特朗普总统本人对于磋商结果表示非常失望,8月初在白宫听取美方团队汇报时当即就宣布美国从9月1日起对中国总价值3 000亿美元的货物加征10%的关税。中美双方在8月进行了密集沟通,无奈进展甚微,美国政府仍决定从当年9月1日开始,对3 000亿美元中第一批1 120亿美元的中国商品征收15%的关税,第二批约1 600亿美元中国输美产品也在12月15日被征收关税。此外,特朗普还威胁要在10月1日把此前2 000亿美元货物25%的关税上升至30%。到2019年9月,美国共计对中国输美超过3 600亿美元产品征收15%以上的惩罚性关税,而中国也对自美进口近1 400亿美元商品征收了税率不等的反制性关税。这意味着中美双边贸易额中有超5 000亿美元被征收了高额关税,占2019年中美实际双边货物贸易额的90%左右。中美建交以来,两国首次有如此大规模的双边贸易战,其对中美双边贸易关系的巨大冲击显而易见,也成为损害中美国内经济稳定的消极因素。

受贸易战影响,中美经贸发展严重受阻。表1-1列出2016年以来中美双边货物贸易情况。

表 1-1　中美货物贸易情况(2016—2019)

(单位:亿美元)

年份	进出口	出口	进口	进出口同比	出口同比	进口同比	顺差	顺差同比
2016	5 195	3 851	1 344	-6.9%	-6.0%	-9.6%	2 507	-3.9%
2017	5 837	4 298	1 539	12.4%	11.6%	14.5%	2 759	10.1%
2018	6 335	4 784	1 551	8.5%	11.3%	0.8%	3 233	17.2%
2019	5 414	4 187	1 227	-14.5%	-12.5%	-20.9%	2 960	-8.4%

数据来源:中国商务部。

由表 1-1 可知,2018 年中美双边货物贸易额尚未遭受贸易战的严重冲击。但随着中美贸易战进入白热化的 2019 年,两国双边贸易额下滑极为明显。与 2018 年相比,贸易总额、中国对美出口以及中国自美进口分别下降了 14.5%、12.5% 和 20.9%,创下了中国加入世贸组织以来双边贸易额的跌幅纪录。这充分显示了中美贸易战对双边贸易的巨大影响。表 1-1 还表明,在美国通过大范围、高税额的加征关税方式严格限制中国对美出口后,中国对美贸易顺差降幅也较为明显。根据中方统计,2019 年中国对美货物贸易顺差为 2 960 亿美元,相比 2018 年 3 233 亿美元减少了 273 亿美元,下降 8.4%。而按照美国数据,2019 年美国对华货物贸易逆差为 3 455 亿美元,相比 2018 年 4 196 亿美元大幅减少 741 亿美元,下降 17.6%,这几乎和 2014 年 3 449 亿美元贸易顺差相差无几。①

中美不仅双边贸易额急剧下降,双边投资额也大幅减少。

---

① 参见美国海关总署统计数据,International Trade in Goods and Services, Bureau of Economic Analysis, https://www.bea.gov/data/intl-trade-investment/international-trade-goods-and-services。

按照美国荣鼎公司统计,2019 年美国对华直接投资为 68 亿美元,和 2018 年 130 亿美元相比下降 48%。2019 年中国对美直接投资为 31.3 亿美元,和 2018 年 53.9 亿美元相比下降41.9%。如果把 2019 年中国对美投资与 2017 年的 297.2 亿美元相比,更是减少了 89.5%。[①]

从贸易和投资两个指标整体看,2019 年中美经贸关系严重倒退。特别是贸易数据表明,贸易战对中美经贸关系的冲击甚至要超过金融危机的冲击。由于受 2019 年中美双边贸易急剧减少的影响,美国被东盟超越,从中国的第二大贸易伙伴变成第三大贸易伙伴。从美国的角度,中国也失去了自 2015 年以来取代加拿大成为美国第一大货物贸易国的地位,退为美国第二大货物贸易国。

二、特朗普政府对华贸易战动因

研究中美经贸关系,必须要理解中美贸易战的发生动因。或者更为具体地说,要从特朗普政府的角度分析为何对华发动贸易战,因为这一次中美贸易战是由美国政府单边发动,中方被迫应战。在"百年未有之大变局"中,特朗普政府对华发起贸易战的动因绝非某个单一因素推动,而是各种因素共同作用、相互影响的结果。美国国内各利益集团也加入特朗普政府对华贸易战的决策进程中,彼此协调或冲撞,争夺政策主导权。在中美贸易战发展的不同阶段,不同动因所发挥的作用并不一样。总体上,特朗普政府发动对华贸易战存在四大动因,每个

---

① "Two-Way Street: 2019 Update US-China Direct Investment Trends," Rhodium Group, May 2019, https://rhg.com/research/two-way-street-2019-update-us-china-direct-investment-trends/.

动因都在其中发挥作用。

第一是经济动因。经济动因是特朗普政府发动对华贸易战的最初原因，但是在经济诉求中，又有不同的具体内容。首先也是最关键的，特朗普政府希望美国对华贸易逆差能够降低。根据美国统计，2017年美国对华有3 752亿美元的贸易逆差，占美国对外贸易逆差的47％。① 特朗普从朴素但错误的经济感觉出发，认为美国对华存在如此大的贸易逆差是一种美国对中国的单方输血，损害了美国经济健康和竞争力的同时却增强了中国的经济实力，因此希望对这种模式加以改变。从中美贸易战的初始阶段看，中美两国斗争主要围绕着这一内容展开。其次，特朗普政府还希望能够维护美国对华长期的经济优势。这就带来了美国在技术领域对中国的施压，包括集中于"中国制造2025"以及知识产权保护等议题上的交锋。再次，推动美国制造业回流。特朗普政府推动在美国国内降税后，对华征收惩罚性关税，试图打击中国出口，增加中国市场对外资的不确定性，旨在推动制造业回流，扩大美国国内制造业就业。最后，为了更好地打开中国市场，维护美国跨国公司利益，特朗普也希望中国改进外资政策，降低美资准入门槛，取消股份占比等。

第二是战略动因。从"二战"后美国维护霸权地位的历史进程看，当崛起国在实力上接近美国的时候，美国迟早会发动不同形式的贸易战，以确保美国的经济实力不受挑战。2018年中国经济总量已经达到美国的三分之二，美国战略界已经有诸多鹰派要求对华进行战略防范。② 冷战结束以来，美

---

① 根据中方数据，中国对美有2 752亿美元的贸易顺差（美国对华贸易逆差）。
② 其中，最为著名的当属白邦瑞的论调。参见 Michael Pillsbury, *The Hundred-Year Marathon: China's Secret Strategy to Replace America as the Global Superpower*, St. Martin's Griffin, 2016。

国对华战略大致上有"接触"和"遏制"两种选项。如果美国政府选择"接触"作为对华战略的主轴,中美经贸关系更容易顺利发展。在此战略设计下,美国倾向于认为对中国开放市场以及把中国纳入其主导的国际经济体系,有利于接触战略的实现。如果美国政府更加偏重于对华遏制,那么保护型的对华经贸政策会作为遏制战略的组成部分,经贸关系便会遭遇严重挫折。近几年来,美国国内战略界对于对华政策的辩论越来越达成一个共识,即认为美国对华所采取的接触战略基本上效果不大,甚至是无效的。[①] 竞争和博弈因此成为中美关系的新常态,这种竞争是全方位、多领域、常态性的,美国对华经贸政策也因此越来越呈现出明显的保护、限制和冲突特征。[②] 特朗普政府《国家安全战略报告》和《国家防务战略报告》这两大战略报告短时间内的相继出炉,以及在报告中所传递的对华战略防范基调,在很大程度上确实表明美国对华政策正在经历两国建交40年以来的重大调整。在战略层面,美国对华发起贸易战的战略诉求可以细化为三条。一是要确保实力优势,维护美国经济实力及总体实力,尽可能保持对华的竞争优势。二是要确保模式优势,维护美国在发展模式和意识形态模式上的全球吸引力。三是要确保秩序优势,维护美国在全球经济体系以及地区经济体系中的主导地位。[③]

　　第三是政治动因。政治诉求在特朗普政府对华贸易战中

---

① Aaron L. Friedberg, "Competing with China," *Survival*, Vol. 60, No. 3, 2018, p.7.

② 吴心伯:《特朗普执政与美国对华政策的新阶段》,《国际问题研究》2018年第3期。

③ Markus Brunnermeier and Rush Doshi and Harold James, "Beijing's Bismarckian Ghosts: How Great Powers Compete Economically?" *The Washington Quarterly*, Vol.41, No.3, 2018, pp.161-176.

也发挥着较为重要的作用。一是特朗普政府在美国国内的政治诉求，特别是特朗普巩固其政治基本盘的考虑。从 2016 年的总统大选看，五大湖及中部地区的"铁锈地带"是特朗普的重要政治支持力量。特朗普要在 2020 年总统大选中竞选连任，在美国国内政治两极化的格局下，必须要继续获得这些基本盘的强烈支持。特朗普对华打贸易战是兑现其竞选承诺的必然要求。通过对华打贸易战，能够让特朗普向其支持者展现其维护美国利益的意志，并且能够提升特朗普在这些区域的支持度。在 2018 年中期选举期间，特朗普通过社交媒体不断提及对华贸易战，以显示其对华强硬和为美国利益战斗的形象。二是特朗普政府对华的政治诉求。在打贸易战的过程中，特朗普政府越来越认为中国特色的政治经济制度构成中国对美国进行"不公平竞争"的重要原因，因此要求中国按照美国政府意愿进行改革。同时，美国国内部分战略人士认为中国离美国对中国的政治期待越来越远，失望感和挫败感强烈，因此也要求特朗普借用对华贸易战塑造中国政治发展道路。特朗普政府希望借助贸易战能够让中国有所调整和转变。

第四是个人因素。在中美经贸关系中，不能忽视决策者个人因素的强烈影响。如果不是特朗普当选，即便是上述因素都存在，那么中美摩擦的主要领域可能不是在经贸领域，而是在安全或者意识形态领域。即使是在经贸领域，也可能不会以这样一种反复极限施压、近乎失控的态势出现。特朗普个人风格对中美经贸战的影响主要表现在以下四个方面。一是特朗普是美国"二战"以来唯一从商界跨入政界并当选为总统的。这一经历使其更为重视经贸领域，更为看重经贸领域的利益得失，而且也更为相信自己处理经贸摩擦的能力。二是特朗普过于显著的冷战思维理念。虽然经商,但特朗普深受经济民族主义影响,突出美国利益优先,奉行单边主义,现实主义导向明显。三是特朗普反建制派出身。美国对外贸易政策的输出通常是各种力量国内博弈的结果。如果是建制派当选美国总统,与各种利益集团都有或多或少的联系,会更为慎重行事。但特朗普以政治素人面貌出现,与华盛顿各种传统的经济和政治利益集团联系较少,不易受到传统利益集团的游说及制衡。而从其选民基础看,反全球化的"铁锈地带"成为其政治基本盘,因此其抵御偏好自由主义的金融圈和跨国公司的政治免疫力也较强。四是特朗普政府的小团体决策模式。特朗普用管理公司的方式管理美国政府,倾向选用忠诚度高和执行力强的团队成员。决策过程不透明,决策讨论时间不充分,缺乏团队内部的平衡力量,因此制定的政策容易过火,不确定性增加。特别是 2018 年春季来自高盛公司的加里·科恩(Gary Cohn)辞去白宫国家经济委员会主任一职之后,小圈子决策模式对特朗普经贸政策的纠偏力量更是大为削弱,特朗普政府对华经贸政策屡走极端。

应该说,特朗普对华贸易战的"执念"在于实现其经济诉求。但随着中美贸易战在短期内无法迅速解决,更多的非经济因素被卷入了中美贸易战当中,美国国内对华战略鹰派也利用中美贸易战不断恶化的事实,把自身的议程注入特朗普政府对华经贸决策当中,引发了更为复杂的局面。在贸易战短期无法结束的情况下,中国也不断动态评估美国对华贸易战,并且给予从中国角度更为有力的反制措施。这反过来又迫使特朗普提高赌注,对华不断加大施压力度。在某种程度上,中美贸易战出现了恶性循环的不利局面,综合性、艰巨性不断提高。

三、中美贸易战展开的主要形式

特朗普政府在对华贸易战过程中，手段、形式多样，多种战法并用，力求尽快打赢中国，迫使中国单方面答应美国政府的各种要求。中国也在美国政府重点攻击的方向上见招拆招，希望有效回击美国。大致上，中美双方围绕以下六个方面展开了攻防。

第一，"道义战"。特朗普对华进行贸易战，首先要把自身放在"得道"一方，而把中国描述为"失道"一方。为此，特朗普政府对内对外广泛诉说美国是中美贸易的"受害者"，认为中国各种不公平贸易措施，导致美国对华有超过 5 000 亿美元的逆差。特朗普还多次把美国工厂倒闭、工人失业等归咎于中国加入世界贸易组织。为凸显本国受害者的"有道"角色，纳瓦罗（Peter Navarro）等特朗普政府官员极力攻击中国的相关政策，认为中国对美国的关税政策、产业政策和税收政策等经贸政策不公平、不对等，不利于美国公司竞争。[①] 特朗普政府还指责中国强迫美资企业转移技术，通过网络手段"窃取"美国机密，严重损害了美国利益。在《国家安全战略报告》中，特朗普政府甚至使用了"经济侵略"一词暗示中国对美经贸行为，宣称不再"忍受经济侵略和不公平贸易行为"[②]。中方则主张，中美贸易失衡成因复杂，美国自身消费过多、储蓄率少以及美元国

---

①　孔庆江、刘禹：《特朗普政府的"公平贸易"政策及其应对》，《太平洋学报》2018 年第 10 期。

②　"National Security Strategy of the United States of America," The White House, December 2017, https://trumpwhitehouse. archives. gov/wp-content/uploads/2017/12/NSS-Final-12-18-2017-0905. pdf.

际地位等,是造成美国对华贸易逆差的关键原因。[①] 即便数据上表现为美国对华有贸易逆差,但经贸利润较多流向美国。在直接投资领域,美国在华投资获得了巨额利润。此外,中国持有巨额美国国债,帮助美国政府融资,以及降低通货膨胀。因此,中美经贸关系的利益分配整体上是大致平衡的。美国不是受害者,中国更不是以牺牲美国为代价来实现自身经济发展。为突出自身反击的道义感,中国每次都是在美国首先发起对华关税征收之后才加以反制,强化自身在中美贸易战中的被动属性。然而,从对华施压策略角度,特朗普政府对上述美国受益面几乎不谈,一味突出其经济利益因为中国受损的片面观点。

第二,"法律战"。在法律领域,有两个相关议题。一方面是美国对华发动贸易战的法律基础及中国回应。"301 条款"是美国政府对华贸易战的法律基础,贸易战中美国政府对中国输美产品征税的法律依据是 1974 年《贸易法》第 301 条。基于"301 条款",特朗普政府对华进行贸易调查。根据调查结果,特朗普政府认定中国进行了不公平的贸易行为,包括要求美国公司参与合资企业,并将其技术强制转让给中国公司等。调查结果还指控中国"窃取"或是以低价获取美国的知识产权,从事网络间谍和窃取商业机密活动,以及通过"掠夺性"的国家控制的对外投资对美国公司和技术恶意收购。[②] 中方则强调,中方

---

① 中华人民共和国国务院新闻办公室:《关于中美经贸摩擦的事实与中方立场》,人民出版社,2018 年。

② "Findings of the Investigation into China's Acts, Policies, and Practices Related to Technology Transfer, Intellectual Property, and Innovation under Section 301 of the Trade Act of 1974," United States Trade Representative, March 2018, https://ustr.gov/sites/default/files/Section%20301%20FINAL. PDF.

切实履行知识产权保护。① 特朗普政府依据"301 条款"对华调查是典型的用国内法来对华施压。特朗普政府并没有通过世界贸易组织多边机制或者与中国充分进行双边谈判，以解决中美之间的贸易争端，而是主要诉诸国内法实施单边威胁，然后对华征收惩罚性关税。另一方面是中国通过国内的立法行为以缓解美国对华进攻态势。针对美国政府所谓的中国不公平竞争等指责，全国人民代表大会 2019 年春季通过《中华人民共和国外商投资法》，用立法行动促进内外资企业规则统一，促进公平竞争，打造法治化营商环境。

第三，"身份战"。特朗普试图在身份上对中国再定义，改变世界对于中国的认知。其一，挑战中国的"发展中国家"身份。特朗普政府认为中国借助发展中国家身份获得了巨大的特殊待遇和优势，逃避了本应承担的更多责任，因此极力挑战中国的发展中国家身份，希望世界贸易组织让中国等中等收入国家做出更多的承诺。中国强调，中国是以发展中国家身份融入世界经济体系的，现在也仍然是发展中国家。在以世界贸易组织和国际货币基金组织为代表的世界经济体系中，中国作为发展中国家在享受了权利的同时也承担了相应的义务。如果中国不再被认为是发展中国家，中国在世界贸易体系和金融体系中就会超越国情而过多承担义务，会损害中国的正当利益。其二，美国试图剥夺中国本可以自动获得的"市场经济体"身份。根据中国入世协议第 15 条规定，中国允许其他世贸组织成员在对华反倾销调查中使用"替代国"做法，但明确要求在中国加入世贸组织 15 年后即 2016 年 12 月 11 日终止。但特朗

---

① 中华人民共和国国务院新闻办公室：《中国与世界贸易组织》，人民出版社，2018 年。

普政府继续拒绝执行 15 条规定,并向世贸组织正式提交文件,反对中国在世界贸易组织自动获得市场经济地位,拒不承认中国是"市场经济国家",借此对华在反倾销、反补贴调查中继续采用"替代国"的机制。中方主张,第 15 条相关规定是中国为了"入世"所接受的额外条款,具有明确的时间阶段性。15 年是当时中美都同意的期限,美国如今在 15 年之后继续认定中国为"非市场经济体",是违反承诺的毁约行为,明显缺乏诚意。

　　第四,"技术战"。美国主动把贸易战延伸至技术战层面,既用技术战对华施加更大压力,又在技术角度限制中国对美长期竞争优势,牵制中国制造升级和技术创新。① 美国国会 2018 年通过《出口管制改革法案》(Export Control Reform Act),得到特朗普政府批准,根据这一法案,涉及敏感商品和技术的出口需要预先获得商务部批准,包括商务部有权对该技术的出口、再出口或转让建立管制。法案还要求商务部必须考虑该技术的潜在最终用途。为提高对华技术战的精准性和预见性,美国商务部工业与安全局 2018 年 11 月还试图扩大对华出口控制,出台了一份更为严格的技术出口管制通知。该方案把人工智能、芯片、量子计算、机器人、脸部识别和声纹技术等 14 类新兴技术领域列入出口管制清单,其目标是试图在美国政府所定义的关键技术领域对华实施更为严格的出口管制措施,维护美国在高科技领域的对华优势。② 中国提出,美国对华高科技产品出口限制是导致美国对华巨额贸易逆差的重要

---

① James A. Lewis, "Technological Competition and China," CSIS, Nov 2018, https://csis-prod.s3.amazonaws.com/s3fs-public/publication/181130_Techn ological_Competition_and_China.pdf.

② "Review of Controls for Certain Emerging Technologies," Bureau of Industry and Security, Commerce, *Federal Register*, Vol. 83, No. 223, 2018.

原因，美国政府如果在这一领域继续加强限制，只会使得中美贸易失衡问题变得更为严峻。

第五，"联盟战"。美国试图联合欧洲和日本等主要发达经济体，在所谓的知识产权保护、国有企业竞争中性、世贸组织改革、劳工"自由结社"、全球产能过剩、政府补贴、国家资本主义、非市场经济地位以及世贸组织改革等若干议题上结成对华"统一战线"。特别是在国际经贸规则方面，美国试图联合其他发达经济体，打造基于所谓"规则"的经贸阵营，对华施压。为了集中力量更好对中国施压，特朗普政府还调整了其曾经的"多点开花、多线谈判"的贸易谈判策略。特朗普一度同时对其他主要经济体施压，并且几乎同时推进多场重要贸易谈判。为赢得其他经济体在对华经贸政策上的支持，特朗普政府后来悄然改变了节奏和力度，或者提早结束贸易谈判，达成了美加墨贸易协定，或者延后了谈判进程，比如把美欧贸易协定谈判和美日贸易协定谈判放在中美贸易协定谈判之后。特朗普政府还和欧盟、日本建立对话机制，加强在重要问题上的对华协调。[1] 中国同样意识到构筑"统一战线"的重要性，积极推动形成反对美国单边贸易保护主义的自由贸易阵营，加强与欧盟、日本等发达经济体以及俄罗斯、印度等新兴经济体的对话与沟通，维护全球自由贸易体系的权威性，共同反击特朗普政府自身利益第一的国际贸易政策。

第六，"公司战"。为配合对华贸易战，特朗普政府还针对特定中国公司进行了精准的点穴战。一是对中兴公司的制裁。

---

[1] Ana Swansonu, "U. S. Joins Europe in Fighting China's Future in WTO," *New York Times*, December 2018, https://www. nytimes. com/2017/11/29/us/politics/china-us-trade-wto. html.

2018年4月美国商务部发布对中兴公司出口权限禁令,禁止美国公司向中兴公司出售零部件、商品、软件和技术,期限为7年。经过2个月左右的交涉博弈,中兴公司在作出了一系列的保证后,终于被解禁。其间中国耗费谈判资源,美国获得一定谈判优势。二是对福建晋华公司的禁令。2018年10月,特朗普政府宣布,福建晋华公司的存储芯片对美国的军用系统芯片供应商产生长远的威胁,威胁到美国国家安全利益,基于维护国家安全考量,把福建晋华公司列入出口管制清单。特朗普政府还认为福建晋华公司即将获得大规模生产动态随机存取存储器(DRAM)的能力,未来将对美国军用系统供应商造成威胁。[①] 三是在2018年12月,美国政府以逮捕华为公司首席财务官孟晚舟的方式来打击华为公司。面对美国对中国特定公司的打击行为,中国政府也在公司层面发起了反击。最为典型的案例是中国政府未批准美国高通公司对恩智浦公司的并购申请。

总体而言,美国作为贸易战的挑起方,依靠自身强大的经济实力和在中美经贸关系中的相对优势,对华攻势凌厉,手段变化较多,给中国带来较大的压力。但中方并未被美国击垮,而是展现反击美国的决心和意志,采取各种措施反制美国,逐渐消耗美国的耐心,塑造对美经贸"持久战"之势,不断迫使美国回归到用谈判方式与中国解决贸易争端。

四、影响中美贸易战走向的因素

中美贸易战从开始到接近结束,延烧一年有余,中间反反

[①] "Addition of an Entity to the Entity List," Federal Register, October 2018, https://www.federalregister.gov/documents/2018/10/30/2018-23693/addition-of-an-entity-to-the-entity-list.

复复，屡有波折，充满了不确定性。从中美贸易战进程来看，其走向受到多重因素的塑造。其中最为关键的，还是受到经济和政治这两方面因素的影响。这两大因素不仅直接塑造着中美贸易战的发展，还预示着中美关系互动的新态势。

（一）经济因素及其影响

第一，中美两国贸易战直接经济成本。中美贸易战对双方均带来经济成本。这些成本大致上可以从对一国的国内生产总值、国际贸易、就业、税收以及不同产业的影响进行衡量。对于经济成本的测算，中美两国均有大量研究。例如，根据研究，一定烈度的中美贸易战可能会使得中美国内生产总值分别下降1.4％和0.11％，贸易额分别下降4.9％和5.1％。① 理论上，如果一方遭受的经济战成本巨大以致难以承受，那么就有可能在谈判中被迫妥协让步，以满足另外一方的要求，从而结束贸易战。不过，显性的经济成本可以估算，但忍受经济成本的能力和意愿难以测量，其与一国的战略承受度和政治回旋力高度相关。因此，只要这种经济成本不是致命性的，还必须对中美两国综合的承受能力加以考虑。困难的是，对于耐受度的衡量不仅仅停留在经济层面，也包括政治意志考量。

第二，其他经济相关因素。从中美两国的经济体量看，直接的贸易战成本对任何一方的冲击都不是致命性的，总体上负

---

① Chunding Li, Chuantian He & Chuangwei Lin, "Economic Impacts of the Possible China-US Trade War," *Emerging Markets Finance and Trade*, Vol.54, No.7, 2018, pp.1557-1577。关于中美贸易战的经济影响评估，还可参考 Marcus Noland, "US Trade Policy in the Trump Administration," *Asian Economic Policy Review*, Vol.13, No.2, 2018, pp.269-273; Meixin Guo, Lin Lu, Liugang Sheng and Miaojie Yu, "The Day After Tomorrow: Evaluating the Burden of Trump's Trade War," *Asian Economic Papers*, Vol.17, No.1, 2018, pp.101-120。

面冲击可控。这时,就需要分析贸易战直接经济成本之外的其他经济因素。具体而言,如下两个指标更为关键。一是中美两国短期内的经济增速。如果在贸易战之下,美国经济增速仍然较高,那么特朗普打贸易战的动力更为充分;如果经济增速下滑明显,其打贸易战的动力就相对不足。二是美国金融市场表现,特别是美国股市表现。本来在中美贸易战中利益受损的民众和公司,也因为股市上涨而部分抵消了可能遭受的福利损失,因此缺少足够动力游说特朗普。在贸易战的阴影下,如美国股市持续上涨,特朗普对华贸易战动力充沛;如美国股市持续下跌,特朗普对华贸易战动力不足。

从经济增长的角度,2018 年,美国国内生产总值表现尚可,全年经济增速为 2.9%,为 3 年以来最高。如果分季度看,2018 年全年四个季度的经济增速分别为 2.2%、4.2%、3.4% 和 2.2%,在经济增速超过 3% 的时候,特朗普对华贸易战更有底气,分别在 7 月、8 月和 9 月三次对华加征关税。但是在国内生产总值增速表现不好的第四季度,特朗普在对华贸易施压上有所缓和。2019 年第一季度,美国经济增速表现良好,达到 3.2% 的年化增幅,特朗普政府宣布新一轮对华关税加征。

尤其需要注意的是,对特朗普政府而言,股市表现日益成为其对华贸易战决策的短期重要参考变量。在 2018 年前三季度,美国股市总体增幅明显,特朗普以为中美贸易战对美国股市不会有大的负面影响,因此减少了后顾之忧,对华持续极限施压,贸易战不断加码。到了 2018 年第四季度,美国股市一改前期大涨态势,转而大幅下跌。到 2018 年 11 月中旬,相较于 10 月初的最高点,标准普尔指数跌幅为 9.7%,连连大跌之下,标普指数已然回到 2017 年 12 月初的水平。换言之,美国股市

2018 年全年的涨幅几乎全数尽失。道琼斯指数和纳斯达克指数总体上也呈相似变化趋势。随着美国股市 2019 年第一季度有所上涨,特朗普政府又无所顾忌,对华再度施压,提升 2 000 亿美元输美产品关税。

而美国股市的表现和中美贸易战的发展进程又是密切相关的。美国股市在中美贸易战期间的下跌是多重原因叠加的结果。一是美联储持续加息。2015 年年底以来,美联储已经加息 8 次。2018 年就加息 3 次。二是特朗普减税红利几近消失。[①] 最后一个直接的经济因素就是中美贸易战悬而未决、走向不定。观察 2018 年以来的美国股市表现,几次大的波动与中美贸易战的发展关系密切。总体而言,每当特朗普威胁或者宣布对华关税惩罚的时候,美国股市基本以下跌为主,甚至是大跌。例如,在特朗普宣布对华启动"301 调查"后的 3 月 22 日和 23 日,美国股市连续两天大跌。2018 年 10 月美股的连续大跌与特朗普在对华贸易战上的强硬表态高度相关。在 2019 年 5 月美国政府决定把 2 000 亿美元中国输美产品的关税从 10%上升至 25%、中国据此也宣布了自美进口 600 亿美元产品的关税报复措施后,美国道琼斯指数和标普指数一天之内跌了 2.4%,纳斯达克指数跌了 3.4%。而特朗普政府缓和对华贸易态度的时候,美国股市大都会迎来上涨。其中具有代表性的交易时段有 2018 年 5 月初、11 月初和 2019 年 5 月中旬。

---

① Thomas Heath, "A Year after Their Tax Cuts, How Have Corporations Spent the Windfall?" *The Washington Post*, December 14, 2018, https://www.washingtonpost.com/business/economy/a-year-after-their-tax-cuts-how-have-corporations-spent-the-windfall/2018/12/14/e966d98e-fd73-11e8-ad40-cdfd0e0dd65a_story.html.

从上述两个经济因素看,随着美国对华相继征收340亿美元、160亿美元以及2 000亿美元数额不等和税率不一的惩罚性关税,以及中国基本上在同一时间所进行的贸易反制,中美贸易战规模不断扩大,两国承受的直接经济成本不断增加,各自经济增长不确定性加大,金融市场波动日益明显,对中美双方累积性的负面影响越来越大。特朗普政府逐渐意识到,如果贸易战持续下去,中美两国没有赢家,中美经济冷战的恶果或早或晚都要出现,美国同样会面临贸易战的负面影响。

（二）政治因素及其影响

第一,中美两国元首互动。中美两国元首在中美关系中起到引领作用,在中美贸易谈判中的关键角色不可替代。[①] 如果中美两国元首保持顺畅沟通,密切联系,解决中美贸易战的概率就会加大;如果中美两国元首没有互动,甚至是彼此对立,尽快结束中美贸易战的可能性就会下降。2017年中美两国元首互动氛围良好,实现美国海湖庄园、德国汉堡以及北京三次元首峰会,达成较多共识,确保了2017年全年中美关系的总体稳定。2018年,由于特朗普威胁和推动对华贸易战,且在高层经贸磋商过程中多次反复,中美两国元首互动情况并不乐观。直到2018年11月底以前,中美两国元首没有任何见面,这不利于中美贸易战的解决。2018年11月份以来,中美元首有了较好的互动。习近平主席与特朗普总统在11月1日进行了通话,12月1日在阿根廷首都布宜诺斯艾利斯举行了会谈,确定了90天的新谈判时间表,12月29日再次通话。2019年1月

---

① 杨洁勉:《中美外交互动模式的演变:经验、教训和前景》,《美国研究》2018年第4期。

1日，两国元首互致贺信，热烈祝贺两国建交40周年。两国元首的积极互动为避免中美贸易战的扩大和恶化提供了机遇。在总体良好的首脑互动惯性推动下，虽然在延展的90天谈判时间内，中美仍未取得最终的贸易协议，但是中美双方都宣布暂停征收新的关税，并且同意继续进行贸易谈判。

　　第二，特朗普政府团队成员变动。特朗普团队成员在塑造特朗普对华贸易战方面，也起到重要作用。特朗普团队成员在对华施压这一总目标上没有差异，但是可以大致分为"逆差减少派"和"结构调整派"。"逆差减少派"主要以华尔街出身的官员为主，包括美国财长姆努钦、前白宫国家经济委员会主任科恩等人。这一派强调对华贸易摩擦要注意对华施压的力度和规模，不主张挑起与中国的全面贸易战争，要避免中美经贸关系全面恶化。"结构调整派"包括贸易和产业办公室主任纳瓦罗、贸易谈判代表莱特希泽等人，主张必须利用这次贸易战的机会，迫使中国进行根本性的经济结构和其他领域调整。这两派互相对立，争夺对特朗普对华经贸政策的主导权。在不同的阶段，特朗普在坚持自己看法的同时，也被不同的派别观点所塑造。当"逆差减少派"对特朗普有更多影响时，中美贸易谈判较为顺利；当"结构调整派"有很大话语权时，中美贸易谈判往往遭遇变数。从美方团队成员变动看，随着主张中国需要进行"结构调整"的莱特希泽取代美国财长姆努钦成为2019年以来中美贸易谈判的美方首要负责人，莱特希泽在特朗普决策团队中的作用相对提升，而姆努钦的地位相对弱化。这加剧了中美贸易谈判的困难程度。

　　第三，美国选举政治。美国政治本质上是选举政治，因此选举考虑对于特朗普对华贸易战的影响不容小觑。甚至有观点认为,特朗普之所以 2018 年在对华贸易问题上一直态度强硬,就有着眼于中期选举的考虑。① 如果特朗普认为对华打贸易战有助于其和共和党的竞选,那么会有很强动力不断挑起贸易纠纷、打贸易战;如果打贸易战不利于其选情,那么特朗普对华打贸易战的动力就不足。

2018 年中期选举,美国政治的"三化"特征延续。一是政治版图固化。民主党固守东西海岸,共和党占据南北中的格局表现得依然十分明显。大多数摇摆州还是延续 2016 年总统大选的格局,未剧烈摇摆。二是政治极化。两党及其支持者在一系列问题上继续对立。围绕移民问题、医改问题以及南部边境造墙问题的争议会持续下去。三是政策运行僵化。民主党利用其控制的国会众议院,牵制共和党以及特朗普政府。特朗普推动的众多国内立法议程不仅受到国会掣肘而难以落实,其与中国的贸易协议也可能受到民主党的严厉审查。

尤其值得注意的是,除了上述"三化"特征之外,还出现了一个新的政治特征,即共和党的"特朗普化"。特朗普助选的绝大多数议员及州长赢得选举,对特朗普失望或者反感的共和党议员或者主动离任,或者遭遇选举失利。特朗普因此对于共和党的塑造能力更强。就在中期选举结束不久,特朗普要求司法部部长塞申斯辞职而明显没有遭遇党内的反对,表明特朗普对于共和党的影响力加大。反观民主党一方,2016 年总统大选之后,尚没有看到能够相对出挑的政治人物。特别是在中青年一代,民主党没有出现领跑者。特别是随着"通俄门"调查结束及其结果公布,只要特朗普不遭遇颠覆性的错误或者打击,其

---

① Feng Lu, "China-US Trade Disputes in 2018: An Overview," *China and World Economy*, Vol. 26, No. 5, 2018, pp.83-103.

在共和党内部应该不会出现能够匹敌的挑战者。在美国国内政治的这种变化下，中国更应重视特朗普个人作用，积极推动中美元首互动。显然，特朗普也很清楚，中美贸易战的走势，会塑造其2020年的竞选结果。特朗普希望把中美贸易协定打造为其竞选连任的加分项，而不能让其成为"负资产"。中国因此要争取特朗普本人在对华贸易问题上能够积极调整。但是，同样是从选举政治出发，2020年美国总统大选时，美国国内各政治势力继续拿中美贸易问题做文章，中美贸易摩擦反复出现，甚至不排除进一步恶化的可能。

中美贸易战是在"百年未有之大变局"和重大历史交汇期的时代背景下，作为崛起国的中国和作为霸权国的美国之间爆发的冲突性事件，其影响不仅仅在于经贸领域，还会产生重大的指向意义，影响未来中美关系的发展进程。总体而言，中美贸易战表明中美关系出现结构性变局的趋向，如果双方管控不当，随着中国经济实力愈发接近美国，中美经贸关系越来越有从战略稳定向战略冲突发展的趋势，不仅传统的"压舱石效应"有所弱化，而且政治和安全外溢性有所加强，容易成为中美竞争的诱发因素和斗争领域。

不过，从中美贸易战的进程也可以看出，随着中国实力的上升，美国对华固然有打压和防范增强的一面，但是中国应对美国施压的能力和手段也在相应增加。中国并不是单纯被动挨打的一方，可以通过"打"和"谈"相结合的策略对美施展影响，形成压力，迫使其调整对华政策。在中方的反制下，美国最终还是要回到和中国通过谈判的方式来实现其所关切的各种利益。更为重要的是，这次贸易战证明了斗而不破、战为求和仍然是中美博弈的主基调，中美经济相互依存的加深可能确实引发某一方不满意之处,但其形成的巨大共同利益以及相互确保经济伤害能力还可以维系中美关系的总体稳定。只要中美不发生重大的战略误判,不被极端政治势力所绑架,在经济利益的不断交融中协调彼此定位,中美关系的和平前景依然可期。

第三节 中美经济贸易协议签署

一、中美经济贸易协议的积极影响

在贸易战几近失控的巨大破坏性面前,中美双方适时展现了灵活度。2019 年 10 月中旬,中美进行了第 13 轮磋商,终于取得重大突破,双方认可分阶段达成经贸协议,美国决定推迟实施原定于 10 月 15 日生效的对中国输美商品加征关税措施。经过两个月的密集沟通,中美两国 12 月 13 日就协议文本达成一致。2020 年 1 月 15 日中美双方在美国华盛顿正式签署《中华人民共和国政府和美利坚合众国政府经济贸易协议》。该协议共有八章,分别为第一章"知识产权"、第二章"技术转让"、第三章"食品和农产品贸易"、第四章"金融服务"、第五章"宏观经济政策、汇率问题和透明度"、第六章"扩大贸易"、第七章"双边评估和争端解决"和第八章"最终条款"。

该协议规定了中美在经济贸易领域的相互承诺。核心有两大内容。一是美国除已加征关税外,不再对华加征新的关税。二是中国承诺扩大自美进口。具体而言,中国应确保,以2017 年为基数,要在 2020 年 1 月 1 日至 2021 年 12 月 31 日两年内,扩大自美采购和进口制成品、农产品、能源产品和服务贸易不少于 2 000 亿美元。具体而言,中国扩大自美进口包括四大领域。其一为制成品领域,在 2017 年基数之上,中国 2020 年自美采购和进口规模不少于 329 亿美元,2021 年自美采购和进口规模不少于 448 亿美元。其二为农产品领域,在 2017 年基数之上,中国 2020 年自美采购和进口规模不少于 125 亿美元,2021 年自美采购和进口规模不少于 195 亿美元。其三为能源产品领域,在 2017 年基数之上,中国 2020 年自美采购和进口规模不少于 185 亿美元,2021 年自美采购和进口规模不少于 339 亿美元。其四为服务贸易领域,在 2017 年基数之上,中国 2020 年自美采购和进口规模不少于 128 亿美元,2021 年自美采购和进口规模不少于 251 亿美元。①

中美经贸协议签署,中美贸易战再度升级的概率较小。市场普遍预期,随着中美经贸协议的落实以及后续经贸关系逐步开展,中美经贸关系走出贸易战低谷,企稳回升,实现快速增长。从中美经贸数据看,根据中国海关总署统计,2020 年中国对外贸易、出口和进口总额增幅分别为 1.5%、3.6% 和 −1.1%,而中国对美贸易总额、出口总额和进口总额增幅分别为 8.3%、7.9% 和 9.8%。② 根据美国统计数据,2020 年,美中贸易额占美国对外贸易额从 2019 年的 15.1% 上升至 15.9%,对华出口总额从 2019 年的 6.5% 上升至 8.7%,对华贸易逆差则从 2019 年的 3 020 亿美元下降至 2 803 亿美元。

---

① 《中华人民共和国政府和美利坚合众国政府经济贸易协议》,中国新闻网,2020 年 1 月 16 日,https://www.gov.cn/guowuyuan/2020-01/16/5469650/files/0637e57d99ea4f968454206af8782dd7.pdf.

② 《2020 年 12 月进出口商品国别(地区)总值表(美元值)》,中华人民共和国海关总署,2021 年 1 月 18 日,http://www.customs.gov.cn/customs/302249/zfxxgk/2799825/302274/302277/302276/3515719/index.html.

可以说,如果协议完全落实,两国经贸关系将会出现企稳向好以及可能进一步融合的态势。

中美经贸的首次大规模融合进程,总体始于中国和美国谈判入世协定,初步定于中美达成入世协定,大致终于特朗普政府对华发动贸易战。特朗普对华发动贸易战也是中美经贸需要进行再融合的标志。中美之间的经贸再融合进程并不意味着中美此前经贸互动模式和内容被完全推倒重来,而是表明中美需要在新的历史阶段和已经签署的经贸协议基础上进行新的互动。在再融合的进程中,中美经贸关系发生了若干重大变化,难以回到过去的互动模式,呈现与之前融合进程不一样的特征。

一方面,中美在再融合进程中的经济实力趋向平等。在再融合进程中,中美两国经济实力日益接近。从最为关键的国内生产总值(GDP)这一指标看,2001 年中国 GDP 不到美国的10%,而 2019 年中国 GDP 超过美国三分之二。按国内社会消费品零售总额这一体现国内市场规模的指标计,2019 年中国社会零售品销售总额超过 41.2 万亿人民币(约合 6.05 万亿美元),美国为 6.24 万亿美元,中美两国基本相等。按国际贸易计,美国货物和服务贸易总额略微高于中国,但中国货物贸易总额高于美国。按直接投资计,中美两国也位居全球前两位。按研发投入计算,中美两国迅速接近。实力接近平等是中美再融合阶段互动的结构性基础。在实力接近平等的情况下,中美可能在某个单一领域具有一定的实力优势,但任何一方都无法单方强迫另一方接受全局性的改变,或者单向塑造中美经贸关系格局。另一方面中美政策对等。特朗普政府基于中国不断上升的实力,把中国看成经济大国和强国,单边要求调整在中美入世协议中所确定的双边规则和多边规则。对等原则本身或有其可取之处，但不能是无视历史背景和现实差异下的绝对对等，更不能是按照美国政府标准所定义的强行对等。无论如何，对等原则已经并且会继续成为未来一段时间美国对华经贸政策制定的总基调。中美两国势必会围绕对等的条件性、适用性和具体政策实施路径展开积极或者消极的互动。

在平等和对等两大新变化的基础上，中美再融合的实质包括三大方面。一是利益再融合。美国政府认为在中美之前的经济融合进程中，美国利益受损。利益受损主要表现为美国每年对华存在巨额贸易逆差。特朗普政府对华发动贸易战，是想迫使中国接受美国条件，实现美国利益，减少自身贸易逆差。按照这个思路，美国最终和中国达成第一阶段协议，表明美国认为第一阶段及后续的协议能够重新调整两国经贸利益分配，而分配的总体结果要有利于美国。从中国的角度，第一阶段协议达成也符合中国利益，协议文本是一种中方认可的互利契约。借助第一阶段协议和后续的协议，中美两国可以实现利益再融合。根据中美第一阶段经贸协议内容，中国 2020 年和 2021 年要从美国新增进口 2 000 亿美元。如果完全实现，这 2 000 亿美元将使得中美双边贸易额到 2021 年年底提升至 8 000 亿美元规模。若如此，中国届时将成为美国第一大贸易伙伴，美国也将成为中国第一大贸易伙伴。如果从产业利益分析，中美之间第一产业、第二产业和第三产业都可以增进利益融合。更为具体地分析，两国农业利益、制造业利益、金融业利益以及能源业利益的融合程度会相对更高。从中国政府的角度，利益再融合进程对中国也是有利的，有利于推动经济高质量发展，有助于满足中国人民对美好生活的向往。可以预计，如果中美第一阶段协议所启动的再融合进程顺利推进的话,中美相互依存度可以实现较大幅度提升,从而有望形成更高程度的"你中有我、我中有你"的利益格局。

二是规则再融合。如果第一阶段协议只是确定了利益再融合的话,那其实可以更早达成。中美经贸磋商历时13轮,反反复复,重要原因就在于中美经贸磋商的内容不仅仅涉及利益,而且指向经贸规则。从第一阶段文本以及第二阶段谈判的导向看,规则融合是中美经贸再融合的应有之义。两国经贸规则可以不尽一致,但规则融合的总体取向是两国经贸规则基于法制化、市场化和透明度的一致性要大幅增加。在知识产权、技术转让、外资准入、汇率政策以及市场开放等领域,双方应能够接受对方的标准。在规则再融合的互动趋势下,中美打造各自主导、彼此不同且相互对撞的两套平行规则体系的可能性在降低,规则的渗透性在相对增强,基于两国共识的共通规则也会增多。中美规则再融合并不意味着中国和美国的规则完全一致,或者说中国必须以美国的规则为规则。中国和美国可以保有不同的经贸规则,但是如果一方对另一方的规则有异议,经贸磋商就可以被提起,败诉的一方要修正自身的规则。

三是体系再融合。中美贸易战及其协议达成,证明了一个道理:无论中美双方多么不喜欢对方的体系,两套体系既无法孤立、相互封锁,也不能相互取代、推翻,只能尝试体系融合。特朗普政府多次强调,不寻求改变中国经济制度。即使是对中国经济体系持负面看法,并一心想对中国经济体系进行结构性改革的美国贸易谈判代表莱特希泽在达成协议时也不得不承认:"我们既有一个美国体系,也有一个中国体系。我们正在尝试找到一种将这两者整合在一起的方法。"中美达成协议的前提条件是美国政府尊重中国体系的合法性。协议也确认了中美两国体系需要在共存的前提下融合。至于体系融合的具体路径,可能需要通过第二阶段协议内容再呈现出更多细节。

毋庸讳言,即便中美达成经贸协议可能开启了中美再融合的进程,这并不意味着中美经贸问题已经得到解决。事实上,中美经贸协议是中美两国在难以承受更大代价情况下不得不为之的"止战"举措。中美经贸关系未来将表现出强烈竞争态势。竞争属性增强的原因主要有两点。一是中美关系变化使然。中美战略竞争态势日益明显。随着中美关系整体竞争性增强,作为中美关系组成部分的经贸关系确实可以继续发挥一定程度上的"压舱石"作用,但难以完全脱离双边互动总体框架,竞争性也必然增强。[1] 二是当前国际经济理念呈现出愈发明显的国家主义发展趋势。特朗普政府放弃市场自由主义,强调本国利益优先,要求与中国对等,政府介入市场运行愈发明显。国家主义往往和现实主义相伴随,强调权力与实力,突出国家间的竞争而非合作。

二、新冠疫情与中美经贸关系

正当中美两国政府按照经贸协议所确定的方向履行承诺时,新冠疫情全球暴发并不断蔓延。新冠疫情是 21 世纪塑造国际关系的历史性事件,不仅对全球经济格局产生重大影响,也给中美经贸关系顺利开展以及中美两国履行经贸协议带来了意料之外的巨大影响。

第一,疫情加速全球化退潮,中美转向国内经济体系的独

---

[1]　吴心伯:《竞争导向的美国对华政策与中美关系转型》,《国际问题研究》2019 年第 3 期。

立性和韧性建设,经济内向化建设成果成为双方战略竞争能力的关键。疫情导致全球贸易、投资以及人员交流均大幅下降。即使疫情结束,全球化恢复到疫情前水平也需要数年。从衡量指标看,全球化短期退潮在所难免。此外,疫情还造成全球生产链和供应链出现局部断裂现象,各国因此加快出台确保本国供应链安全的政策措施。"短链""固链""补链条"和"强链"成为大多数经济体的共同选择。中美也不例外。中国在研判形势的基础上,提出以"内循环为主体,国内国际双循环相互促进"的新发展格局,建设和发挥国内超大规模市场优势,持续推动国内产业链提质、供应链升级。特朗普政府也在疫情期间更加认识到制造业独立的战略重要性,启动《国防生产法》,要求国内企业生产抗疫物资。特朗普政府还继续推动制造业回流,试图降低对华医疗用品等制造业产品依存度,吸引本国及外国制造业跨国公司扩大在美投资。事实上,推动制造业回流是美国国内政界和战略界共识。共和党和民主党都在本党的竞选纲领中强调制造业对经济发展的重要性,并谋划出台税收优惠等新的配套政策。在疫情导致经济内向化的背景下,国内经济体系的稳定和发展已经成为中美两国竞争的关键所在。谁能在国内经济动力和活力上表现更好,谁就更能取得相对的竞争优势。

第二,疫情及其诱发的经济衰退前景引发国家日益介入经济运行,经济安全相关议题成为中美博弈新焦点。疫情导致全球经济增长困难,国家纷纷介入市场,通过密集制定财政、税收等经济政策应对可能发生的经济危机。全球范围内的市场自由化空间和经济福利逻辑日益遭受国家安全逻辑的挤压。中美经济竞争白热化,使经济与安全的交叉更加明显。中美在政治安全和军事安全上也有博弈,但从疫情暴发以来两国针锋相对的议题及攻防手段来看,更多聚焦在经济领域。经济安全色彩比其他安全议题更为突出。经济安全兼具经济属性和安全属性。中美如果突出经贸关系的互利共赢属性,则会出现更大范围的经济利益交融。但如果中美重视经济关系的相对收益,则经贸关系的安全化属性将会凸显。

疫情使得中美经济关系安全化趋向明显。两国不仅从"经济福利"的角度看待经贸关系,而且从"国家安全"的角度审视经贸关系。在经济安全领域,双方围绕着以华为公司为代表的高科技产业、美国对华不断发起各种名目的经济制裁以及美国对华金融威胁进行了激烈的斗争。中美经济安全在很大程度上也陷入了典型的"安全困境":任何一方提升自身安全的必要防御性措施,比如减少对对方的依赖或者是增强本国经济竞争力的行为,都会被对方认为损害了自己的经济安全;一方提升本国经济安全感的任何措施,都会使对方感觉不安全,从而采取针对性措施。

第三,尤为重要的是,新冠疫情使得中美经济实力差距进一步缩小,中美两国相对于其他大国经济实力的相对优势扩大,中美经济两极化趋势更加凸显。疫情冲击之下,各大国发展不平衡加剧。首先,疫情促使中美经济实力差距进一步缩小。中国 GDP 2020 年为 2.3% 左右的增长率,美国 GDP 增速为 -2.3% 左右,中国占美国 GDP 比重首次上升至 70% 以上。疫情对中美两国经济实力对比的影响甚至要大于金融危机的影响。其次,由于其他主要经济体 2020 年 GDP 大都为负增长,美国之外的其他经济体与中国的经济实力差距则在扩大。例如,日本作为全球第三大经济体,2020 年经济衰退 4.8%。

如此一来,中国 GDP 是日本 GDP 的三倍以上。同样,如果把其他国家与美国经济总量相比,其差距也在拉大。总体上,按汇率计算,2020 年中美两国占全球 GDP 比重从 2019 年的 38.5％提升至 40％以上。新冠疫情使中美在国际经济格局中的领先地位更为突出。新冠疫情所推动的全球经济格局中美两极化,使得美国更加感受到中国的崛起及对其所形成的挑战和威胁,因此愈发在经贸领域对华采取遏压政策。

新冠疫情、中美两国应对疫情的不同状况以及疫情所导致的中美经济实力相对变化加大了特朗普政府时期的中美经贸竞争。

第一,制造业竞争。制造业竞争是中美经贸竞争的重要领域。在美国看来,中国当前相对于美国的经济优势主要体现在制造业领域。中国不仅具备制造业全产业链优势,而且正不断提升其在全球制造业产业链中的地位。而美国制造业空心化日益严重,工业制成品需要大量从中国进口,原本对华拥有优势的高科技制造业也面临中国挑战。这种局面既导致美国对华贸易逆差增加,也损害了美国的"国际安全",弱化了美国国际经济地位。为扭转美国在制造业领域的弱势,特朗普政府异常重视制造业回流,希望在华制造业能够或从中国撤离至其他国家,或直接回流到美国。事实上,特朗普政府之所以不愿意取消已经部分对华加征的关税,一个重要算计就是希望通过长时间对中国输美产品保持高关税这种方式,增加在华企业经营成本,迫使跨国资本加快从中国外迁,从而能够打破中国制造业全产业链优势。中国为保持并提高产业链优势,采取各种针对性措施稳住制造业投资,挫败美国政府的企图。2020 年暴发的新冠疫情进一步刺激了特朗普政府推动制造业回流。特朗普总统宣称美国需要"独立的制造业",美国部分官员也试图利用新冠疫情加速药品和医疗器械等相关制造业回流美国。

第二,高科技行业竞争。比中美间制造业竞争更为尖锐和冲突性的,是两国在高科技行业的竞争。美国政府清楚,短时间内摧毁中国制造业在全球的全产业链优势并不现实,因此目前主要集中力量抑制中国在高科技行业的发展势头,削弱中国高科技产业可能出现的竞争优势。中美抢占科技制高点的竞争将是常态化的、长期的。高科技行业首先聚焦在通信行业。这在美国近两年集全国之力围堵华为公司这一案例上体现得尤为明显。为打压华为公司,美国政府把华为公司列入"实体清单",动用国家外交和安全机器,在世界范围内构筑对华为公司的封锁圈,广泛施压各个国家禁止采购华为公司的产品或使用华为公司的产品,用立法或者签署行政命令方式切断美国公司与华为公司的各种联系,威胁向华为公司终止提供芯片。中美高科技竞争还拓展至各新兴关键技术及企业。除了传统的对华出口限制之外,美国政府还扩大对华技术限制范围,限制技术交流,把人工智能、量子技术、云计算和机器学习等新兴技术列入政府管控清单,在相关领域禁止中国企业对美投资,同时大幅增加对新兴技术的联邦专项财政投入,以期赢得对华高科技行业的竞争优势。

第三,地缘经济竞争。中美经贸竞争不仅存在于具体行业,还体现在地理区域上。特朗普政府调整美国政府此前主要从地缘安全角度对华竞争的传统路径,越发重视地缘经济战略在实现美国国家安全战略中的地位,希望通过地缘经济和地缘政治战略的相互匹配应对中国崛起。如果对中美地缘经济竞争的地理区域进行划分,可以总结为三大地缘方向。一是东亚地区。对中美而言,包含日本、韩国和东盟的东亚地区与本国经济联系密切,因此也是中美地缘经济竞争的焦点所在。二是亚欧大陆。亚欧大陆是中国推进"一带一路"的主要区域,事关中国地缘经济未来拓展空间。美国深知亚欧大陆在地缘经济中的极端重要性,采取包括"印太战略"在内的各种措施制衡中国影响。三是非洲和拉美。非洲和拉美在能源、粮食和市场等方面潜力很大,是中国地缘经济重要的增量区域。特别是拉美,被美国视为"后院",是中国与美国展开地缘经济竞争的重要地带。在各个地缘经济方向,中美运用援助、基础设施投资和自由贸易协定等工具,提升显示度,加强话语权,防止对方在相关地区挤占本国经济利益和影响力。

第四,国际经济秩序竞争。国际经济秩序演变也受到中美经贸竞争的影响。中美经济秩序之争目前主要体现为争夺国际经济规则的主导权。美国是"二战"后国际经济秩序的创始国,美国规则已经天然地内嵌于国际通行经济规则当中。但是,随着国际经济格局变化,为了实现自身利益,美国不断单方面改变或强加国际经济规则,以便打击中国,施压国际社会按照其诉求进行调整。这在美国力主的"发展中国家"规则调整上体现得淋漓尽致。美国在 2019 年初向世界贸易组织提交了提案,企图向世界贸易组织成员强加所谓"发展中国家"的标准。根据这一标准,中国被视为发达国家,并因此可能失去世界贸易组织所赋予的"特别且有差别"待遇。面对美国在规则上的挑战,中国表示不会放弃发展中国家身份,主张这是国际组织赋予中国的制度性权利。中美在国际经济秩序上的竞争不仅体现在细节性的规则之争,还体现在作为一套规则体系的国际经济组织之争。标志性的案例是在有超过 100 个国家成为亚洲基础设施投资银行成员或准成员的情况下,美国迄今仍持抵触态度,不愿加入亚投行,其根本原因就在于这是中国政府创建的多边开发融资机构。

从特朗普政府开始,竞争愈发成为中美经贸关系的显著特征。与之前相比,两国竞争的广度、深度和烈度都明显增强。但必须要说明,竞争对于中美经贸关系的影响仍然偏中性。如果竞争得当,中美可以在竞争中互学共赢。通过良性竞争,中美也可以寻求整体制裁和全面遏制外的战略选项。

中美经贸关系和中美关系一样,正在发生系统性重构。持续三年的中美贸易战及达成的中美经贸协议,已经重塑了两国的经贸关系。突然暴发的疫情,使中美经贸关系更趋复杂多变。中美经贸关系和两国关系一样,已经难以回到过去的状态。中美都在维护本国利益的基础上寻求新的互动模式。中美自中国"入世"以来所达成的双边契约和多边安排,在国际环境、中美实力对比变化以及两国国内政治经济形势变迁的共同作用下,难以为继,不得不进行历史性调整。这种调整给中美关系带来了巨大的不确定性,也一度引发了严重的冲突,但现在看起来恐怕是必需的,是为了构筑维系中美长期战略稳定的新基础。中美虽然爆发贸易战,但双方仍然展现了战略克制,通过达成协议的方式,表现了还可以用和平和谈判方式形成共识的可能。2020年突发的新冠疫情并未改变中美贸易战和经贸协议所确定的中美经贸发展总体路径。遭受疫情巨大干扰,双方仍都有维护经贸协议和共同利益的强大意愿,也不可避免地体现出在若干领域竞争和脱钩的趋势。客观而言,稳定、健康的中美经贸关系无论是对中国、美国还是全世界,都异常重要。双方要寻找彼此能接受的新互动之道,关键是要促进融合,管控竞争,防止脱钩。

三、弱脱钩与中美经贸关系

特朗普第一任期的最后一年,新冠疫情的暴发及扩散,冲击了美国经济,让特朗普竞选连任的希望降低。特朗普政府在其最后几个月,不断对华极限施压,以求能够通过对华强硬既惩罚中国,又能争取更多选民。这引发了对中美经济脱钩的巨大担忧。中美经贸是否脱钩成为中美经贸关系中非常引人注目的话题。中美脱钩意味着什么? 至少有两点。一是存量意义上中美相互依存敏感性的减弱。脱钩会使得中美两国自正式建交以来,尤其是中国"入世"以来所形成的相互依存利益逐步减少,原有的经贸联系会慢慢松动。二是增量意义上的中美共同利益的降低。在脱钩的趋势下,中美两国未来可能出现的新增共同利益也会相对减少。

判断中美经贸是否脱钩,要有客观标准,不能走向极端。一方面,不能把中美经贸之间的政策分歧和客观存在的融合限度都看成在脱钩。国家之间本就不可能实现经济完全融合。例如,即使对于有着自由贸易协定的美国、加拿大和墨西哥,三国也时常存在着经济政策冲突,北美经济一体化也面临着融合进程中的"天花板"限度。此外,美国与欧洲以及日本这两大盟友也经常出现贸易摩擦,特朗普也对后两者实施了贸易限制措施。因此,对于经济和政治制度大不相同的中国和美国,更不应过高估计其经济一体化程度。另一方面,也必须承认中美之间毕竟爆发了贸易战,两国也确实存在战略竞争,虽然中美完全脱钩的判断失之偏颇、不合实际,但也不能武断认为中美不会有任何程度的脱钩。从特朗普政府对华经贸政策取向看,某种程度、某些领域的中美经贸脱钩难以避免。因此，在融合和竞争这两大趋势外，中美之间还存在着脱钩的趋势。

理论上，中美之间的脱钩有两种动因。第一种是按照国际关系现实主义理论，中美经济基于政策考虑而进行的脱钩。具体又可分为两类。其一，进攻型、谋求战略优势的经济脱钩。这是美国政府一度想推进的对华经济战略。这种战略的逻辑起点是在经济上中国需要美国远超过美国需要中国，如果中美经贸关系脱钩，对中国的伤害要远大于对美国的伤害，从相对获益的角度，美国通过经济脱钩赢得了相对优势。其二，防御型、基于国家安全考虑的经济脱钩。在防御型的经济脱钩上，中美也都有表现。从中国的角度，为了避免经济"过度挂钩"美国，且美国有意利用市场优势寻求对华权力，进而导致自身经济不安全，中国要降低对美经济依赖度，尤其是要降低在若干关键产业上的对美依赖度。美国也有部分人士主张，其产业链过分依赖中国供应，对美国家安全不利。

除了基于政策考虑的脱钩，中美之间还有因为市场因素而出现的自然脱钩，即由于两国经济自身发展规律，中美之间势必出现的脱钩现象。这主要表现为两国产业发展导致的生产链再调整。整体而言，特朗普时期中美经贸脱钩是基于市场的自然脱钩和基于国家安全的政策脱钩的双重结合。具体有如下三方面表现。

第一，中美高科技脱钩。高科技脱钩是美国政府着力推进的重点领域。美国行政当局和美国国会在这一问题上基本达成共识，通过行政命令、立法、外交施压等方式，试图削弱中国自主创新的体制优势，打压中国高科技领军企业成为美国对华科技战略的重要着力点。从美国政府出手打击华为和中兴公司开始,越来越多的中国高科技公司被美国政府以各种理由列入"实体清单",对外业务往来受到很大限制。美国因为担心中国在高科技领域"弯道超车",对中国实施的高科技管制越来越严厉。说到底美国就是要切断美中之间的科技产业联系,防止中方在高科技领域缩小与美国差距。在中美高科技竞争无法避免的情况下,美国对华科技防范、脱钩政策,不会因为美国政府的更迭而变化,最多只是封锁遏制的方式出现策略上的调整。

第二,中美金融脱钩。中美金融脱钩目前主要体现在以下四个领域。一是两国货币联系程度降低。人民币汇率形成机制日益市场化,弹性增大,浮动程度更大。人民币国际化进程加速,独立性增强,全球美元体制对中国影响降低。二是中美相互投资增量减少,依存度下降。与中美两国各自所吸收的投资额相比,中美双向直接投资占比逐渐降低。尤其是受美国政府日益严厉的政策限制影响,中国对美直接投资显著减少。美国对华直接投资也是稳中有降。三是货币政策传导性降低。中美两国货币政策虽然相互影响,但是各自独立性增强,货币政策走向较少出现协同性。贸易战过程中,美联储曾数度降息,但中国基准利率未随之降低。四是美国对中国全球融资的重要性相对降低。受政治因素影响,中国企业赴美上市热情明显降低,在美上市公司的数量和规模大幅减少。2019 年,共计33 家中国企业在美国资本市场上市募资金额共计 247.65 亿元,数量同比下降 15.38%,规模同比下降 58.01%。与赴美融资退潮相反,中国企业在国内上市的数量和规模大幅增加。

第三,中美经济增长脱钩。历史上,由于经济增长出口导向以及美国市场占中国出口比重较高等原因,中国对美国出口持续增加带动了中国经济快速增长，中国经济一度较为依赖美国经济，美国经济走势对中国经济的影响较强。然而，中美贸易战进程中美国政府不断以本国市场为工具施压中国政府，使得中国政府更加意识到国内市场的重要性，需要在符合规则的情况下加速摆脱对美国市场的高度依赖。在中美贸易战爆发的 2018 年和 2019 年这两年，国内消费和投资对中国经济增长的重要性不断增加。对美国的出口对中国 GDP 贡献率降低，其在中国经济增长中的重要性也逐渐下降，中国经济增长的内生性进一步增强。美国也是如此。这客观上导致中美经济增长的同步性降低，中美各自经济增长情况对另一方的经济影响相对减少。

需要注意的是，虽然中美当前在某些领域存在着脱钩的趋势，但是中美经贸脱钩又是以弱势而不是强行的方式在缓慢发生。这是由中美经济相互依赖的巨大存量以及由在中美经济联系中获益集团的政治影响力所共同决定的。较短时间的快速脱钩、巨大规模的广泛脱钩都会给中美两国带来严重冲击，其代价远大于脱钩可能带来的经济和战略利益。随着中美止战求和、签署中美经贸协议，可以进一步基本排除中美短期内强行脱钩的可能。

新冠疫情一方面加快了中美部分"脱钩"进程，另一方面也证明了两国经济互补性强，难以完全脱钩。疫情暴发后，美国加强了在高科技、产业链和互联网等领域对华"脱钩"力度，不断制定政策干扰，直至切断中美相关领域联系。在美国技术民族主义和对华"脱钩"战略的塑造下，双方在上述领域的"脱钩"进程加快，已经发生了部分中国企业和产品在美国市场比重急剧下降，甚至被完全排除出美国市场的情况。美国对华现实和潜在的技术制裁和封锁,导致中国部分高科技公司无法或者不愿使用含有美国知识产权的技术,这将加大未来中美技术进一步脱钩的可能性。可以预计,在高科技及国家核心安全相关领域,两国长期"脱钩"的趋势难以根本扭转。总体上,在两国竞争加剧的背景下,中美经贸关系的竞争性和冲突性增加,但双方仍然有扩大经贸往来的可能性和可行性。中美经济利益并非完全对立,双方可以通过管控分歧和协商谈判的方式,促进经济利益深度交融,进而在各自国内培育积极的友好力量,稳定中长期的中美关系。

第二章
拜登政府对华经贸政策

在 2020 年美国总统大选中，民主党候选人拜登赢得大选，特朗普竞选连任失败。虽然这一任期只有四年，但由于其经济政策调整力度大，颠覆性强，对美国经济体系造成的影响不容小觑。拜登政府上任之后，难以完全颠覆特朗普政策，不得不在其所设定的部分经济轨道上局部修复或者调整，基本继承了特朗普政府的对华经贸政策，但同时也在积极探索新理念，寻求新调整，谋求新工具，以更符合中美经贸关系发展的现实，服务于美国国家利益。总体上，拜登执政以来的中美经贸关系虽有波折，但并未出现诸如特朗普执政后期的剧烈冲突或者失控状况。中美经济的结构性互补发挥作用，两国政府管控重大经贸竞争，推动着双边经贸关系总体稳步向前发展。但随着中美战略竞争加剧，中美经贸关系又出现了一些新的重大问题。中美经贸关系仍处于重大调整的关口，受到政治关系和安全关系变化的影响显著增强。

第一节 拜登政府对华经贸关系发展

一、2021年中美经贸关系发展情况

根据中国海关总署统计,2021年中美双边商品贸易总额为7 556亿美元,同比增长28.7%。其中中国对美出口为5 761亿美元,增长27.5%。自美进口为1 795亿美元,增长32.7%。中国对美贸易顺差3 966亿美元。[①] 根据美国数据,2021年中美双边贸易总额6 615亿美元,增加1 017亿美元。其中,美国对华出口为1 511亿美元,增长21.3%,自华进口为5 064亿美元,增长16.5%。对华贸易逆差为3 553亿美元,增长14.5%。[②] 在金融关系上,中国持有美国国债规模较为稳定。2020年年底中国持有美国国债为10 723亿美元,占外国官方持有美国国债总额比重为25.6%。到2021年年底,中国持有美国国债总额为10 687亿美元,绝对额几乎没有变化,占比也稳定在25.7%。如果从月度变动数据看,中国持有美国国债金额也较为平稳,月浮动幅度不超过2%。[③] 在投资关系上,2021年中国企业对美国投资热情不减。从并购数量看,增加了18项,但投资总额从129.8亿美元下降至76.5亿美元。

---

① 《进出口商品总值表(美元值)A:年度表》,中华人民共和国海关总署,2022年1月18日,http://www.customs.gov.cn/customs/302249/zfxxgk/2799825/302274/302277/302276/4127483/index.html。

② "U.S. International Trade in Goods and Services, December 2021," US Bureau of Economic Analysis, February 2022, https://www.bea.gov/news/2022/us-international-trade-goods-and-services-december-2021.

③ "Major Foreign Holders of Treasury Securities," US Department of the Treasury/Federal Reserve Board, August 2022, https://ticdata.treasury.gov/Publish/mfh.txt.

在北美投资数量的 86％ 投向美国，全年达 115 项。① 美国企业对华投资较为稳定，未出现从中国大幅撤出投资的情况。从中资企业在美上市和融资看，2021 年有 41 家中资企业在美上市，首发募集资金超过 142 亿美元，两项指标均高于 2020年。② 从经济制裁这一指标看，2021 年拜登政府对华经济制裁数量相比特朗普政府对华关税战时期是下降的。2019 年和2020 年，美国商务部工业与安全局分别把 151 个和 141 个中国机构或个人纳入到"实体清单"，而拜登执政第一年共有 4 批76 个中国机构或个人被列入"实体清单"。

从数据看，拜登执政后第一年中美经贸关系保持稳定，并未出现完全的颠覆性冲突，原因有三。

一是中美经贸协议保障了双边经贸关系的总体稳定。2021 年是中美经贸协议的第二个执行年度。按照协议要求，中国需要加大协议所确定的商品进口，同时进一步对外开放；美国则需要暂停对中国输美产品征收关税，并为对华扩大出口创造必要条件。尽管中国在协议的两年执行期限内未能实现拟定的进口金额③，但这与疫情持续等因素高度相关。拜登政府上台后，美国疫情不仅未得到有效控制，反而有所恶化，无论

①　《2021 年中国海外投资概览》，安永公司，2022 年 2 月 10 日，https://assets. ey. com/content/dam/ey-sites/ey-com/en_cn/topics/coin/ey-overview-of-china-outbound-investment-2021-bilingual. pdf。

②　《2021 年中概股总结与展望》，锦天城律师事务所，2022 年 1 月 18 日，https:// www. allbrightlaw. com/SH/CN/10475/85ea91e5240c771f. aspx。需要说明的是，2021 年中资企业在美上市呈现出"前高后低"的特征，2021 年上半年在美上市企业数量和募集资金占据全年绝大部分，2021 年下半年几无进展。

③　根据美国彼得森国际经济研究所查德·P. 鲍恩(Chad P. Bown)的统计，中国在协议期间自美国额外购买了约 57％ 的商品及服务。参见：Chad P. Bown, "US-China Phase One Tracker: China's Purchases of US Goods," PIIE, July 2022, https://www. piie. com/research/piie-charts/us-china-phase-one-tracker-chinas-purchases-us-goods。

是以感染人数还是以死亡人数衡量,拜登执政的 2021 年都要高于特朗普执政的 2020 年。这不仅严重限制了美国对华能源、机械等货物出口,还限制了旅游、教育等服务业的对华出口。需要指出,虽然协议所确定的数量指标未能完全实现,但中国对于协定所要求的加大知识产权保护力度、提高金融业开放度等规则性内容,积极完成承诺目标。在知识产权保护方面,中国加大对违反知识产权行为的打击力度,得到国内外广泛认可。① 在提高金融业开放方面,贝莱德、富达以及路博迈这三家美国独资公募基金公司 2021 年相继获批在中国成立。因此,中美经贸协议协定的执行仍然有力维护了两国经贸关系的稳定。

二是疫情冲击需要中美保持经贸关系稳定。拜登政府执政之后,控制疫情不力。拜登政府为应对疫情可能带来的经济再度衰退,刺激经济增长,在 2021 年 3 月和 9 月分别通过了总额为 1.9 万亿美元的"美国救援法案"(American Rescue Plan)和 1.2 万亿美元的"基础设施投资和就业法案"(Infrastructure Investment and Jobs Act)等法案,总规模超过 3 万亿美元,导致美元快速超发。同时,疫情恶化还使得美国港口运输和国内物流出现中断,造成供应链紊乱。这两大因素共同推高美国通货膨胀率。2021 年美国通胀率逐月走高,从 2 月份的 1.7% 快速攀升至 12 月份的 7%。2022 年美国通胀率仍在继续冲高,6 月份上升至 9.1%,为 1982 年以来最高。在这种情况下,拜登政府已经把通胀作为其经济增长的最大威胁来源,并制定各

---

① 《2020 年中国知识产权保护状况》,国家知识产权局,2021 年 4 月 25 日,http://www.gov.cn/xinwen/2021-04/25/5602104/files/9cfbfa3fed814e1f99d04e56959ed13fb.pdf.

种措施加以抑制。维持与中国贸易、扩大自中国商品进口，将有助于平抑美国通胀水平。从中国角度，经济发展继续受到新冠疫情冲击，2021 年四个季度的 GDP 同比增长分别为18.3％、7.9％、4.9％和 4.0％，呈明显的逐季度下滑态势。在这种情况下，保持对美经贸关系稳定有利于中国出口和就业，进而有利于经济增长。

三是中美经济结构互补的内在动力保障。中美两国经济结构高度互补，双方均能够在中美经贸关系中获益，这是确保中美经贸关系稳定发展的内生因素。即便遭遇中美贸易战与中美战略竞争双重冲击，这一因素目前仍然发挥积极影响。从贸易数据看，美国 2021 年自中国货物进口占其全部货物进口比重为 17.7％，和疫情前 2019 年的 17.8％基本持平。对美国企业的调查结果也反映了大致情况。美中贸易全国委员会发布的《2021 年中国商业环境调查》显示，有 95％的美国企业 2021 年在华盈利，超过 40％企业计划在未来一年扩大投资。① 上海美国商会所公布的《2021 年中国商业环境调查》也表明，82.2％的受访企业预计其 2021 年营收将较上一年实现增长，59.5％的受访企业预计 2021 年在华投资量将高于 2020 年水平，这一比例同比大幅上升 30.9％。69.7％的受访企业预计未来三到五年内，其在华营收增长将赶超全球其他市场表现。② 对中国，美国依然是最为重要的出口国家和关键的技术来源地，现阶段没有美

---

① 《2021 年中国商业环境调查》，美中贸易全国委员会，2021 年 9 月 23 日，https://www.uschina.org/sites/default/files/uscbc_member_survey_2021_-_cn.pdf。

② The American Chamber of Commerce in Shanghai, *China Business Report 2021*, https://www.amcham-shanghai.org/sites/default/files/2021-09/CBR-2021.pdf。

国之外的替代选择,因此"凡是愿意同我们合作的国家、地区和企业,包括美国的州、地方和企业,我们都要积极开展合作"①。

二、2022 年中美经贸关系发展

进入 2022 年,也就是拜登政府执政的第二年,中美经贸关系有了新的发展。在双边贸易方面,根据中国海关总署数据,2022 年中美两国货物贸易总额为 7 594 亿美元,其中中国对美出口 5 818 亿美元,自美进口 1 776 亿美元。根据美国统计,两国货物贸易总额为 6 906 亿美元,美国对华出口 1 538 亿美元,自华进口 5 368 亿美元。② 无论是根据中方统计还是美国统计,2022 年中美货物贸易额创下历史新高。这是总量情况,但如果依照占比计算,中美双边贸易额在两国对外贸易中的重要性却相对降低。从中美贸易在中国对外贸易的相关指标看,2022 年中美货物贸易额、对美出口额和自美进口额的比重分别为 12.0%、16.2%和 6.5%,均低于上一年度比值。美国数据变化大致类似。2022 年中美双边货物贸易额、对华出口额和自华进口额占美国相应总指标的比重分别为 12.9%、7.4%和 16.4%,也均低于上一年度。因此,中美双边贸易额虽然仍在攀升,但从各自对外贸易的总量看,已经出现缓慢下降的趋势。

在金融方面,中国持有美国国债金额大幅下降,从 2021 年

---

① 习近平:《在经济社会领域专家座谈会上的讲话》,新华网,2020 年 8 月 24 日,http://www.xinhuanet.com/2020-08/24/c_1126407772.htm。

② "U.S. International Trade in Goods and Services, December and Annual 2022," Bureau of Economic Analysis website, February 2023, https://www.bea.gov/news/2023/us-international-trade-goods-and-services-december-and-annual-2022.

底的 10 403 亿美元降至 2022 年底的 8 671 亿美元,降幅为 1 732 亿美元。① 从历史维度看,2022 年中国持有美国国债变动情况有三点尤为值得关注。一是 2022 年的年度降幅是中国加入世界贸易组织以来降幅最大的年份之一,仅次于 2016 年的降幅。二是 2022 年末中国持有美国国债金额,是自 2010 年稳定超过 1 万亿美元以来,首次跌落至万亿美元以内。不仅如此,2022 年的持有规模直接冲破 9 000 亿美元到 10 000 亿美元区间,快速回落至 8 000 亿美元至 9 000 亿美元区间。三是 2022 年中国持有美国国债占外国政府持有美国国债的比重为 11.9%,是 2004 以来最低。中国持有美国国债大幅减少,并不是因为中国外汇储备减少而导致。2022 年中国外汇储备规模与之前相比,仍较为稳定地保持在 3.2 万亿美元左右。

中国企业赴美上市融资急剧减少。据统计,2022 全年共有 12 家中企赴美上市,募集资金 4.03 亿美元,同比分别下降了 71% 和 97%。导致中企赴美融资急剧下降的重要原因是美国证监会执行国会通过的《外国企业问责法》及其实施细则,要求在美国上市的外国企业遵守美国公众公司会计监督委员会(PCAOB)的审计标准,否则将予以强迫退市。虽然 2022 年 8 月中国财政部、证监会与 PCAOB 经过磋商达成了审计监管合作协议②,后者因此获得了检查和调查中国在美上市企业的全部权限,进而消除了中国企业的退市风险,但这个法案

---

① "Major foreign holders of treasury securities," Department of the Treasury website, February 2023, https://ticdata.treasury.gov/resource-center/data-chart-center/tic/Documents/mfh.txt.

② 《中国证监会、财政部与美国监管机构签署审计监管合作协议》,国新办网站,2023 年 8 月 26 日,http://www.scio.gov.cn/xwfbh/jjxwfyr/wz/Document/1729346/1729346.htm。

仍给在美上市中企带来巨大变数，产生重大不确定性，大大降低了中国企业在美上市的热情。美国资本市场对中国企业的吸引力大幅下降。中国国有企业已经全部完成从美国股市退市。

中美双边直接投资严重受限。双向流量缓慢下降，最近几年一直在低位徘徊，存量投资也大致维持在之前水平，未有显著增长。虽然 2022 年中国利用美国外资的规模同比有所增长，但份额下降到 1.6%，而 2017 年的份额是 1.9%。美国对华投资政策更为严厉。一方面，美国继续收紧外国对美投资审查。2022 年 9 月，拜登总统发布了一项新的总统行政令，扩展了外国投资审查委员会（CFIUS）在审查国家安全风险交易时考虑的现有因素清单，并明确要求 CFIUS 对其审查的交易进行评估时必须对新增国家安全因素做出界定。[①] 这是 CFIUS 自 1975 年成立以来的首次。白宫提供的事实清单中专门提到来自"竞争对手或敌对国家"的外国投资者所带来的风险，并详细阐释了未来将加强审查的领域，其中包括半导体、人工智能、生物技术、量子计算和先进清洁能源等技术领域，针对中国的意图明显。[②] 另

[①] "Executive Order on Ensuring Robust Consideration of Evolving National Security Risks by the Committee on Foreign Investment in the United States," The White House, September 2022, https://www. whitehouse. gov/briefing-room/presidential-actions/2022/09/15/executive-order-on-ensuring-robust-consideration-of-evolving-national-security-risks-by-the-committee-on-foreign-investment-in-the-united-states/.

[②] "FACT SHEET: President Biden Signs Executive Order to Ensure Robust Reviews of Evolving National Security Risks by the Committee on Foreign Investment in the United States," The White House, September 15, 2022, https://www. whitehouse. gov/briefing-room/statements-releases/2022/09/15/fact-sheet-president-biden-signs-executive-order-to-ensure-robust-reviews-of-evolving-national-security-risks-by-the-committee-on-foreign-investment-in-the-united-states/.

一方面，美国还计划进一步限制美国公司对中国科技企业直接投资。在之前禁止对与"中国国防或监控技术部门"有关联的实体进行投资的行政令的基础上，拜登政府还试图进一步限制美国企业对华投资，要求对美国在中国等"竞争对手国家"的投资进行审查，以避免所谓美国资本和技术"资助"中国发展。尤其是美国对中国高科技企业投资，或将是重点审查对象。

中美双边经贸沟通尚未恢复到正常水平，宏观经济政策相向弱化。中美商贸联委会等曾有的重要磋商机制在特朗普2017年就任总统后未能继续。拜登政府执政后，并未恢复。中美两国经贸团队其他交流也大幅减少。2022年末，得益于中美两国元首二十国集团巴厘岛会晤，双方经贸团队交流大幅增加。中国国务院副总理、人民银行行长、商务部部长等官员在不同场合和美方相应高级官员进行了面对面会晤。但2023年伊始，受到"无人飞艇事件"冲击，中美经贸团队沟通再次遭遇困难。双方宏观经济政策差异显著。例如，在货币政策方面，中国2022年多次降低利率，而美国则多次大幅提高利率，政策背离度增加。

三、2023年中美经贸关系发展

2023年中美两国均走出了疫情，两国经贸关系也摆脱了疫情这一特殊事件的干扰，很大程度上展现出了战略竞争加剧态势下经贸发展的本来轨迹。拜登政府对华经贸政策更为清晰，既延续了特朗普政府（2017—2021）对华高关税，也根据国内经济实际情况和中美经贸博弈的现状进行了调整，更为注重国内投资和盟友协调。中美双方均公开反对经贸脱钩，但从相关数据看，还是迎来了双边经贸关系见顶后的新情况。与不断走弱的经贸数据相比,中美在经贸协调机制化建设上取得积极进展。总体上,随着中美关系日益复杂化,两国经贸博弈也不断渗透到新议题,出现了新的摩擦领域。

根据中国海关数据,2023年中美货物贸易总额为6 645亿美元,同比下降11.6%。中国对美出口总额为5 003亿美元,同比下降13.1%。中国自美进口为1 641.6亿美元,降幅为6.8%,略低于贸易总额和出口下降幅度。根据美国数据,中国对美出口为4 272亿美元,同比下降20.4%,失去了自2006年后对美出口第一大国地位。美国对华出口减少62亿美元,降至1 478亿美元。由于中国对美出口下降明显,与2022年相比,2023年美对华贸易逆差减少了1 029亿美元,为2 794亿美元,缩小了27%,降至2010年以来的最低水平。对华贸易逆差占美国GDP的1%,为2003年以来的最低水平。

中美双边贸易额下降与贸易战高度关联。自2018年特朗普政府对华发动贸易战已长达六年,高关税影响一直存在。拜登政府执政后,在关税问题上并未改变立场,基本延续了特朗普政府对华高关税政策。持续高关税影响之下,中国对美出口成本加剧,市场预期转弱。经过了特朗普政府严厉的对华贸易战以及拜登政府对华贸易政策的继承性调整,中美贸易数据确实出现了上述重大变化。疫情期间中美双边贸易额不降反升,恐怕是疫情冲击之下全球供应链紊乱状态下的反常状态。虽然从经济逻辑看,中美经贸数据依旧保持着强大的韧性,但中美战略竞争以及美国政府对华限制性贸易政策持续推进,中美贸易数据还是遭受了负面冲击。不过,导致中美双边贸易额大幅下降的深层原因较多,需要综合考虑,不能仅仅归因为贸易战。一是美国 2023 年进口额下降。与 2022 年相比，2023 年美国货物进口额由 32 425 亿美元下降至 30 841 亿美元，下降了 5.8%。这表明美国在 2021 年和 2022 年的新冠疫情和乌克兰危机等事件冲击下，大量进口，国内库存较为充足，导致 2023 年进口整体减少。二是美国对外贸易逆差下降明显。2023 年美国贸易逆差降至 7 734 亿美元，较 2022 年的 9 512 亿美元下降了 18.7%。在美国逆差大幅下降的总体背景下，美国对华贸易逆差也相对减少。2023 年美国对华贸易逆差占其总逆差比重为 36.4%，该数值与 2022 年相比下降的幅度并不剧烈，略微下降了 3.8 个百分点。

由此可见，2023 年中美双边贸易额下降不能仅仅从中美经贸互动角度理解，还要考虑美国国内经济状况的影响。单从一年的数据尚不能得出未来中美经贸会进一步持续下降的结论。所谓 2023 年是历史性拐点，拐点之后中美经贸关系就进入不可逆脱钩进程的判断为时尚早。更为重要的是，中美间直接贸易额虽然有所下降，但中美间经由第三方的间接贸易额大幅攀升。其中尤其以越南和墨西哥为代表。一方面，中国对越南和墨西哥的贸易和投资额增速超过其他国家。以墨西哥为例，2023 年中国对墨西哥贸易总额和出口额分别上升 6% 和 5.7%，表现亮眼。另一方面，越南和墨西哥对美国的出口和贸易顺差也在不断扩大。还是以墨西哥为例。2023 年墨西哥对美货物出口 4 849 亿美元，较 2022 年和 2021 年分别增加 4.7% 和 27.4%，2023 年对美货物贸易顺差 1 613 亿美元，较 2022 年和 2021 年分别增加 16.5% 和 44.7%。

与贸易额下降相对比，中美金融联系也逐年减少。其中的代表性数据是中国持有美国国债情况。总体上，中国近年持有美国国债连续下降。2023 年 10 月份降至 2009 年以来的最低月度水平，只有 7 696 亿美元。但之后，中国持有美国国债有所恢复，2023 年 11 月和 12 月份分别为 7 820 亿美元和 8 163 亿美元。中美双向直接投资额近年逐年下降，未有恢复迹象。美国对华投资下降尤其明显。除了直接投资外，面向中国的私募股权基金从 2019 年的 1 400 亿美元降至 2021 年的 930 亿美元，并在 2023 年 10 月时缩减至仅 40 亿美元。[①]

与中美经贸数据所释放的悲观信号不同，2023 年中美经贸机制建设取得重要突破。拜登政府执政后，不仅延续了特朗普政府对华经贸政策，在高科技产品领域还加大了出口管制力度。在此背景下，中美两国在拜登执政后很长一段时间内未能建立经贸对话机制。直至两国走出"无人飞艇事件"的影响，回到两国元首巴厘岛会晤的共识上，实现耶伦和雷蒙多等美方经贸高官访华后，中美两国政府才正式成立了经济工作组、金融工作组和商务工作组，用以协调双边经贸关系。经济工作组由中美两国财政部副部长级官员牵头，金融工作组由中国人民银行和美国财政部副部长级官员牵头，商务工作组则由中美商务部牵头。[②] 三大工作组的成立，具有重大的政策意义，表明通过中美在经贸领域的博弈，拜登政府认识到中美经贸相互依赖程度高，需要通过对话解决问题。这三大工作组有几个突出特点。一是具有清晰的部门归口。从中方角度，财政部、商务部和中国人民银行对相关议题进行牵头。二是具有明确的议题

---

① Milton Ezrati, "American Investors Say 'No' to China," Forbes, January 1, 2024, https://www.forbes.com/sites/miltonezrati/2024/01/01/american-investors-say-no-to-china/.

② 《中美成立经济领域工作组》，新华社网站，2022 年 9 月 22 日，http://www.xinhuanet.com/2023-09/22/c_1129878513.htm。

针对性。经济工作组主要讨论两国财政、经济发展和结构调整等重大宏观经济议题，商务工作组主要讨论贸易、投资和出口管制等问题。金融工作组主要讨论货币和汇率等相关问题。三是有较为有序的时间安排。经济工作组和金融工作组大约每两个月举行会晤，商务工作组则约半年举行一次会晤。① 三大工作组的成立，反映了中美两国希望在务实合作的基础上更好地解决相关问题的共同意愿，有助于在机制层面推动解决共同关心的经贸问题，这符合两国利益。尤其是在中美经贸关系确实出现重大调整的情况下，有助于两国政府密切沟通，为中美经贸关系保持基本稳定创造了有利条件。

第二节　拜登政府对华经贸政策的调整与定型

拜登政府执政后，中美经贸关系总体上保持稳定。拜登政府试图调整特朗普对华经贸政策框架，但尚未真正实现对华经贸政策突破。中美经贸关系的总体稳定并不代表拜登政府对华经贸政策没有调整。2021 年，中国 GDP 占美国 GDP 比重由上一年的 70.3％快速增至 77％，一年增加近 7 个百分点。这不仅意味着中美全球经济秩序变革加速到来，也意味着中美经贸战略冲突日益迫近。中美进一步变化的经济发展态势以及中美间日益加剧的战略竞争格局，都促使拜登政府寻求对华经贸政策再调整并加以定型。

---

① 《中美商贸工作组举行第一次副部长级会议》，商务部网站，2024 年 4 月 20 日，http://www.mofcom.gov.cn/article/xwfb/xwbldhd/202404/20240403488595.shtml。

一、拜登政府对外及对华经贸政策的调整

拜登政府对特朗普政府的对外及对华经济政策有重大调整,从只算"经济账"到也算"外交账",努力实现经济政策和外交政策的相互贯通和相互支持。

第一,对外经贸政策调整。从对外经济政策理念看,拜登政府更为强调在国际经济政策中发挥"领导作用"。拜登政府高调宣扬的"美国回来了"之核心要义其实是美国的"领导作用"回来了。这是对特朗普政府过度以"对等原则"作为其国际经济政策理念的纠偏。特朗普政府把美国的领导作用看成是其他国家占美国的便宜,因此以经济利益得失作为美国对外经济政策的优先判断标准,主张美国要奉行对等原则。对等原则无视美国国际领导地位,把美国等同于其他国家,坚持其他国家怎么对待美国、美国就怎么对待其他国家的做法。这种理念符合特朗普的商人思维,以利益为导向,用利益得失衡量与其他国家的经贸关系,但实质上放弃了美国的领导地位。拜登政府回归美国传统外交风格,摒除对等原则,转向重新以维护美国领导地位为外交优先。这意味着美国不在经济利益上斤斤计较,可以忍受部分经济利益损失,并对外提供有限的国际公共产品,以维持和巩固美国在国际经济体系中的领导地位。

从对外经济政策立场看,拜登政府一改特朗普政府反建制立场,更为重视发挥国际经济组织的功能,体现出"再建制"主义。对外经济政策的反建制立场,是指对已有的国际组织和机制持有强烈的不信任态度。特朗普政府对外经济政策呈现出浓重的反建制色彩,表现出怀疑甚至敌视已有的国际建制架

构,认定国际机制损害而非有利于美国利益。作为反建制立场的自然结果,特朗普以"恨群""退群"或者威胁"退群"著称。比如特朗普政府经常抨击世界贸易组织和国际货币基金组织等传统国际经济组织。拜登政府重视国际机制作用,实现从特朗普的"反建制"到"再建制"的转化。"再建制"意味着回到较为传统的路径,这主要包括两方面内容。一方面是维护和尊重美国创设的国际经济机制或协定,拜登政府不完全否定主要国际经济组织在全球经济体系中的作用,对各种协定也不会一退了之,而是寻求再加入,例如回到巴黎气候变化协定。另一方面是改革而非退出国际经济机制,在改革中巩固美国对这些国际经济组织的领导并加强国际经济组织对美国经济利益的支撑。

从对外经济政策抓手看,拜登政府转向以规则为抓手,基本舍弃特朗普时期的关税手段。特朗普政府以加征关税或者威胁加征关税作为实现国际经济政策的重要手段,动辄对其他国家威胁征收关税。但从拜登政府已经实施的国际经济政策看,拜登政府并不认同加征关税这一政策手段。拜登政府认为,高关税不能实现经济政策效果,损害了美国自身利益。特别是在为了应对疫情、刺激经济而实施多轮经济刺激计划的大背景下,美国经济通货膨胀压力骤增,如果还对其他国家征收高关税,将会恶化美国国内经济通货膨胀形势。因此,拜登政府上台之后,基本停止了对外加征关税的新增措施,并考虑逐步退出特朗普原有加征政策。对欧盟,2021年6月拜登在访欧期间表示,对于特朗普政府此前对欧盟钢铝等金属制品所征收的关税,希望能在年底和欧盟达成取消共识。对中国,拜登除了延续中美第一阶段经贸协议对华所加征的关税及2024年5月宣布对华加征180亿美元关税外,基本没有把加征关税作为手段。

然而,拜登不是"关税总统",但他却是"规则总统"。拜登政府在舍弃关税作为政府对外经济政策重要工具时,对于规则的重视程度显著提升。拜登本人对规则的利用可以回溯到奥巴马政府时期。奥巴马政府8年任期内,启动并达成跨太平洋伙伴关系协定(TPP),与欧盟的跨大西洋贸易协定谈判(TTIP)也接近尾声。拜登作为时任副总统,深度参与并强烈支持了相关规则和机制的设立、谈判和取舍。由于特朗普政府从重视规则到重视关税的政策反转,奥巴马及拜登政府构建国际经贸规则体系的战略努力功亏一篑。拜登政府执政后,再次回到奥巴马政府时期较为明显的依靠规则来实现对外经济政策目标的路径,大力推动美国规则的拓展性和网络化,希望以国际经贸规则来服务美国利益,赢得竞争优势,逼迫竞争对手加以改变。即使对手不接受美国规则,但在相关国家拓展、巩固美国规则,也是美国领导力的表现,可以认为是一种外交胜利。

第二,拜登政府对华经贸政策调整。一是对华经贸理念再调整。在特朗普政府时期,"美国优先"成为美国对外经贸政策的核心理念。这一理念充斥着民粹主义、孤立主义和单边主义色彩,被世界各国所普遍反对。具体到对华经贸政策,特朗普政府也从"美国优先"理念出发,对华发动贸易战。但从实际操作情况看,这一理念容易诱发与其他国家的经贸摩擦,同时损害美国经济利益。拜登本人作为强调多边主义的民主党总统,哪怕内心认同"美国优先"这一理念,但在公开宣示上也必须与其保持距离。因此,如何提出一个既有别于前任,又具有可行性,同时还符合美国自身利益的经贸政策理念成为拜登政府的当务之急。经过一段时间的酝酿,拜登政府正式推出"以劳工阶层为中心"的经贸政策理念。① 在拜登政府看来，"以劳工阶层为中心"经贸政策理念具有三重优势。首先，这一理念从美国劳工利益出发，具有强大的国内政治号召力。近年来美国经济增长乏力，社会问题丛生，政治内向化凸显，美国民众希望美国政府以国内议题为优先。选民对于民主党过于偏向全球化和照顾跨国公司利益颇有微词。拜登政府经贸政策明确聚焦劳工阶层，呼应传统的民主党立场，有助于提升其国内政治支持度，减少政策推行过程中民主党的党内政治阻力。② 其次，这一理念的政策外延性较强，能纳入较多的经济政策，既可包括国内经济政策，如改善国内基础设施建设、扩大市场监管、增加科研投入等，也可包括全球供应链重整、多边经贸组织改革、维护"以规则为基础"的国际经济秩序等国际经济政策。拜登政府把其希望推行的政策都通过"以劳工阶层为中心"这一理念加以包装和阐释。最后，这一理念能够更好与中国经济竞争。如何与中国竞争是拜登政府所面临的最大外交挑战之一。拜登政府主张，要从"实力地位"出发与中国竞争。"以劳工阶层为中心"的理念有利于进行国内动员，增加国内政治共识，扩大国内资源投入，夯实与中国竞争的长期实力基础。此外，这一理念还有助于加强美国与中国竞争的"道德优势"。拜登政

---

① "Fact Sheet: 2021 Trade Agenda and 2020 Annual Report," Office of the U.S. Trade Representative, March 2021, https://ustr.gov/about-us/policy-offices/press-office/fact-sheets/2021/march/fact-sheet-2021-trade-agenda-and-2020-annual-report; "Remarks of Ambassador Katherine Tai Outlining the Biden-Harris Administration's 'Worker-Centered Trade Policy'," United States Trade Representative, June 2021, https://ustr.gov/about-us/policy-offices/press-office/speeches-and-remarks/2021/june/remarks-ambassador-ka therine-tai-outlining-biden-harris-administrations-worker-centered-trade-policy.

② 刘洪钟：《拜登政府的中产阶级外交政策：起源、框架与前景》，《美国问题研究》2021 年第 2 期。

府认为中国的"不公平"经济行为损害了美国劳工利益,造成美国就业岗位减少,因此美国所制定的各项打压中国政策具有了合理性。[①]

二是经贸手段再调整。拜登政府认为,单纯以关税作为对华施压手段难以实现美国对华经贸目标,也会对美国自身造成严重损害。在关税之外,拜登政府正在积极努力寻求新的手段。"价值观"绑定经贸议题成为对华经贸政策的新选择。美国极力放大对华经贸关系中的价值观因素,实施经贸政策价值观优先,大力推动经贸议题的价值观内嵌,宣导经贸政策价值观化的"政治正确"。拜登政府把本不属于贸易范畴而属于意识形态范畴的"人权"等价值观问题作为经济政策的内在要求,弱化国际经贸行为的"交换""买卖"天然属性,强化政治制度和意识形态属性,强行对经贸政策进行泛价值观审查。拜登政府在贸易、气候变化、投资、数字经济等经贸议题上,力推"民主""自由"等价值观,形成经贸领域的价值观壁垒,作为非市场壁垒的升级举措。拜登政府还大幅升级了对中国所谓"违反人权"等行为的贸易执法力度。在中国出口商品的海关检查和许可证发放等具体贸易政策领域,拜登政府对所谓违反价值观的行为实施更为严厉的贸易管制措施,给中国相关企业和个人形成压力,增加经济成本和政策风险。其中最为典型的案例是拜登政府以所谓新疆存在"种族灭绝"和"强迫劳动"为名,不仅对

[①] "Remarks As Prepared for Delivery of Ambassador Katherine Tai Outlining the Biden-Harris Administration's New Approach to the U. S.-China Trade Relationship," United States Trade Representative, October 2021, https://ustr. gov/about-us/policy-offices/press-office/speeches-and-remarks/2021/october/remarks-prepared-delivery-ambassador-katherine-tai-outlining-biden-harris-administrations-new.

产自新疆的棉花及其制品、西红柿以及太阳能多晶硅等多种产品实施进口限制，还把新疆生产建设兵团等多个机构列入"实体制裁清单"。① 为更好落实经贸政策与价值观绑定，拜登政府还强化内部决策协调机制，推进多部门协同。美国贸易谈判代表办公室、商务部和财政部等经贸部门与国务院、国土安全部、劳工部和联邦调查局等非经贸部门在价值观议题上的沟通显著增加，交换相关信息，力求经贸议题与价值观的捆绑手段更具有覆盖面，可执行度更高。

三是经贸议题再调整。拜登本人不像特朗普那样对中美贸易平衡议题极度关注。在这一点上，拜登更接近美国主流经济学界和商界观点，认识到对华贸易巨额逆差有其市场原因。拜登政府从贸易逆差这一议题跳出，而在两个议题上表现出比特朗普政府更为强烈的兴趣。其一，气候变化。拜登政府把气候变化作为其全球议程的重要内容。拜登政府气候变化特使克里 2021 年 4 月和 9 月曾两度访问中国，与中国沟通气候变化合作事宜，争取中国支持其诉求。中美两国于 2021 年 11 月格拉斯哥全球气候变化峰会后共同发布《中美关于在 21 世纪 20 年代强化气候行动的格拉斯哥联合宣言》，宣布在清洁能源、循环经济等方面开展合作。由于气候变化涉及能源、产业以及贸易等经贸议题，也成为中美经贸博弈的新领域，既给中美经贸关系带来机遇，也造成一定的冲击。② 其二，数字经济。拜登政府认为中美未来经贸关系的新"赛道"是数字经济，而且

---

① "Addition of Certain Entities to the Entity List," US Federal Register, June 24, 2021, https://www.federalregister.gov/documents/2021/06/24/2021-13395/addition-of-certain-entities-to-the-entity-list.

② 解振华：《中美应重启气候变化领域的合作从遏制竞争走向共赢》，《全球化》2021 年第 2 期。

认为"一带一路"倡议所打造的数字丝绸之路赋予了中国一定的竞争优势。拜登政府力图在全球数字经济领域体现美国优势,制定有别于中国的"普适"标准,包括数据使用规则、贸易便利化和电子海关安排等,因此在世界贸易组织谈判中大力主张、推进美国版本的数字贸易规则,在印太区域提出数字贸易倡议。① 拜登政府积极调整对华经济议题,反映了其避免在对华经贸政策中过分聚焦贸易平衡议题的尝试,以便继续维护其在双边和多边经贸领域的议题设置能力,特别是对于一些可能代表未来趋势的新经贸领域,需要把国内国际经济议程相结合,同时发挥美国产业或技术优势,通过新规则设定,赢得未来竞争。

　　四是地缘经济再调整。如果说特朗普政府对华经贸政策有地缘支撑的话,主要是北美地区。特朗普政府借助美墨加协定及其当中所包含的"毒丸条款",对中国不断拓展的经济影响加以限制。② 拜登政府认为仅仅依靠北美地区显然不够,需要在对华经贸竞争中获得更多地缘区域支撑。从其对华经贸政策的地缘设计看,拜登政府把重点区域调整为欧洲和印太两大方向。欧洲之所以重要,不仅仅在于其经济总量、金融影响和技术水平,还在于其价值观上和美国的接近以及北约这一军事联盟的存在。特朗普任内,由于认定欧洲占了美国"大便宜",美国政府于2018年对欧盟钢铁和铝制品加征关税,欧盟对此进行反制,美欧经济关系麻烦不断。拜登政府为争取欧洲,对欧洲做出妥协,取消对欧征收的钢铝关税。在拜登政府一系列

---

① 季宇绮:《拜登政府时期中美数字经济与网络安全合作展望》,《中国信息安全》2021年第2期。
② 孙南翔:《美墨加协定对非市场经济国的约束及其合法性研判》,《拉丁美洲研究》2019年第1期。

对欧缓和的举措下,欧洲和美国的对华经贸政策一致性相比特朗普政府时期大为增强。例如,美国和欧洲共同成立美欧贸易和技术委员会,下设十个工作组,加强两者在技术标准、供应链、信息通信、数据治理、技术使用以及投资审查等领域的协调,着重解决所谓"非市场经济体"的"不公平贸易行为"对世界贸易体系的冲击,针对中国意图明显。① 在印太方向,拜登政府动作更为频繁。特朗普提出了"印太战略"框架,拜登接手把这一框架落到实处,并且提升其战略地位,充实其战略内容。拜登政府专门在国家安全委员会中设立"印太事务协调员"一职,推动美日印澳"四边机制"首次领导人峰会并加以机制化,把更多经济合作因素注入"四边机制"中,试图借助"四边机制"提高印度的经济能力,尤其是制造业能力。拜登政府还公布了其《印太战略报告》,在报告中正式提出"印太经济框架",以弥补其在印太地区与中国相比安全能力强但经济能力弱的短板,希望借此拉拢印太各经济体。② 通过拉拢欧洲,塑造印太,拜登政府相比于特朗普政府,对华竞争所能依靠的地理空间有所突破。

五是对华经贸基调再调整。拜登政府 2023 年确定了新的对华经贸政策基调,即"去风险"。美国国家安全顾问杰克·沙利文 2023 年 4 月公开表态,美国对华经贸"追求去风险,而不是脱钩"。之所以确定以"去风险"定位美国对华经贸政策,有

---

① "U.S.-EU Trade and Technology Council Inaugural Joint Statement," U.S. Department of Commerce, September 29, 2021, https://www.commerce. gov/news/press-releases/2021/09/us-eu-trade-and-technology-council-inaugural-joint-statement.

② "Indo-Pacific Strategy of the United States," The White House, February 22, 2022, https://www.whitehouse.gov/wp-content/uploads/2022/02/U.S.-Indo-Pacific-Strategy.pdf.

三个原因。首先,安抚美国盟友。美国对华经贸政策的"脱钩"倾向,遭遇了美国盟友的广泛担忧和反对。美国盟友与中国有广泛、深厚和自主的经济利益,不愿意跟随美国对华经济脱钩战略。为争取盟友合作,减少盟友担忧,拜登政府采用了其盟友更为偏好的"去风险"一词。其次,该提法比"脱钩"更能够被国内商界接受。在特朗普政府任内以及拜登政府执政前两年,美国政府的对华经贸政策被普遍认为是"脱钩"。但脱钩显然不符合美国自身利益,也遭遇国内商界巨大反对。拜登需要找到一个能够弱化对华经贸对抗,且容易被接受的新说法。与"脱钩"相比,"去风险"一词更为中性化,容易被美国商界接受。最后,有助于推动对华合作。中国一直强烈反对美国政府对华经贸政策的脱钩企图。拜登政府公开抛弃"脱钩"说法,换用对抗性较弱的"去风险"一词,即便其对华经贸打压遏制的本质没有发生根本改变,但采用"去风险"一词,也释放了相对友善的信号,有助于对华开展务实合作。

二、拜登对华经贸政策的定型

拜登政府对华经贸竞争,基本定型为投资内部、协同盟友和限制中国三大路径。

第一,投资内部。投资国内的重点是确保供应链安全。首先,拜登政府强调在供应链问题上的国内机制建设,成立"白宫供应链韧性委员会",并在该委员会的首次会议上宣布近30项新行动,以加强对美国经济和国家安全至关重要的供应链,包括建立供应链预警系统,以及援引《国防生产法》,推动在美生产更多基本药物以缓解药物短缺等行动。其次,探索在关键供应链领域的公私合作机会,建立"重要能源安全和转型矿产投资网络"，以推动在能源转型和关键矿产供应链的公私合作伙伴关系。最后，利用《芯片与科学法案》研发投资，鼓励美国企业向芯片封装等半导体后端工艺发展，以确保全流程的供应链安全。为此，美商务部宣布，投资30亿美元启动"国家先进封装制造计划"，以激励国内芯片封装行业发展。2023年12月，美商务部宣布与贝宜系统公司（BAE）达成初步协议，向其提供3 500万美元拨款，以用于BAE新罕布什尔州芯片生产设施的现代化改造，这是《芯片与科学法案》下签署的首份协议。①

　　第二，协同盟友。拜登政府积极构筑遏制中国的盟友经贸体系，是拜登政府区别于特朗普政府对华经贸政策的重要特征。拜登在就职演讲中就强调"要修复同盟"。从其政策看，确实较为明显地加大了美国与盟友在对华经济事务中的协调力度。作为美国国务卿，布林肯同样多次表达对同盟的重视，希望能够与同盟一起应对中国挑战。美国财长耶伦也表态美国和欧盟是全球经济基石，美国致力于建立更强大的跨大西洋经济关系，美国要通过开放、一体化的盟友关系支撑更为广泛的同盟体系。拜登政府高度重视盟友的战略作用，把盟友视为对华经贸竞争的特殊资产，协调或者联合盟友对华同步实施经贸政策，试图以此放大美国的对华经济优势。其核心是统筹美国与盟友之间的贸易、投资、金融和技术等经济要素，强化与盟友间的经济政策协调，形成美国及盟友经济力量的叠加优势，进一步扩大其在全球经济体系中的规则制定权，进而形成对中国的经济竞争优势。

　　第三，限制中国。除在关税领域拜登政府仍然维持特朗普

---

① "Statement from President Joe Biden on CHIPS and Science Act Preliminary Agreement," The White House, Dec. 11, 2023, https://www.whitehouse.gov/briefing-room/statements-releases/2023/12/11/statement-from-president-joe-biden-on-chips-and-science-act-preliminary-agreement/.

政府对华高关税外,还在其他领域扩大对华限制范围。在对华投资限制方面,拜登于 2023 年 8 月签署行政令,授权美财长监管涉及国家安全敏感技术的对华投资,包括半导体和微电子、量子信息技术和部分人工智能系统。行政令将禁止对从事上述技术领域特定活动的中国实体进行投资,并要求对其他敏感投资进行通知。① 尽管拜登政府在拟议的对华投资限制上采取了较为谨慎的态度,包括将法规草案的范围限制在半导体、量子技术与人工智能三个领域,将公开交易和内部转让等交易类型排除在禁令之外,表示不会逐案审查交易,并充分征求行业内部意见,但行政令出台后仍造成极大不确定性,导致市场普遍担忧拜登相关举措的潜在影响和扩大趋势。在扩大出口限制方面,2023 年10 月,美商务部工业与安全局发布一系列管制新规则,对 2022 年10 月 7 日发布的出口管制举措予以加强,进一步限制中国购买和制造某些对其军事优势至关重要的高端芯片,并将两家参与先进计算芯片开发的中国实体及其子公司纳入"实体清单"。②

　　拜登政府还围绕其重点法案打造"护栏",实施排他性、歧视性的产业政策,防止中国企业受惠于美国产业补贴。其中,

① "President Biden Signs Executive Order on Addressing United States Investments In Certain National Security Technologies And Products In Countries Of Concern," The White House, August 9, 2023, https://www. whitehouse. gov/briefing-room/statements-releases/2023/08/09/president-biden-signs-executive-order-on-addressing-united-states-investments-in-certain-national-security-technologies-and-products-in-countries-of-concern/#:~:text=Today%2C%20President%20Joe%20Biden%20signed%20an%20Executive%20Order,and%20microelectronics%2C%20quantum%20information%20technologies%2C%20and%20artificial%20intelligence.

② "Commerce Strengthens Restrictions on Advanced Computing Semiconductors, Semiconductor Manufacturing Equipment, and Supercomputing Items to Countries of Concern," BIS, October 17, 2023, https://www.bis.doc.gov/index.php/documents/about-bis/newsroom/press-releases/3355-2023-10-17-bis-press-release-acs-and-sme-rules-final-js/file.

美财政部就《通胀削减法案》中新能源汽车条款发布指南，明确将中国等国归类为"受关注外国实体"（FEOC），规定自2024年和2025年起，包含由FEOC制造或组装电池组件，以及由FEOC提取、加工或回收关键矿产的新能源汽车将无法获得法案提供的税收抵免。[①] 鉴于其他被归入FEOC的国家并无有竞争力的电动汽车产业链，因而此举明确针对中国，意在摆脱美电动汽车供应链对中国电池和关键矿产的依赖，并遏制中国在美供应链中的作用。

　　美国国会是推动拜登政府在经贸议题上限制中国的重要推手。国会议员，尤其是共和党议员持续对拜登政府施压，要求其对华更为强硬。特别是众议院成立的美中战略竞争特别委员会，在推动对华经贸限制上发挥了恶劣影响。[②] 美众议院外交事务委员会主席麦考尔、众议院共和党会议主席斯蒂芬尼克、众议院美中战略竞争特别委员会主席加拉格尔曾发表联合声明称，在美国会同意提供预算之前，美商务部必须进行"必要改革"，以阻止美国技术流入敌对国家。众议院外交事务委员会也发布报告称，美国政府未能执行限制对华先进技术出口管制，建议进行一系列改革，包括在批准对华技术特别许可证方面给予国防部官员更大发言权。[③]

　　经历了特朗普和拜登两任政府，美国对华经贸政策基本已

① "Treasury Releases Proposed Guidance to Continue U.S. Manufacturing Boom in Batteries and Clean Vehicles, Strengthen Energy Security," U.S. Department of the Treasury, December 1, 2023, https://home. treasury. gov/news/press-releases/jy1939.

② 陈静、周文星：《美国对华政策重构过程中的国会——以美中战略竞争特别委员会为个案》，《统一战线学研究》2024年第2期。

③ Ana Swanson, "Lawmakers Press Biden Administration for Tougher Curbs on China Tech," *The New York Times*, December 7, 2023, https://www. nytimes.com/2023/12/07/us/politics/lawmakers-biden-china-tech.html.

经成型,可以概括为"四高",即以高额补贴的产业政策为基础,以对华征收高关税为前提,以对华高科技打压为核心,以高质量盟友协调为重点。这"四高"政策糅合了两任政府对华经济策略,服务于美国对华竞争,基本获得了国内战略界支持,成为拜登政府对华经济政策主线。[①]

一是以高额补贴的产业政策为基础。在对华经济竞争中,美国大力推行其曾反对的产业政策,积极实施现代产业战略。拜登总统在其2023年度国情咨文中,明确表示为了与中国竞争,美国要加大投资使自身更为强大,重点是要投资于美国的创新行业,投资于着眼未来的行业,投资于中国希望主导的行业。[②] 事实上,此前拜登政府就已推行产业政策。2021年通过的《美国救援计划》和《两党基础设施法案》包含了大量公共补贴的产业政策内容。2022年8月通过的《2022年芯片与科学法案》和《2022年通胀削减法案》更是为美国所认定的关键产业提供了巨额补贴。《2022年芯片与科学法案》旨在通过补贴鼓励半导体企业在美国国内投资,扩大美国国内芯片生产,遏制中国芯片产业升级发展。该法案将在五年内提供总额高达760亿美元的补贴。该法案还通过设置"护栏"和贸易倡议,强化对华竞争。明确规定,如果接受了美国政府的补贴,该公司就被禁止未来10年在中国扩大或升级先进芯片产能。[③] 这

① Ro Khanna, "The New Industrial Age: America Should Once Again Become a Manufacturing Superpower," *Foreign Affairs*, January/February 2023, https://www. foreignaffairs. com/china/ro-khanna-new-industrial-age-america-manufacturing-superpower.

② "President Biden's State of the Union Address," The White House, February 7, 2023, https://www.whitehouse.gov/state-of-the-union-2023/.

③ "H. R. 4346: Chips and Science Act," U.S.A. Congress website, August 9, 2022, https://www.congress.gov/bill/117th-congress/house-bill/4346/text.

属于典型的"专向性产业补贴"，公开歧视和排除中国，迫使相关企业在中国和美国之间进行选择。《2022 年通胀削减法案》计划投入 3 690 亿美元，用于投资补贴清洁能源与气候变化产业，为购买电动车的美国消费者提供税收抵免，借此提升美国国内电池和电动汽车供应链和制造能力，减少从中国进口电池和电动车。[①] 该法案打击中国的要害在于，为了获得税收抵免，消费者所购买的车辆最终组装必须在美国本土或是在与美国签署自由贸易协定的国家进行，且电池中至少有 40% 的金属原料和矿物要在美国或者与美国签署自由贸易协定的国家开采、提炼。

　　二是以对华征收高关税为前提。拜登政府已经把特朗普政府所制定的高关税作为对华经贸关系开展的前提条件，不愿主动放弃这一手段。在 2021 年和 2022 年国内严重通货膨胀的背景下，拜登政府内部有数次围绕是否通过降低中国输美产品关税以减轻通胀压力的讨论，但最终仍维持了对华高关税政策。美国贸易代表戴琪作为主张继续征收高关税的官员，强调要从战略高度看待高关税的重要性，而不能仅仅将其作为解决通胀的手段。[②] 美国国家安全顾问沙利文也持类似立场。由于内部意见分歧，拜登政府搁置了借减免对华关税以缓解国内通胀压力的方案，只是排除了部分中国产品的惩罚性关税。拜登政府不仅没有取消特朗普政府对华所加征的关税，还借审查之名，对华征收了新的关税。2024 年 5 月，拜登政府发布特朗

①　"H. R. 5376: Inflation Reduction Act of 2022," U. S. A. Congress website, September 27, 2021, https://www.congress.gov/bill/117th-congress/house-bill/5376/text/rh.

②　David Lawder, "USTR Tai says fighting inflation more complex than cutting China tariffs," Reuters, June 7, 2022, https://www.reuters.com/markets/us/ustr-tai-says-fighting-inflation-more-complicated-than-cutting-china-tariffs-2022-06-06/.

普政府对华加征"301 关税"四年期复审结果,宣布在原有对华"301 关税"基础上,进一步提高对自华进口的电动汽车、锂电池、光伏电池、关键矿产、半导体以及钢铝、港口起重机、个人防护装备等产品的关税,涉及中国对美出口产品价值为 180 亿美元。其中,对中国电动汽车的税率由 25% 直接提高至 100%,光伏发电板税率由 25% 提高至 50%,电动汽车锂电池、零部件及部分关键矿产的税率也都达到 25%。尽管此次加征关税主要针对美国尚未自中国大量进口的产品,但美国此举将助长贸易保护主义,加剧中美产业摩擦乃至全球产业链重组。[①] 拜登政府的对华经贸政策具有高度的国内政治效应,拜登政府如果大幅减免或者取消对华高关税,将会引发制造业等相关利益集团剧烈反弹,不利于其国内政治议程。

三是以对华高科技打压为核心。在对华技术限制领域,美国明确了对华从保持相对竞争优势到保持绝对领先优势的理念转变,采取一系列措施打压中国高科技发展。[②] 出口管制是美国限制中国技术进步的核心政策。为提升对华出口管制效果,美国商务部工业与安全局(BIS)持续推出新政策,扩大管

①　Joseph Majkut, William Alan Reinsch, Scott Kennedy, Emily Benson, Gracelin Baskaran, Jane Nakano, and Quill Robinson, "Experts React: Energy and Trade Implications of Tariffs on Chinese Imports," Center for Strategic and International Studies, May 14, 2024, https://www.csis.org/analysis/experts-react-energy-and-trade-implications-tariffs-chinese-imports.

②　美国国家安全顾问杰克·沙利文(Jake Sullivan)称,当前的战略环境已经改变,考虑到先进逻辑和存储芯片等基础技术的性质与特点,美国必须放弃之前与竞争对手保持"相对优势"的做法,转而寻求尽可能保持"领先优势"。"Remarks by National Security Advisor Jake Sullivan at the Special Competitive Studies Project Global Emerging Technologies Summit," The White House, September 16, 2022, https://www.whitehouse.gov/briefing-room/speeches-remarks/2022/09/16/remarks-by-national-security-advisor-jake-sullivan-at-the-special-competitive-studies-project-global-emerging-technologies-summit/.

制名单，收紧对华技术限制。一些新内容包括：一是增加对中国半导体产业发展的技术管制条目。在 2022 年 8 月的修改中，把氧化镓、金刚石、特定的计算机辅助软件以及压力增益燃烧技术新列入管制目录。二是 BIS 突破了原有的以物项为对象的管控模式，在 2022 年 10 月的修改中直接限制"美国人"从事支持中国集成电路开发活动以及半导体制造活动。"美国人"定义宽泛，任何美国公民、持有美国绿卡的外国人、位于美国的外国人以及在美国设立公司的法人都在管控范围。三是在 2023 年 1 月的修订中 BIS 宣布对中国澳门地区实施与中国内地和香港地区相同的管制政策。美国紧锣密鼓地推出新的对华技术管制措施，意图加大对中国半导体和人工智能等技术的控制，增加对华竞争的技术优势。

四是以高质量盟友协调为重点。面对中国崛起，美国蓄意挑起对华经济对抗，试图通过打压中国正常经济增长，维护美国全球经济体系利益。尽管中美经济深度依存，但美国政府执意把中国看成其国际经济地位的首要挑战国，深度谋划对华经济脱钩，强行改变中美经贸关系现状。盟友是美国对华竞争经济学的外部支撑和"力量倍增器"。为取得对华竞争优势，拜登政府巩固、强化其盟友经济体系，借盟友声势扩大对华竞争实力。拜登政府为刺激和鼓动部分盟友、借机提升盟国和盟友关系，渲染所谓"中国经济威胁"，宣称中国为全球自由经济体系挑战者，并加快与盟友在产业链安全、技术贸易、科技创新和地缘经济等议题上排除中国，构建对华统一战线。"中国威胁"成为美国和部分盟友密切同盟关系的关键"催化剂"和"推动器"。个别国家，特别是"五眼联盟"国家，紧紧跟随美国对华经济竞争步伐，配合美国对华战略设计，以与美国强化联盟的方式对华集体施压。

美国通过所谓"民主对抗威权"的叙事包装,渲染中国对国际经济体系和全球供应链的"威胁",刻意突出价值观的作用,加快推行"友岸外包",借此协调盟友打造针对中国的盟友经济圈,为此不惜撕裂全球正常的生产和贸易体系。在印太地区,美国加快构建印太经济框架。拜登政府 2022 年 5 月份宣布正式启动"印太经济框架"后,美国及其他成员国进行了多轮线上及线下的部长级会晤,推进贸易、供应链、清洁经济和公平经济四大支柱谈判。在跨大西洋层面,美国继续借助美欧贸易和技术委员会(TTC)推动双边协调。2022 年美欧 TTC 举行了两次会晤,就劳工权利、供应链韧性、新兴技术、半导体产业链、反对"经济胁迫"以及所谓中国"非市场经济政策与实践"等议题进行讨论。拜登打造对华技术同盟体系的重点是半导体产业链,为强化对华半导体技术控制,美国积极推动与韩国、日本和中国台湾地区组成所谓"芯片四方联盟"的构想,谋求在瓦森纳机制下不断收紧对华多边半导体出口管制协议。此外,美国还对荷兰和日本不断施加更大压力,胁迫日荷同意牺牲本国经济利益,限制对华先进制程芯片制造技术和设备。

中国正在加快构建新发展格局,着力推动高质量发展。对于美国政府推动"四高"对华竞争战略,中国希望中美经贸关系能够稳定,愿意同美国开展合作,但这是以平等、尊重为前提。① 对美国基于对华战略所制定的竞争性和限制性经贸政策,中方也针对性进行反击。在回应中,中国努力把握自身利益和世界经济利益的平衡,积极维护全球产业链、供应链稳定。作为回击的核心,是要推动降低对美依赖水平,制衡美国不顾

---

① 王毅:《中美新时代正确相处之道》,《国际问题研究》2022 年第 6 期。

后果地单边滥用其在双边相互依赖中的权力。中美经济相互依赖是全球化的产物。中美本可以在相互依赖的双赢结构中各取所需，共同发展。但美国把相互依赖关系权力化和武器化，借助其在中美相互经济依赖中的市场优势和科技优势，干扰和压制中国发展。为防止美国利用相互依赖关系攻击中国，让中国陷入被动，中国需要不断提升发展的自主性和安全性，减少对美依赖。这要求中国进一步多元化其出口市场，提升产业链、供应链韧性和安全水平，加快科技自主创新，增强抵御经济风险的综合能力。在降低对美市场依赖方面，美国在中国对外贸易中的比重近几年稳中有降。2022 年美国在中国对外货物总出口中的比重为 16.2%，与拜登就任前的 2020 年相比，下降了 1.2%。与特朗普就任总统前的 2016 年相比，下降了 2.2%。在减少对美科技依赖、推动科技自立自强方面，2022 年中国研发经费投入达 30 870 亿元，首次突破 3 万亿元大关，比上年增长 10.4%。中国的研发经费投入强度达到 2.55%，比上年提高 0.12 个百分点，继续缩小与美国差距。①

第三节　拜登政府构建对华经贸联盟及中国应对

　　在特朗普政府时期，盟友被看成负资产，拖累美国利益，"欧洲甚至比中国更坏"。从本国经济利益出发，特朗普政府对盟友同样采取贸易保护主义和单边主义，在关税和产业发展等领域对盟友采取严厉态度，无视美国和盟友的同盟价值。盟友被特朗普政府刻意冷淡待之，甚至与之争利。这极大地冲击了

―――――――――

① 《中国加快实现高水平科技自立自强》，《人民日报》（海外版）2023 年 2 月 25 日，第 3 版。

美国与盟友的政治互信。与特朗普政府对华经贸政策相比,拜登政府没有采取美国经济利益和盟友经济利益零和博弈的思维,而是试图在一定程度上照顾盟友经济诉求,夯实美国联盟体系的经济基础。在拜登政府的战略调整之下,原有的联盟机制被增添了与中国对抗的成分。例如,七国集团这一机制从被特朗普政府忽略和边缘化,到又开始被拜登政府重新倚重,积极推动其在国际治理中发挥主导作用。在 2022 年七国集团领导人峰会上,拜登宣布启动"全球基础设施和投资伙伴关系"倡议,宣称要在 2027 年前筹资 6 000 亿美元。该倡议试图和中国"一带一路"倡议竞争,制衡中国在全球基础设施建设领域的影响。除了原有机制外,一些服务于美国和盟友的新协调机制也被创设。在印太地区,拜登政府创设美日印澳"四国机制",协调印太地区经济和政治事务。在欧洲地区,拜登政府与欧盟建立了美欧贸易和技术委员会。

拜登政府还持续通过多双边渠道,不断强化与盟友及伙伴的沟通协调,完善其"近岸外包"和"友岸外包"的战略布局。在关键矿产领域,正如美财政部副部长威利·阿德耶莫(Wally Adeyemo)在参议院作证时表示,"美国需要盟友帮助建立有韧性的供应链和提升能源安全,为此将主要聚焦与拥有共同价值观和国家安全利益的盟友签署关键矿产协议"[1]。在蒙古国总理奥云额尔登访美期间,美蒙发布联合声明,建立"第三邻国战略伙伴关系",重点深化两国在稀土等关键矿产方面的合作。利用澳大利亚总理访美时机,美澳成立关键矿产特别工作组,

---

[1] "Testimony of Deputy Secretary of the Treasury Wally Adeyemo Before the Energy and Natural Resources Committee, U.S. Senate," U.S. Department of the Treasury, January 11, 2024, https://home. treasury. gov/news/press-releases/jy2020.

加强与澳大利亚等国在关键矿产供应链方面合作。① 拜登政府还发起"印太经济框架关键矿产材料对话"，寻求在印太范围内加强关键矿产合作。在清洁能源和半导体领域，拜登政府也加大盟友协同，力图将其打造为新多边经济框架的核心。在首届"美洲经济繁荣伙伴关系"（APEP）领导人峰会召开期间，拜登和 APEP 其他 11 国首脑共同宣布推动包容性增长和加强关键供应链的计划。美国还就传统半导体和电动汽车等中国优势领域与欧洲盟友展开磋商，以解决所谓"过度依赖特定生产国的非市场政策和做法"。

此外，拜登政府还意图强化与盟伴在出口管制和外资审查等领域深度合作。一方面，拜登政府有意延展其多边出口管制体系，将韩国等关键盟友纳入其中。在首届美韩下一代关键和新兴技术对话中，美韩双方强调，协同和调整两国技术保护工具箱的重要性，以防止敏感技术和军民两用技术泄露。② 美商务部负责工业和安全事务的副部长艾伦·埃斯特维兹（Alan Estevez）表示，美国正与韩国等盟国讨论在半导体、超算、量子计算和人工智能等高科技领域建立新的多边出口管制制度。③ 另

---

① "Joint Statement on the Strategic Third Neighbor Partnership between the United States of America and Mongolia," The White House, August 2, 2023, https://www.whitehouse.gov/briefing-room/statements-releases/2023/08/02/joint-statement-on-the-strategic-third-neighbor-partnership-between-the-united-states-of-america-and-mongolia/.

② "Joint Fact Sheet: Launching the U.S.-ROK Next Generation Critical and Emerging Technologies Dialogue," The White House, December 8, 2023, https://www.whitehouse.gov/briefing-room/statements-releases/2023/12/08/joint-fact-sheet-launching-the-u-s-rok-next-generation-critical-and-emerging-technologies-dialogue/.

③ Lee Bon-young, "US hints at enlisting S. Korea for export control regime to keep advanced tech out of China's hands," The Hankyoreh, December 14, 2023, https://english.hani.co.kr/arti/english_edition/e_international/1120445.html.

一方面,拜登政府担心中国制造商将在相关国家生产以避开美关税和投资法案限制并涌入美国市场。为此,拜登政府试图通过与墨西哥等国的外资审查合作,将盟友及伙伴纳入其对华投资审查网络,以限制中国在产业链、供应链领域之影响。

拜登政府重视盟友作用,这有助于改善美国国际形象,加强美国国际地位,增加美式价值观外交的吸引力。但在讨论美国对华经济政策的联盟政治效应时,不宜过分夸大其实际影响。从现实情况看,拜登政府打造对华经贸联盟的实际影响较为有限,面临着各种因素的严重制约。拜登政府对华经贸联盟的主体有美国自身、美国盟友及中国三个。从三大行为体各自利益、政策及三边互动来看,拜登政府对外经济政策调整对于其打造以对抗中国为主要诉求的联盟体系,并不能取得预期效果。

第一,拜登政府经济政策资源投入内向化突出,核心是服务于国内中产阶级经济学。相比于对外经济目标,国内经济目标才是首要。拜登总统本人及其高级官员,在多个场合公开明确其经济政策中心目标是维护国内中产阶级利益、壮大中产阶级数量、提升中产阶级收入。拜登政府判断,美国经济的根本症结在于中产阶级萎缩。中产阶级萎缩对美国经济乃至社会产生一系列负面冲击,包括国内消费不振、贫富分化严重、区域发展不平衡以及社会动荡加剧等。因此,美国经济的根本竞争力取决于能否巩固中产阶级发展。在这种强烈的执政理念之下,拜登政府几乎所有重大经济政策,都放在是否有利于美国中产阶级这一目标当中加以衡量。在财政政策方面,大幅增加对中产阶级的医保和社保支出;在税收政策方面,要对富人增税以弥补中产阶级福利开支扩大;在贸易政策方面,构建有利于美国中产阶级，尤其是制造业工人的关税和非关税安排；在产业政策领域，鼓励制造业回流和发展，增加美国产业全球竞争力。从实际经济政策制定看，由于国内多元利益集团相互博弈，拜登政府的最终政策输出并非始终如一地贯彻这一原则，非中产阶级利益或者反中产阶级利益在某些时候也会占据主导地位，但至少在拜登政府政策考虑当中，中产阶级利益是优先的。由此，当美国中产阶级经济学的政策设计与其他国家利益相冲突时，拜登政府会以本国中产阶级利益为基础诉求。拜登政府把中产阶级经济学放在核心位置，不仅仅有经济考虑，还有政治考虑。中产阶级经济学的背后是中产阶级政治学。能否让中产阶级满意，事关 2022 年中期选举及 2024 年总统选举结果，拜登政府需要尽力兑现其中产阶级经济学的相关承诺，提高胜选几率。如果从中产阶级为中心的经济和政治两大逻辑去理解拜登政府的施政脉络，就可以发现国内中产阶级的重要性要远高于盟友的重要性。拜登执政以来，影响其民调走向的两大关键因素是疫情控制和经济复苏，盟友关系的影响其实非常有限。美国民众身处新冠疫情和经济衰退的困难阶段，要求拜登政府优先国内事务，而非外部事务。

围绕振兴国内中产阶级这一核心，拜登政府实际经济资源投入内向化明显，为巩固联盟的支出有限。相比于特朗普政府，拜登政府对盟友利益、对规则体系以及对多边主义的重视程度大为提升，但是这并不意味着拜登政府把盟友利益放在优先位置。拜登政府仅是将特朗普政府极端对外经济政策有所回调，本质上仍是没有"美国优先"口号的"美国优先"政策，并没有比冷战结束以后克林顿、小布什及奥巴马三届美国政府的国际经济政策更国际化。更为重要的是，拜登政府还比上述几任政府更清楚表明,美国国内经济才是最重要的。因此,拜登政府的现实逻辑是:从维护美国领导角色出发,不应过多计较与盟友国家的经济利益,但是指望美国为了盟友利益而主动丧失自身利益,这更是不可行的。围绕着中产阶级,美国资源投入的重点始终是国内。从拜登政府执政以来的重大立法议程看,无论是近 2 万亿美元的"美国救援计划"(The American Rescue Plan)、超 1 万亿美元的"美国就业计划"(The American Jobs Plan)及其力推的"重建更美好未来"(Build Back Better)计划,都是以提升本国经济韧性和竞争力为第一要务。从联邦政府预算看,拜登政府用于外交和盟友的投入总体稳定,但与其总开支相比,所占比例则大幅缩小。这也从另一个角度表明拜登政府以国内经济为主。

第二,美国和盟友对华经济威胁认知分化,盟友对美国尚未一边倒。美国把中国作为拉近其与盟友关系的关键第三方因素。从联盟理论看,盟友体系能否发挥美国预想中的作用,一个前提条件取决于这个联盟体系对所谓"中国威胁"的认知是否一致。如果美国盟友都认为中国是重大威胁的话,那么这一联盟在遏制中国方面将会有更坚实的基础。不过,美国与其盟友对于如何认知"中国威胁",存在严重差异。美国是从全球经济"老大之争"的角度看待中美经济竞争,甚至是"生死"角度定义中美竞争。中国经济越发展,追赶、超越乃至取代美国的可能性就越大,美国的紧迫感和危机感越发强烈,对华遏制动力更为充足。然而,绝大多数美国盟友没有美国维护霸权的恐慌,更多是从中国经济发展及对华经贸关系对本国经济利益影响角度看待中国崛起,最多再加上中国经济发展模式是否对它们的经济规则和模式形成挑战。较之美国,利益之争是主要考虑因素,规则和模式之争是次要因素,权力之争和地位之争则更为次要。美国盟友与美国在动机上存在差异,能相对平和地看待中国发展,处理对华经济关系,追随美国对华遏制动力严重不足。

此外,盟友对美国信任度严重缺失,担忧美国承诺。一方面,特朗普 2016 年当选及其抛弃盟友等现象,促使美国盟友必须严肃思考特朗普上台到底是历史的偶然还是历史的必然。"特朗普现象"揭示了美国社会结构变革,反映了在美国实力相对下降的背景下美国民众不希望承担过多国际责任的强烈呼声。特朗普政府"毁约""退群"以及"损友"等行为虽然被拜登政府部分纠正,但不能排除国内政治极化之下,未来美国可能继续选出"特朗普"式的领导人。① 届时,美国优先甚至美国唯一的政策取向再次出现,进而损害盟友利益。另一方面,即使拜登政府言辞上表现出重视盟友,但其在阿富汗撤军问题上的实际表现,却加深了美国盟友对美国的不信任感。美国在阿富汗撤军之前未完全告知盟友,撤军当中不顾盟友,撤军之后责难盟友,让不少盟友质疑拜登政府在实际外交政策中并未把盟友放在重要位置,对美失望与不信任情绪蔓延。

总而言之,美国在外交策略上希望打造更为紧密的同盟关系,借重盟友力量帮助巩固美国国际影响,但美国本身对于盟友的承诺及重视程度,并不能让盟友全力跟随。除了个别国家,绝大多数国家并不希望在中美之间选边站,而是希望维持平衡,保障自身战略价值,希望与中国和美国均能保持正常双边关系。

---

① 2024 年美国大选结束,特朗普打败民主党候选人,再度入主白宫,成为美国第47 届总统。

第三,中国积极应对拜登政府对华经贸联盟。国际经济格局继续演化,中国影响力持续提升,对美国经济联盟的反制衡作用显著加强。面对美国对华经济战略竞争加剧态势和美国政府拉拢盟友打压中国的企图,中国并非被动挨打、消极无为,也有针对性地采取了综合措施进行有效应对。

在经济应对上,经济利益始终是调动其他国家的重要资源,中国政府持续推进高水平对外开放,依托国内超大规模市场优势,继续扩大市场准入,改善营商环境,降低外商准入门槛,压缩外资负面清单,全面优化营商环境,有针对性做好外资企业服务工作。[①] 用对外开放稳定外部预期,用经济发展创造合作红利,与其他国家形成更为深层的经济互利格局。同时,中国坚持经济全球化正确方向,推进双边、区域和多边合作,促进国际宏观经济政策协调,共同营造有利于发展的国际经济环境。[②] 中国坚定维护国际多边自由经济体系,努力为国际社会提供更多经济公共产品。中国坚持用自身对多边主义的追求、经济发展的增量和全球发展倡议的愿景,调动美国盟友的战略独立性和自主性。在中国积极作为下,不少美国盟友强调合作,反对拜登政府肆意对华搞经济封锁和对抗,损害全球价值链和供应链,成为平衡中美经贸关系的重要力量。

在外交应对上,中国政府充分意识到美国和盟友国家远非"铁板一块",彼此存在严重的利益、认知和战略分化。对大部分美国传统盟友和潜在盟友,中国以合作基调为主,能争取尽量争取,希望这些国家在国际体系中更好发挥战略自主作用。

---

① 习近平:《当前经济工作的几个重大问题》,《求是》2023 年第 4 期。
② 习近平:《高举中国特色社会主义伟大旗帜,为全面建设社会主义现代化国家而团结奋斗——在中国共产党第二十次全国代表大会上的报告》,《人民日报》2022 年 10 月 26 日,第 5 版。

一方面,在欧洲,保持中欧双边关系总体稳定,推动中欧经贸合作跃上新台阶。2022 年欧盟 27 国对华贸易额为 8 563 亿欧元,同比增长 22.8%。中国为欧盟第二大贸易伙伴,占比为 15.4%。中国在 2022 年对欧盟出口同比增长 6.4%,远高于对美出口 1.2% 的增幅。① 中国还支持欧盟反对美国《通胀削减法案》的立场,谴责该法案为典型的贸易保护主义做法,涉嫌违反世贸组织的非歧视等原则。中国与德国、法国等国家加强战略沟通,呼吁欧洲国家扩大战略自主,推动与欧洲在互联互通、数字经济以及气候变化等领域的合作。另一方面,在亚太地区积极参与和引领地区经济一体化,提供更多公共产品,深入推动"一带一路"建设,提升与包括美国盟友在内的广大地区国家的经贸合作水平。中国大力支持《区域全面经济伙伴关系协定》(RCEP)谈判成功,推动亚洲内部贸易和投资自由化、便利化,深化区域经济一体化。2022 年 1 月 RCEP 正式生效,进一步密切了中国与区域内其他成员国的机制化经贸联系。在本地区,中国还继续积极推进加入《全面与进步跨太平洋伙伴关系协定》和《数字经济伙伴关系协定》。但对于紧跟美国损害中国利益的极个别国家,则进行坚决斗争,使其付出巨大代价,迫使其改变成为美国对华战略竞争的代理人身份。

在意识形态问题上,中国政府坚决捍卫本国政治制度和经济制度,但对外不谋求意识形态输出,不对外干涉内政,尊重各国政治、经济和社会制度,打消其他国家对中国的意识

---

① 《2022 年 12 月进出口商品国别(地区)总值表(美元值)》,海关总署网站,2023 年 1 月 18 日,http://www.customs.gov.cn/customs/302249/zfxxgk/2799825/302274/302277/302276/4806965/index.html。

形态和政治模式疑虑。即便是对美国,中国也是合作和竞争两种路径并存,在军事、政治、经济和外交等领域保持合作空间,力争中美关系总体稳定,避免中美战略摊牌,防止给其他国家带来误判,加速选边。中国政府深知,只要自身实力持续增长,全球贡献不断增加,成为国际体系负责任的大国,就会有越来越多的国家理解和支持中国,中国"朋友圈"将会日益扩大,对华"遏制圈"将自行萎缩。

面对拜登政府构筑的对华经贸联盟,中国增强战略定力和自信,以我为主,以实际行动分化、瓦解拜登政府巩固联盟体系的战略企图,成功破解了美国构建对华经贸盟友封锁圈,积极构建对我友好的经贸合作关系,维护国际经济合作格局稳定。同时这也启示美国,与其以结盟之力同中国对抗,不如调整战略思维,构建与中国良性竞争的大国共处之道。

第四节　中美经贸关系的新问题与新竞争

在中美战略竞争的总体结构以及拜登政府的政策调整之下,同时也随着技术发展、产业进步和国际经济竞争变化,中美经贸关系出现了新的议题,也出现了新的竞争。

（一）中美经贸关系新议题

在国际变局和乱局交织的情况下,中美经贸关系发展也更为复杂。传统因素和突发事件交织,经济因素和非经济因素共塑,导致中美经贸关系存在若干重大问题,对中美经贸关系乃至世界经济产生影响,需要深入思考。

第一,美国对华征收高关税的持续问题。距离特朗普政府以其国内"301"条款为理由所发起的对华高关税已经历经多年,至今未有明确的结束迹象。特朗普再度执政,宣称要把对华关税提高至60%。这不仅深刻影响了中美关系,而且产生了更为广泛的全球消极后果。首先,多年的美国对华高关税并未实现美国所宣称的预期目标,即大幅改善美国对华贸易逆差。与高关税前的2017年相比,2022年美国对华贸易逆差反而有所扩大。美国数据显示,2017年美国对华货物贸易逆差为3 743亿美元,2022年美国对华货物贸易逆差是3 829亿美元。如果排除第一阶段协议中国自美额外增加的进口,美国对华货物贸易逆差将会更大。美国制造业也并未因为对华保持高关税而大幅回流,美国制造业2022年占其GDP比重仍低于11%,尚未回到2018年11%以上的水平。中国制造业也未因此而出现大规模的外流情况。中国第二产业占GDP比重从2020年的37.8%上升至2022年的39.9%。① 其次,美国持续对华高关税造成了"双输"局面。美国消费者付出巨大代价,中国出口也面临额外成本。数据显示,截至2023年1月,美国已对中国商品征收了价值超过1 688亿美元的关税,其中包括特朗普时期的约770亿美元和拜登执政以来的830亿美元。② 这些关税主要由美国消费者和中国生产商一起承担。再次,其他经济体遭遇美国对华高关税冲击。例如,东亚作为全球生产链中心,不得不为美国对华高关税及中美经济对抗付出更多代价,面临潜在的生产链和价值链分裂风险。最后,全

---

① 《中华人民共和国2022年国民经济和社会发展统计公报》,国家统计局,2023年2月28日,http://www.stats.gov.cn/tjsj/zxfb/202302/t20230227_1918980.html.

② "Trade Statistics," U. S. Customs and Border Protections website, February 9, 2023, https://www.cbp.gov/newsroom/stats/trade.

球经济遭受重大损害,不但原先中美经贸分工所带来的自由化福利效应急剧缩减,而且需要应对中美高关税所导致的脱钩风险。根据国际货币基金组织数据,中美若分裂为对立的阵营,世界经济将萎缩 1.5%,损失超过 1.4 万亿美元。① 如果如此大规模、高昂和异常的关税长期存在,将是中美经贸关系发展的重大变量,也是全球经济发展的消极因素。

第二,美国在乌克兰危机中的极端经贸政策使用问题。乌克兰危机作为冷战结束以来最大的地缘政治事件,不仅对中美短期内的经贸关系带来扰动,更为重要的是,美国在冲突爆发后所采取的极端经济措施深刻塑造了中美经贸未来发展的可能路径。在很大程度上,美国大规模、广领域和超限度的经济手段使用可能成为极端情况下未来中美经贸关系发展的"预演"。在乌克兰危机爆发后,美国把国家安全扩大化,把经济要素武器化,把国际结算体系等国际公共产品私有化,把经济关系阵营化,极力通过各种极限经济手段消耗俄罗斯经济实力,挤压俄罗斯国际经济活动空间。国际贸易、金融、能源以及技术合作遭遇严重的美国制裁后遗症。中美经贸关系也遭受波及。一方面,中国对美国把经济关系"武器化"表达强烈担忧,认为这极大扰乱国际经贸秩序,影响包括中国在内的各国经济正常发展。事实上,2022 年全球能源价格和粮食价格高涨,与美国对俄实施制裁有高度关联。另一方面,美在对俄制裁时,压迫中国,要求中国在贸易、金融和能源等议题上遵守制裁条款,不向俄罗斯提供物质支持或协助其系统性规避制裁,威胁

① "Trade divide could cost global economy $1.4 trillion, says IMF chief Kristalina Georgieva," Bloomberg website, November 19, 2022, https://www.bloomberg.com/news/articles/2022-11-19/imf-s-georgieva-says-world-trade-divide-could-cost-global-economy-1-4-trillion.

对中国实施"长臂管辖"。① 这种经济霸权行为,损害了中国的经济主权,干扰了中国对外经贸关系。更为重大的影响是,美国在乌克兰危机中各种经济手段的使用,大大突破了以前的政策底线,刺激了其经济冒险。而美国大肆借乌克兰危机暗喻台海关系,促使中国更为清醒地认识到美国对华极端经济制裁的可能性和严峻性,加速推出确保经济主权和安全的防范措施。这客观上也强化了中美经贸脱钩的心理,加速了中美经贸脱钩的实际进程。

第三,美国对华"脱钩断链"的实际影响问题。美国不断加大高科技和产业链脱钩力度,试图在脱钩断链中打击中国技术和经济发展,确保自身经济优势和维护经济安全。美国对华脱钩历经数年,对中国确实产生了一定的挑战,但对中国科技和经济发展未能产生重大的实质性影响。在高科技方面,美国不断扩张其对华出口控制工具箱,把更多中国企业等实体列入各种清单。在美国的科技政策打压下,中国科技进步困难增多,比如光刻机等先进半导体设备研发进展有所放缓,但新能源、卫星导航、量子信息等部分战略性新兴产业发展强大,载人航天、探月探火、深海深地探测、核电等关键核心技术取得重大突破,整体情况好转。美国在对华脱钩问题上,面临着战略上的两难选择。一方面,已有的脱钩措施未能取得实质效果。美国商务部等部门 2023 年 2 月宣布牵头设立"颠覆性技术打击部队",加大调查和起诉违反出口法的犯罪行为,加强出口管制的

① Daniel Flatley and Christopher Condon, "US Treasury Warns Chinese Companies on Tech Supplies to Russia," Bloomberg, Febuary 21, 2023, https://www.bloomberg.com/news/articles/2023-02-21/us-treasury-warns-chinese-companies-on-tech-supplies-to-russia.

行政执法,固然说明美国对华出口脱钩更为严厉,但也说明此前对华出口控制并未取得预期效果,只能诉诸更为严格的措施。而另一方面美国越推进对华脱钩,美国未来对中国经济和科技发展的重要性就越低,中国发展的独立性和自主性将会越强。美国对华只能再次增加出口管制力度,但新措施的边际效用对中国仍然有限。在产业链方面,美国部分产品"友岸"和"近岸"对中国输美产品有所替代,但从中国与世界的产业链关系看,中国占全球贸易比重更高,影响力更大,在全球产业链中的地位逐年上升。以出口为例,2017 年至 2021 年,中国货物出口占全球出口比重分别为 12.8%、12.8%、13.2%、14.7%和 15.1%。① 在对美出口比例下降的情况下,中国对全球出口比重稳步提升。这表明中国整体产业链有其强大的竞争力和韧性,经受住了美国对华产业链脱钩,中国与美国之外的其他经济体的贸易联系更为紧密。中国目前已经是全球140 余个国家的首要贸易伙伴。而反观美国,其在全球贸易中的比重有所下降。

第四,美国对华经贸合作的动力衰减及其维系问题。随着对华战略竞争焦虑感增加,部分美国精英开始从相对收益角度考虑中美经贸合作,认为对华少合作或者不合作更有利于美国利益。此外,由于美国国内对全球化的反思和反对在增加,对华经济合作的国内阻力也在加大。② 美国对华经贸合作的冷感增强,经贸合作动力有所衰减。然而,虽然美国对华鹰派试

---

① "*World Trade Statistical Review 2022*," WTO, 2022, https://www.wto.org/english/res_e/booksp_e/wtsr_2022_e.pdf.

② Rana Foroohar, "After Neoliberalism: All Economics Is Local," *Foreign Affairs*, November/December 2022, https://www.foreignaffairs.com/united-states/after-neoliberalism-all-economics-is-local-rana-foroohar.

图用安全和政治因素干扰和抑制中美经贸合作,但两国经贸关系发展并不会因此立即陷入停滞,目前仍自有其强大的经济逻辑。一是中国经济持续快速增长,能够为美国商界继续提供具有吸引力的市场利益。改革开放以来,中国历年经济增速都要高于美国。即便是遭受各种超预期因素挑战的 2022 年,中国 GDP 增速为 3%,高于美国的 2.1%。2023 年中国 GDP 增速为 5.2%,高于美国的 2.9%。加之中国更为市场化的改革举措和更为优化的营商环境,中国超大规模市场的吸引力在增强而非在削弱。美国企业如不能正常对华开展经贸合作,利益损失巨大,美国企业界有意愿也有途径平衡非经济因素对中美经贸关系的干扰。二是应对本国经济的现实挑战要求美国政府维持相对稳定的中美经贸关系。当前及未来一段时间,美国经济增长面临较大挑战,通货膨胀高位运行,联邦债务规模不断突破历史新高,债务上限问题不定期爆发,衰退可能性不能排除。如此国内经济状况要求美国政府和中国保持必要合作,防止中美经贸关系失控破裂让美国经济出现严重危机。此外,对美国政府而言,对华贸易还有重要的就业创造效应。根据美中贸易委员会的数据,对华出口所带来的工作岗位规模在2021 年首次超过了 100 万。① 三是全球经济网络作为一种客观的结构性存在,对美国形成制约,要求其与中国保持经贸合作。中国已经融入了全球经济体系,和该体系形成有机联结。美国作为全球经济网络的一部分,短期内既难以打破各种国际经济规则交融所形成的制度网络,也难以突破市场主体分工协

---

①　"Export Report 2022: Services and Jobs Update," US-China Business Council website, https://www.uschina.org/reports/export-report-2022-services-and-jobs-update.

作形成的交易网络。身处全球经贸网络当中,美国大部分盟友更不愿意坚决跟随美国对华采取系统性的竞争策略。

（二）中美经贸新竞争

中美经贸出现了新的竞争态势。这些新竞争充分反映了中美经贸关系的动态性、变化性和复杂性,表明在竞争背景下,中美经贸互动的广度和深度都在不断扩展。这些竞争在很大程度上预示了中美经贸竞争的新领域。总体上,这些新领域的竞争会长期存在。

第一,供应链自主竞争。拜登执政后把解决供应链问题作为经济议程的优先事项,上任不久,就发布第 14017 号行政令,要求对美国的供应链情况进行审查。① 2021 年 6 月,拜登政府公布了对半导体、大容量电池、关键矿产以及药物等四类产品供应链的审查结果,并成立"供应链中断工作组",着力推动解决美国供应链困难。② 第 14017 号行政令公布一周年之际,美国国防部、国土安全部、商务部、能源部、农业部、交通部和卫生部公布了供应链评估结果。各个部门的评估均认定美国关键产品供应链广泛存在依赖中国的情况。例如,由美国商务部和国土安全部共同发布的有关美国信息和通信产业供应链评估中,直言美国信息和通信产业中的印刷电路板、显示器和电子

---

① "Executive Order on America's Supply Chains," The White House, February 24, 2021, https://www.whitehouse.gov/briefing-room/presidential-actions/2021/02/24/executive-order-on-americas-supply-chains/.

② "Fact Sheet: Biden-Harris Administration Announces Supply Chain Disruptions Task Force to Address Short-Term Supply Chain Discontinuities," The White House, February 24, 2021, https://www.whitehouse.gov/briefing-room/statements-releases/2021/06/08/fact-sheet-biden-harris-administration-announces-supply-chain-disruptions-task-force-to-address-short-term-supply-chain-discontinuities/.

组件越来越集中于中国。① 2022 年 8 月,拜登签署通过《芯片与科学法案》,借此推动美国芯片等高科技产品供应链的自给自足。② 总体上,如何锻造安全、有韧性的关键产品供应链贯穿拜登政府执政周期。③ 考虑到拜登政府减少供应链依赖主要指减少对中国的供应链依赖,这对中美经贸关系产生重大影响。事实上,不仅是拜登政府重视供应链问题,在经历了贸易战和疫情冲击之后,中国也深刻感受到供应链对于本国经济竞争力和国际地位提升的战略重要性,认为全产业供应链是中国经济的独特优势,需要采取措施推动供应链在国内有序转移和稳定发展,避免陷入发达经济体历史上曾经经历的"去工业化"陷阱。在中国各级政府的共同努力下,2021 年第二产业占国内生产比重从 37.8% 上升至 39.4%,改变了最近数年第二产业占比不断下降的趋势。④ "十四五"规划纲要明确强调要坚持经济性和安全性相结合,推动分行业做好供应链战略设计和精准施策,推进制造业补链强链。在很大程度上,关键产品供应链的独立性和完整性已经成为中美经济竞争的焦点所在。在发展本国供应链的共同政策取向下,中美两国涉及国家安全

---

① "Assessment of the Critical Supply Chains Supporting the U.S. Information and Communications Technology Industry," U.S. Department of Commerce and U.S. Department of Homeland Security, February 24, 2022, https://www.dhs.gov/sites/default/files/2022-02/ICT%20Supply%20Chain%20Report_2.pdf.

② 美国参议院通过的是《2021 年美国创新与竞争法案》,美国众议院通过的是《2022 年美国竞争法案》。

③ 王中美:《欧美供应链韧性战略的悖论与中国应对》,《太平洋学报》2022 年第 1 期。

④ 第二产业占中国国内生产总值比重 2017 年为 39.9%,2018 年为 39.7%,2019 年为 38.6%。参见:《中华人民共和国 2021 年国民经济和社会发展统计公报》,国家统计局,2022 年 2 月 28 日,https://www.gov.cn/xinwen/2022-02/28/content_5676015.htm。

的关键产品供应链将逐渐减少双向依赖。问题在于,供应链具有全局性、网络性,围绕若干关键产品的供应链竞争如果控制不当,很可能会蔓延至上下游产品,或者是其他产品,从而诱发新的中美经济摩擦。

第二,经济机制竞争。中美之间的经济机制竞争早已有之。在奥巴马政府时期,美国就推动并达成了《跨太平洋伙伴关系协定》(TPP),但特朗普政府一上台就宣布退出《跨太平洋伙伴关系协定》。由于特朗普政府对各种多边经济机制的不信任以及相应的疏远,经济机制竞争在特朗普执政时期有所弱化。与特朗普政府不同,拜登政府偏好国际机制的作用。对美国而言,中国和其他十四个成员共同签署、生效了《区域全面经济伙伴关系协定》,进一步扩大了中国在该地区的经济影响力。而且,通过《区域全面经济伙伴关系协定》,中日之间以及中日韩之间客观上形成了自由贸易协定,这对于东亚地区内部垂直产业分工体系的建立以及政治关系的改善起到长期的塑造作用,将削弱美国在该地区经济体系中的影响力。此外,中国还主动提出加入《全面与进步跨太平洋伙伴关系协定》(CPTPP)和《数字经济伙伴关系协定》(DEPA),这些举措充分显示了中国扩大改革开放的决心和自信,也有利于中国和地区经济体系进一步融合。但对于美国,这反映了中国在地区经济机制上的进取态势。拜登政府由于面临国内政治限制,难以重返《全面与进步跨太平洋伙伴关系协定》,但为了与中国抗衡,专门推出了"印太经济框架"(Indo Pacific Economic Framework)。该框架突出劳工权利、环境保护、数据跨境自由流动、政策透明度以及竞争中性等所谓"高标准"规则,聚焦供应链、数字经济、清洁能源转型和基础设施投资等多个领域,这其实又回到了奥巴马时代借助地区机制与中国竞争的模式。"印太经济框架"吸引了部分地区经济体积极参与,客观上加剧了中美地区经济竞争。对中国而言,"印太经济框架"会带来一定挑战,但"印太经济框架"也存在一定局限性。一是为减少国内政治压力,"印太经济框架"并非自贸协定,法律限制力较弱。即便达成,也可能被未来美国政府抛弃。二是美国在"印太经济框架"中并未做出关税减让和市场开放等实质性的让步,对其他经济体的实际吸引力较为有限。三是从《跨太平洋伙伴关系协定》到"印太经济框架",已经过去了十余年。在这十余年间,中国对于敏感规则的接受能力和适应能力已经更强,国内法律和规章初步调整也已完成,并不担忧"印太经济框架"对自身的冲击。倡议新经济机制可以理解,但新机制应该包容、开放和多元,有利于地区各经济体的经济发展,而不是为了刻意推行排他性、歧视性的某一套规则。但从"印太经济框架"看,其与中国竞争、排除中国参与的政策取向是明确的。

第三,成熟制程芯片。14 纳米及以下制程的先进芯片是美国对华打压的重点,其现有对华先进半导体限制措施以阻止中国获得先进制程为首要目标。受美国出口管制影响,中国 2023 年芯片进口创历史最大降幅,半导体进口总额下降 15.4%,但进口的芯片总量仅下滑了 10.8%,这反映了高价值的先进制程芯片进口减少。原因在于 2023 年美国进一步升级了对华高性能芯片的出口限制,导致了英伟达等公司高性能芯片的对华出口受到进一步限制。但美国对华芯片打压不仅聚焦于先进制程芯片,还转向了 28 纳米及以上的成熟制程芯片。在半导体领域,美国在先进制程领域拥有优势,中国需要切实解决在该领域美国对华的"卡脖子"问题,但不能仅限于此。在成熟制程领域,中国也要具备竞争力。因此,在中美半导体竞争中,中国着力巩固并扩大在成熟制程领域的优势。在该领域,中国扩大投资,提高产能,不仅满足国内需求,还积极对外出口,稳步扩大全球比重。根据国际半导体产业协会(SEMI)估计,中国公司2022年购买了超过300亿美元的芯片制造设备,约占全球总量的三分之一,创历史新高。2023年,中国芯片制造商开始运营18个聚焦于成熟制程芯片的制造项目,将扩大12%的芯片制造能力。据测算,在成熟制程领域,中国占全球的产能将从2023年的31%提高至2027年的39%。

美国政府评估认为,成熟制程芯片仍广泛用于消费电子产品、汽车、电器和国防工业,这些领域对美国具有战略意义,因此,美国除了继续在先进制程芯片领域加大出口管制力度,还需要抑制中国在成熟制程芯片领域的发展。[1] 美商务部部长雷蒙多公开表示,中国在过去两年内生产了全球超过80%的成熟芯片,解决外国政府威胁美国成熟制程芯片供应链的非市场行动是一个国家安全问题。为此,美国商务部宣布将向美国微芯科技公司提供1.62亿美元的激励资金,以支持其成熟芯片的制造。美国商务部还表示将开始对美国半导体供应链进行调查,以支持成熟制程芯片生产并对抗中国在其中的作用。美国众议院美中战略竞争特别委员会两党领导人也敦促拜登政府采取更为强有力的行动,以阻止中国在成熟制程芯片方面日益增长的主导地位。该委员会要求美国贸易代表办公室和商务部利用关税等现有贸易手段或制定新的政策工具,来保护成熟

---

[1] Ana Swanson and Jim Tankersley, "Flush with Investment, New U.S. Factories Face a Familiar Challenge," *The New York Times*, January 15, 2024, https://www.nytimes.com/2024/01/15/business/economy/china-electric-cars-chips-solar.html.

一代的芯片供应链,抵消对中国成熟制程芯片的过度依赖。

第四,新能源领域产品。随着新能源产业在全球经济和能源转型中的重要性日益凸显,新能源电动车、新能源电池和光伏产品等"新三样"产品也愈发成为中美经贸摩擦中的新领域。以新能源电池为例,中国新能源电池制造供应链齐备,既有电池生产的关键原材料,又有较为领先的技术,还有国内超大规模市场,处于全球生产的有利位置。美国本国电池生产能力与中国差距较大,为保护本国市场,同时打击中国制造优势,拜登政府采取各种措施对中国电池产品加以打压。中美围绕两大新能源行业的电池生产出现严重摩擦。其一,太阳能电池。中国在全球太阳能电池制造中具有主导地位,生产了全球四分之三以上的太阳能电池。为推动国内绿色能源转型,美国在本国制造能力欠缺的情况下,需要大量进口太阳能电池,但同时为了减少对华太阳能电池依赖,又通过提高关税,以所谓存在"强迫劳动"为借口,限制从中国进口。甚至对于从越南、老挝、柬埔寨和马来西亚等东南亚国家生产的太阳能电池,美国政府也保持高度警惕。美国商务部 2023 年 8 月公布调查结论,认为在这些国家生产的太阳能电池,是中国企业为了规避美国关税而进行的违规绕道措施,因此决定自 2024 年 6 月对自上述东南亚国家进口的太阳能电池征收与中国产太阳能电池一样的关税税率。[1]

其二,电动汽车电池。与在太阳能电池领域类似,中国在

---

[1] "Department of Commerce Issues Final Determination of Circumvention Inquiries of Solar Cells and Modules from China," U.S. Department of Commerce, August 18, 2023, https://www.commerce.gov/news/press-releases/2023/08/department-commerce-issues-final-determination-circumvention-inquiries.

电动汽车电池领域也处于全球优势地位。为防止中国产电动汽车电池进入美国市场，美国实施的《通货膨胀削减法案》规定，只有美国国内或者与美国签署自由贸易协定的国家生产的电动汽车电池，才有资格获得 7 500 美元的全额抵免。如果电动汽车电池材料来自中国等对美国"有敌意"的国家，将无法获得税收抵免。这是典型的歧视性补贴政策，是针对中国的排他性贸易保护行为。即便对于中国赴美投资的电池项目，美国政府也大为限制。例如，对于宁德时代公司在美与福特汽车公司的电池制造合资项目，美国国会开展了极为严厉的安全审查，导致该项目最终被搁置。作为对美国在电动汽车电池领域不断打压的回应，中国政府宣布对石墨这一电动汽车电池关键材料实施出口管制。

第五，地缘经济竞争。中美经贸博弈跨越双边层面，扩展至多个地缘区域。在亚太地区，美国持续推动"印太经济框架"四大支柱谈判，虽然未能与其他成员国就贸易支柱问题取得一致，但在供应链、清洁能源和反腐败等三大支柱上获得突破，达成了协议。美国借助"友岸外包"和"近岸外包"策略，不断拉近与东盟、印度、墨西哥等地区和国家的贸易、投资关系。面对拜登政府"印太经济框架"的进展，中国则借助《区域全面经济伙伴关系协定》，不断加深与相关成员的经济联系。中国还继续推动加入《全面与进步跨太平洋伙伴关系协定》，并与新加坡签署了中新自由贸易协定进一步升级议定书。在欧洲，美国以美欧贸易和技术委员会为沟通机制，协调和校正双边涉华经贸议题，不断在所谓中国"过剩产能""经济胁迫"以及关键矿产安全等领域对华施压。中国通过中国-欧盟领导人会晤等机制，和欧方保持沟通，反对脱钩断链，增进了解和深化合作，在经贸、环境与气候、数字领域开展对话。此外,中国还与塞尔维亚签署了双边自贸协定,进一步深化与欧洲国家的经贸合作。在拉美,美国通过美墨加协定,深化与墨西哥的经贸合作,把墨西哥打造为美国拉美地区经济体系中的核心国家。拜登政府推出"美洲繁荣伙伴关系",并主办了首届领导人峰会,承诺加大在拉美地区基础设施建设力度,扩大美国与拉美地区的贸易往来,为拉美国家提供更多援助。中国和拉美经贸合作稳步推进。在贸易领域,中国先后和厄瓜多尔、尼加拉瓜签署了双边自贸协定。在金融领域,中国与巴西签署在巴西建立人民币清算安排的合作备忘录,并在两国间首次实现人民币全流程闭环交易。在基础设施建设领域,中国与拉美在交通运输、电力、通信工程、能源和城市建设等领域开展项目合作,改善拉美国家基础设施水平。在非洲,拜登政府试图以债务减免议题作为关键抓手,提升美国在非洲的影响力,推动美非经贸合作。美财长耶伦和副总统哈里斯等高官访问非洲期间,均提及赞比亚和加纳等国的债务问题以及中国在其中的角色。耶伦财长多次批评中国作为发展中国家最大的债权国之一,未能参与非洲国家的全球债务减免行为,并将其作为中美经济工作组对话的重要议题。美国政府希望以此既拉近美非关系,又可破坏中非信任。中国则主张美国持续加息是导致非洲国家债务风险高企的重要因素,中国已经通过单边方式为非洲国家债务减免做出了重大贡献,希望世界银行等国际多边金融机构也参与债务重组,并分担债权国债务减免的损失。

第六,经济制裁与反制裁。美国政府在事关中国主权、安全、发展以及与第三国正常合作等一系列问题上对华实施或威胁实施经济制裁已经构成中国经济安全的重大威胁,不断成为中美经贸关系顺利开展的严重消极因素。自 2017 年特朗普政府任期开始,受到美国制裁的中国企业日益增多,被列入"实体清单""特别指定国民清单"等主要经济制裁名单中的中国实体数量均较此前大幅增加。^① 拜登政府则进一步延续了这一趋势,以"实体清单"为例,据统计,2017—2023 年共有 704 家中国实体被列入"实体清单"。^② 美国对华制裁属单边行为,缺乏合法性和正当性,中国必须对美国已经以及未来可能的极限经济制裁措施进行坚决斗争。这种斗争会产生额外的成本,同时必然抑制中美经贸合作潜力,但却必须为之。

在具体政策实践中,中国进一步完善出口管制和反经济制裁措施,提升对美反制裁的力度和震慑力。其中最为关键的,是加强中国对外经济制裁的法律正当性。在中美有关经济制裁问题的激烈交锋中,美国政府主张其对外制裁具有充分的法律基础,如国会通过的《敌对国家法》《国家紧急经济权力法》以及《马格尼茨基人权法》等一整套法律以及美国总统所签署的一系列行政令。美国因此辩称其对外经济制裁"有法可依",但对于中国对外经济反制措施,美国则指责"于法无据"。这是试图削弱中国对外经济制裁的法律正当性,并一度给中国对外经济制裁行为造成被动。为回击美国,继中国商务部 2020 年 9 月和 2021 年 1 月分别公布了《不可靠实体清单规定》和《阻断外国法律与措施不当域外适用办法》后,《中华人民共和国反

---

① Emily Kilcrease and Michael Frazer, "Sanctions by the Numbers: SDN, CMIC, and Entity List Designations on China," Center for a New American Security, March 2, 2023, https://www.cnas.org/publications/reports/sanctions-by-the-numbers-sdn-cmic-and-entity-list-designations-on-china.

② 笔者根据美联邦政府公报(Federal Register)网站整理,被制裁实体包含中国内地及香港地区实体和个人。

外国制裁法》也在 2021 年 6 月由全国人民代表大会批准后正式实施生效。这为中国通过经济手段合法打击外国损害我主权、安全和发展利益的行为提供了法律基础。在出口管制方面，2022 年 4 月，商务部为实施《出口管制法》，公布《两用物项出口管制条例》的征求意见稿，完善出口管制执法协调机制。2022 年年底，中国商务部发布了《中国禁止出口限制出口技术目录》的修订草案，光伏硅片制备技术、激光雷达系统等中国具有相对优势的技术新被列入了该目录，限制对外出口。①

中国对美反制裁有两大突破。一是 2022 年年底，针对美国借口所谓"西藏人权"问题对中方官员进行非法制裁的行为，中国首次以外交部部令形式作出反制裁决定，对美方相关人员采取反制措施，首次明确依据《中华人民共和国反外国制裁法》的第 4、5、6 条规定，明确列出了反制裁措施的内容、生效日期，并以附件形式列出反制裁清单。② 二是中国依据《对外贸易法》《国家安全法》等有关法律，根据《不可靠实体清单规定》第二条等，对美国公司进行制裁。2023 年 2 月，中国商务部宣布将美国洛克希德·马丁公司、雷神导弹与防务公司列入不可靠实体清单，并采取罚款等措施。③ 2024 年 1 月，中国政府决定对贝宜陆上和武器系统公司（BAE Systems Land and Armament）、联合技术系统运营公司（Alliant Techsystems Operation）、宇航环境公司（AeroVironment）、"ViaSat"公司和

---

① 《关于〈中国禁止出口限制出口技术目录〉修订公开征求意见的通知》，商务部网站，2022 年 12 月 30 日，http://www.mofcom.gov.cn/article/zqyj/zqjy/202212/20221203376695.shtml。
② 《中方决定对余茂春、托德·斯坦恩采取反制裁措施》，《人民日报》2022 年 12 月 24 日，第 2 版。
③ 《我国将洛克希德·马丁公司、雷神导弹与防务公司列入不可靠实体清单》，《新华每日电讯》2023 年 2 月 17 日，第 2 版。

"Data Link Solutions"公司等 5 家美国军工企业实施制裁。2024 年 4 月,中国政府决定对参与向中国台湾地区出售武器的美国通用原子航空系统公司、通用动力陆地系统公司采取反制措施。① 2024 年 5 月,中国外交部发布第 7 号令,宣布对洛克希德·马丁导弹与火控公司、洛克希德·马丁航空公司、标枪合资公司、雷神导弹系统公司、通用动力军械与战术系统公司、通用动力信息技术公司、通用动力任务系统公司、海岸间电子公司、系统研究与模拟公司、铁山解决方案公司、应用技术集团、阿克西恩特公司等 12 家美国企业,冻结在我国境内的动产、不动产和其他各类财产。② 中国依据反制裁相关法律所做出的具体实施措施,使得中国在对美反制裁方面更加规范化、常态化,也更具威慑力和操作性。

---

① 《关于对美国通用原子航空系统公司、通用动力陆地系统公司采取反制措施的决定》,外交部,2024 年 4 月 11 日,https://www.fmprc.gov.cn/web/wjbxw_new/202404/t20240411_11280056.shtml。
② 《关于对美国军工企业及高级管理人员采取反制措施的决定》,外交部,2024 年 5 月 22 日,https://www.mfa.gov.cn/web/wjbxw_new/202405/t20240522_11309756.shtml。

第三章
美国对华产业竞争

　　产业政策正在美国复兴。美国历史上虽一直有补贴农业的产业政策，但长期以来却批评其他国家培育和扶植优势产业的政策实践，认为这是过度干预经济发展的市场扭曲行为，不被自由市场经济理念所允许。美国学术界与政策界刻意回避使用"产业政策"来界定美国政府的经济政策，这已然成为某种"政治正确"。然而从特朗普政府到拜登政府，美国的产业政策由暗转明，特朗普政府采取各种政策，推动制造业回流。拜登政府更是明确提出"现代产业战略"，公开反对以自由贸易和自由竞争为基础的"华盛顿共识"，转而提倡扩大政府作用，推行以产业政策为核心的"新华盛顿共识"，试图通过强有力的产业政策弥补美国产业短板，增强美国对华竞争经济优势。在很大程度上，现代产业战略已经成为拜登政府经济政策的关键所在，也是维持美国国际经济地位的重要保障。

第一节　特朗普政府产业政策

一、特朗普政府产业政策

特朗普政府确定制造业回流的战略目标后,内外结合,制定了一系列推动制造业回流的具体政策。这些政策涵盖多个领域,相互支撑,彼此配合,共同服务于制造业回流这一诉求。

第一,颁布推动产业发展的行政命令。特朗普政府在产业政策上更为倾斜制造业。其在 2017 年入主白宫不久,就发布了《购买美国产品,雇用美国人》的第 13788 号行政命令。该行政令明确提出,为了促进美国经济和国家安全,帮助刺激经济增长,支持美国的制造业和国防工业基础,美国行政部门的政策应根据法律,通过联邦财政援助奖励和联邦采购的条款和条件,最大限度地实现使用在美国生产的商品、产品和材料。① 2019 年,特朗普政府又发布了《加强基础设施项目"购买美国货"偏好》的第 13858 号行政令。该行政令进一步要求,在美国的基础设施建设项目中,要鼓励获得联邦财政援助奖励的投资者在最大可行的范围内使用玻璃、混凝土和钢铁等建筑材料。② 特朗普总统不仅公布直接鼓励使用美国制成品的行政命令,还提出其他间接推动美制造业发展的行政命令。例如,2017 年 7 月,特朗普签发第 13806 号行政令,认为美国制

① https://www.federalregister.gov/documents/2017/04/21/2017-08311/buy-american-and-hire-american.
② https://www.federalregister.gov/documents/2019/02/05/2019-01426/strengthening-buy-american-preferences-for-infrastructure-projects.

造业工作岗位流失,美国的制造能力和国防工业基础受到削弱,为了构建充满活力的国内制造业和国防工业,要求相关政府部门评估和加强美国的制造业、国防工业基础以及供应链弹性,并提出总统或各机构负责人采取他们认为适当的立法、监管和政策变更以及其他行动的建议。①

第二,制定有利于产业发展的税收政策。特朗普 2017 年签署了《减税和就业法案》(Tax Cuts and Jobs Act)。② 作为美国历史上规模最大的一揽子减税和改革计划,该法案旨在通过减税促进经济增长和产业发展。法案规定在 2017 年 9 月 27 日之后和 2022 年 12 月 31 日或之前取得并投入使用的资产投资成本,制造商可以在税前将其 100% 费用化并列支扣除。在 2023 年后,加速折旧的百分比每年减少 20 个百分点,并将在 2027 年 1 月 1 日开始完全取消。与以前的法律相比,一个重大变化是《减税和就业法案》将符合条件的财产定义为包括最常用的财产。这对制造业来说是一个巨大的胜利。它不仅为纳税人提供了更多立即减少应税收入的选择,而且有望刺激资本支出,从而推高对制成品的需求。《国内税收法典》第 263A 条下的统一资本化规则要求,通常支出的某些直接和间接成本应作为库存的一部分资本化,以计算应税收入。对于 2017 年 12 月 31 日之后开始的纳税年度,任何纳税人如果前三个纳税年度的平均总收入低于 2 500 万美元,则不受这些规则的约束。对于总收入低于 2 500 万美元的小型制造商来说,这也是一个胜利,因为他们不会受到某些成本资本化的约束。

---

① https://www.federalregister.gov/documents/2017/07/26/2017-15860/assessing-and-strengthening-the-manufacturing-and-defense-industrial-base-and-supply-chain.

② https://www.irs.gov/newsroom/tax-cuts-and-jobs-act-a-comparison-for-businesses.

第三，制定教育领域政策举措。美国制造业的衰退很大程度上反映了美国理工科高等教育的退步和针对制造业工人的职业教育的衰败。尤其是职业教育被长期诟病，已经很难满足现代工业的需求，无法支撑制造业振兴所需要的大量高素质的产业工人。特朗普长期以来关注职业与技术培训，一直希望能够对这一领域提供支持。2018年7月，特朗普正式签署《加强职业与技术教育21世纪法案》。该法案是特朗普任期首个对联邦教育有重要影响的法案，也是美国2006年后对职业与技术教育法的首次重新审批发布。该法案将为各州每年提供总计10亿美元的拨款用于职业教育。据估计，法案落地后的6年内，将有超过1 100万名学生受益，投入涉及先进制造业、健康医疗、网络安全等多个职业教育领域。该法案还大大提高了各州进行职业教育的自主权和灵活度。各州可以不经过美联邦教育行政部门审批，即可制定本州的职业与技术教育(CTE)绩效目标。该法要求受资助机构与州和地方企业建立更紧密的联系。例如，受资助的职业教育机构必须进行劳动力需求评估，并公示其与企业的合作，加强学生以工作为基础的学习。振兴学徒制是特朗普教育领域的另一重点。曾主持真人秀节目《学徒》的特朗普于2017年6月公布了一项行政令，大力推广学徒制，希望以此解决某些制造行业招工难的突出问题。特朗普推行的学徒制，目标人群是不愿意因四年大学教育背负大笔学生贷款的年轻人。在一系列振兴美国学徒制的计划中，最重要的就是学习德国现代学徒制的优秀经验，改善学徒培养体系，要求符合质量标准，确保学生获得超过最低工资的报酬，并在完成项目时获得国家认可的行业资格证书。该行政令也鼓励企业采用学徒制。为保证学徒制的实施，特朗普政府还建立一个全国性的监管机构,以确保具有可操作性的学徒制标准能被建立起来,同时确保企业切实负起责任,充分发挥学徒制对经济的积极影响。美国劳工部部长亚历山大·阿科斯塔(Alexander Acosta)负责落实"学徒制"。

第四,基础设施政策举措。特朗普在竞选过程中就曾多次表示,美国的基建已经落后于其他国家,必须进行现代化,当选后将对美国机场、铁路、公路以及港口等基础设施进行大规模改造。良好的基础设施有助于为制造业发展提供好的环境,使得制造业成本更为降低。2017 年 6 月,特朗普高调举行基础设施建设周,宣布由交通部部长赵小兰、商务部部长罗斯、白宫国家经济委员会主任科恩、管理及预算办公室主任马尔瓦尼等组成基建领导团队,并公布基建计划。该计划主要内容是:第一,10 年内联邦政府向基础设施投资企业提供 2 000 亿美元税收减免或其他激励措施,带动私营部门投入 1 万亿美元的配套资金,通过公私合作方式进行基建。第二,精简法规,合并办事部门和程序,把基础设施项目平均审批时间从 10 年缩短至 2 年。第三,投资乡村基础设施,2 000 亿美元的联邦资金中将拨 250 亿美元专门用于乡村基建。第四,提高联邦基础设施投资效率,区分地区性、全国性、长期性和变革性项目,投资 1 000 亿美元用于各地优先项目。在上述计划的基础上,2018 年 2 月 12 日,白宫发布《重建美国基础设施立法大纲》,进一步细化基建计划,为立法提供框架。该大纲把从地方政府和私营部门吸引的配套资金提高至 1.5 万亿美元,投资于乡村建设的联邦资金提高到 500 亿美元,明确用于变革性项目的资金为 200 亿美元。大纲还赋予州和地方更多的基建决定权,80%的乡村基建资金将直接划拨到州,由州和乡村政府根据当地基建项目的具体情况决定投入。

在推动制造业回流方面,特别需要注意的是,特朗普本人还采取非常规的政治手段来推动制造业回流。这可以分为"软""硬"两手。在"软"的一面,特朗普首先是放低身段,对各跨国制造业企业领导人示好。2017年1月,特朗普邀请一系列美国知名企业家参与与国家制造业的投资。其中包括陶氏化学(The Dow Chemical Company)总裁安德鲁·利伟诚(Andrew Liveris)、哈里斯通讯(Harris Corporation)总裁比尔·布朗(Bill Brown)、戴尔科技(Dell Technologies)总裁米歇尔·戴尔(Michael Dell)、纽克公司(Nucor Corporation)CEO约翰·菲里拉(John Ferriola)和惠而浦家电(Whirlpool Corporation)执行官杰夫·斐庭(Jeff Fettig)等,特朗普劝说他们响应政府制造业回流号召,增加对美国的制造业投资,而不少美国制造业高管也响应特朗普,承诺扩大在美投资。

在"硬"的方面,当某些制造业企业根据自身利益无法跟随和支持特朗普的制造业回流政策时,特朗普会进行指责,甚至是恐吓。特朗普先后威胁丰田汽车、宝马公司(BMW)、通用汽车、福特汽车等制造业巨头,要求他们在美国扩大投资。以丰田汽车为例,丰田本欲在墨西哥设厂,然后将汽车回销到美国,特朗普威胁如果不在美投资设厂,将对丰田采取惩罚性关税,丰田最终选择妥协性合作。自2018年以来,通用汽车在美国的时薪员工减少了约4 000人,降至十年前的最低水平。特朗普愤怒地抨击通用汽车在海外造车一事,以及在美国密歇根州、俄亥俄州等地区的工厂停产,并扬言要以削减通用汽车的补贴作为报复。

二、特朗普政府产业政策的影响因素

特朗普政府着眼于制造业回流而推出了一系列政策组合拳，期望能够实现制造业大规模回流美国，带动美国制造业投资，增加制造业就业岗位。不过，政策能否取得积极效果，受到较多因素的影响。其中，既有有利于制造业回流美国的因素，也有不利于制造业回流美国的因素。

（一）有利于特朗普政府产业政策实施的因素

有利因素包括两方面。一是制造业回流的美国国内积极因素。二是制造业对外投资的负面因素。如果国内积极因素多，对外投资负面因素多，那么两者共同推动制造业回流美国。如果国内积极因素少，而对外投资负面因素也少，那么制造业回流美国的动力将显著不足。

根据对美国相关公司的问卷调查情况，表3-1列出了影响制造业企业回流及投资决策的前十大因素。

表 3-1 2010—2018 年美国企业回流与外国公司对美直接投资的影响因素

排名	回流的国内积极因素	引用次数	排名	对外投资的消极因素	引用次数
1	政府激励措施	844	1	质量、再加工、保修	301
2	与客户、市场的接近程度	818	2	运输成本	199
3	熟练劳动力的获得、培训	673	3	总成本	155
4	美国生产的品牌与形象	615	4	交付	105
5	生态系统协同效应、供应链优化	581	5	库存	94

（续表）

排名	回流的国内积极因素	引用次数	排名	对外投资的消极因素	引用次数
6	对国内经济的影响	408	6	工资涨幅	91
7	基础设施建设	352	7	供应链中断风险、自然灾害风险、政治不稳定	80
8	订单交货时间、上市	344	8	环保考虑	67
9	自动化、科技	274	9	知识产权风险	65
10	生产率提高	230	10	通信交流	63

数据来源：Reshoring Initiative 2018 Data Report。

表 3-1 说明，对美国制造业公司而言，高居首位的积极因素是美国政府制造业回流的激励措施。在很大程度上，这要归功于特朗普政府在制造业回流领域所采取的一系列政策。此外，美国市场本身的庞大容量、劳动力供给情况的逐步改善、在美投资生产所带来的品牌和形象效应、基础设施的相对完善等，都是促使美国企业可能回流的积极因素。尤其需要注意的是，哪怕短期内美国制造业劳动力供给仍然存在短缺情况，但是制造业生产自动化程度的提高以及生产率的提高，也能在一定程度上弥补劳动力不足的缺陷。对不少制造业企业而言，对外投资的消极因素也会制约对外投资，从而反过来有利于国内投资。一是在海外生产的质量保障问题。二是各类成本相关因素，比如运输成本、交付成本和工资成本等。此外，对外投资所带来的知识产权侵害风险也是美国企业重点考虑的一个问题。

（二）不利于特朗普政府产业政策实施的因素

虽然制造业回流有一定的有利因素在推动，但是这些有利因素并不是决定性的。特朗普政府在推动制造业回流的进程中，已经暴露出了一些重大因素的制约。这些因素既有经济原因，也有政治原因；既有体制性的，也有结构性的，还有趋势性的，给其制造业回流政策带来严峻挑战。

第一，美国制造业工人劳动力成本仍然较高。得益于美国页岩油气革命，美国国内能源价格下降较为明显，但是美国制造业工人成本相对较高。从数据看，2017 年美国工人的小时工资收入约为 22 美元，但是美国的制造业雇主雇用一个工人每小时付出的综合成本，包括社保、税收等，超过 40 美元。而其他制造业国家，比如其邻国墨西哥制造业的用工成本，只有其十分之一左右。中国工人的综合用工成本，尽管近年来上涨较为明显，也不到美国的四分之一。制造业大多为劳动密集型，劳动力成本占比较大，其他成本差异较小，因此美国制造业用工成本不具备竞争力。

第二，美国熟练工人缺乏。从 20 世纪 80 年代出现制造业空心化开始，美国已经有将近两代人远离了制造业，绝大多数美国年轻人没有听过工厂机器的轰鸣，更没有在工厂流水线待过一秒钟，制造业领域的基本操作技能为零。哪怕有特朗普政府的政策鼓励和制造成本的相对降低，但缺乏熟练工人对于制造业企业而言是致命性的。没有熟练工人，就不会有优质产品，甚至无法组织生产。而培训熟练工人，并非短时间内就能解决。富士康在威斯康星州的工厂迟迟不能动工，应该就有该地区缺乏大量熟练工人的原因。

第三，制造业供应链约束。制造业具有显著的产业集群效应，往往和上下游供应链企业聚集在一起。这样不仅会产生规模效应，大幅减少成本，而且会使得新产品研发、实验和调整的时间周期大为缩短,从而保证竞争优势。美国经历了长期的制造业外流,绝大多数制造业行业已经集体性地外迁。企业做决策是非常务实的,现在即便有单个企业考虑回流美国,或者有外资企业希望投资美国,但缺少供应链配套支持是限制制造业大规模投资美国的一个重大因素。

第四,巨额债务导致的财政压力长期存在,使得美国政府无法持续地为制造业回流提供所需巨额资金。前述特朗普政府推动制造业回流所推行的产业政策、能源政策以及教育政策,都需要充裕的财政支持。然而,美国政府正面临着巨额的财政赤字,遭遇着严重的债务威胁甚至危机。2019 年美国联邦政府债务已经超过 22 万亿美元,大于美国国内生产总值。这将使得特朗普推动制造业回流的政策固然有可行之处,但在现实的债务问题面前,将会难以完全真正实施,从而导致实际效果大打折扣。

第五,制造业的全球竞争。特朗普并不是希望重振制造业的唯一领导人,美国也不是推动制造业发展的唯一国家。经过 2008 年的国际金融危机,全球都更为重视制造业在经济中的积极作用,各主要经济体纷纷采取各种措施,或者进一步巩固制造业的已有优势,或者制定政策推动经济结构去虚向实。举例而言,特朗普重振制造业的最有力举措应该是 2017 年底落地的税改政策。然而众所周知,在特朗普政府减税政策带动之下,各经济体大都推行了程度和规模不一的减税,从而大大抵消了美国减税的效果。

第六,国内政治的牵绊。在美国的政治体制之下,单靠行政当局无法推动政策,特别是经济政策的顺利实施。在 2019 年到 2021 年的第 116 届国会任期,美国国内政治处于共和党、民主党分别控制不同权力机关的政治分裂状态。美国两党斗争的存在,大大限制了特朗普推动制造业回流的政策空间,降低了制造业回流原本可能取得的更多效果。特朗普为推进制造业回流,确实提出了诸多政策倡议,但这些倡议需要大量财政拨款,这些拨款必须得到国会的批准。然而,国会众议院并不支持特朗普的政策建议或者批准相关的资金请求。

第七,国际经济权势正经历着历史性的变迁,非西方国家群体性崛起,其推行国际护持战略的难度在不断增加。考察历史,美国在 20 世纪 70 年代和 80 年代之所以能够较为容易地通过国际经济"协调"来迫使德国和日本等国配合美国的经济战略,单方面承担美国经济问题的治理成本,重要原因在于这些国家均为美国提供安全保障的盟国。这些国家必须放弃部分经济利益来换取安全支持。而特朗普政府希望拉回制造业的主要对象是新兴经济体,并非美国的安全保障国,这导致美国对于国际经济体系的主导力相对下降。美国在经济领域已经没有了以往的能力和自信,不能强有力地要求其他国家配合美国的经济政策实施。相反,它必须通过和其他国家协商来取得后者的支持。然而,尽管美国通过打压其他国家或者重新进行贸易谈判等方式以实现自身利益诉求,但从已有的情况看,美国在这些方面的努力并未奏效。这意味着美国通过国际施压来取得制造业回流的旧有模式不断遭遇挑战,越来越不能发挥功效。

第八,偶然负面因素的影响。2019 年影响美国制造业生产的两大偶然因素是通用汽车的工人罢工和波音公司飞机安全事件。2019 年 9 月 16 日,通用汽车约 4.8 万名员工于凌晨开始罢工,这是通用汽车自 2007 年以来首次、全美 12 年间规模最大的一场罢工活动。罢工期间,通用汽车每天将为此付出约 9 000 万美元的代价。另外,罢工还波及其供应链,大约有 1 万家美国企业为通用汽车提供产品和服务,如汽车座椅和电脑芯片等。受罢工影响,有不少企业被迫削减生产。与此同时,波音公司因两起致命安全事故,自 2019 年 3 月来遭遇"全球停飞"后,该公司缩减了涉事机型 737MAX 的产量。因波音公司许多飞机都是销往海外市场的,这一缩减影响了其对 GDP 的出口贡献。有估计认为,波音公司被"全球停飞"已经使得美国第二季度 GDP 减少了 0.25%。这一影响持续到 2019 年底。这种发生在个别公司的偶然现象能够给美国带来重大影响,也从一个侧面说明了美国制造业回流的脆弱性。

市场是聪明的,也是理性的。在全球制造业产业投资版图中,美国仍不是最佳目的地。尤其是特朗普政府特别希望重振的中高端制造业,中国、欧洲和日本等经济体可能都是更好的选择。美国政府要做的,不是人为地去塑造制造业的流向,而是顺应全球资本流动的现实,更好地发挥自身的比较优势。

三、特朗普政府产业政策对中国的影响及应对

中国作为全球第一大制造业国家,正在进行制造业提质升级,和美国制造业的互补性逐渐减少,与其的竞争性日益增加。特朗普政府的产业政策不仅有针对中国的意图,也确实对中国经济和中美关系产生一定影响。

第一,中美双边贸易。2017 年,中美双边贸易额仍呈上升态势。但随着特朗普以"中国制造 2025"为借口之一,对华发起"301"调查并决定进行关税加征以来,中国对美出口额下降较为明显。中国对美出口以制造业产品为主,按"CIF"金额

算,中国对美出口额 2018 年达到 5 632 亿美元。从结构上看,制造业占比 92%,其中制造业上游、中游、下游分别占比 9%、57%、26%。对美出口下降主要反映了中国制造业产品对美出口的下降。与 2018 年第一季度相比,2019 年第二季度单个季度就下降了将近 200 亿美元。2019 年前 5 月,中国对美出口额大幅下滑,累计同比为−32%,主要来自中游装备的拖累。中游装备细分行业中,电子设备、普通机械、仪器仪表单月平均拉动增速分别为−12%、−6.3%、−5.3%,是中国对美投资减少幅度最大的三个行业。

如果以 2018 年特朗普政府对华发动的三次关税战为分析,这种影响看得更为明显。第一批为 2018 年 7 月美国对华 340 亿贸易清单加征关税,涉及普通机械 126 亿美元,为征税影响最大的细分行业,导致中国普通机械对美出口明显减少。第二批为 2018 年 8 月美国对华 160 亿美元贸易清单加征关税,涉及商品主要是装备制造,涉及金额 152 亿美元,其中电器机械类高达 64 亿美元。第三批为 2018 年 9 月 2 000 亿美元加收关税。按 2018 年全年进口额看对应金额为 1 923 亿,涉及上游制造业 261 亿美元、中游制造业 1 118 亿美元和下游制造业 428 亿美元。

第二,美国限制中国对美高科技领域直接投资,中国对美直接投资降幅明显。为迟滞中国制造升级,特朗普采取政策限制中国对美在制造业,尤其是高科技制造业领域的投资。2018 年 8 月美国政府通过的《2018 年外国投资风险审查现代化法案》核心内容是扩大了外国投资审查委员会审查范围,严格了审查标准,增加了新的审查程序。其中影响到中国对美投资的主要条款如下。

(1)关注交易涉及美特殊关切的国家。如果一国体现出或宣布了获取关键技术、关键基础设施的战略目标,而这些关键技术、关键基础设施将影响到美在国家安全相关领域的领导地位,就属于"特殊关切国家"。中国属于美国"特殊关切"的国家。该法案还要求美国商务部在2026年前每两年提交一份中国投资报告,内容应包括我国对美国相关产业投资总量、金额和行业分类、投资类型、投资方(政府和非政府)等,以及"中国制造2025"重点行业在美投资分析,并与其他国家进行比较。上述条款不仅针对"中国制造2025",而且可能对未来中国所有政府规划涉及优先领域的对美投资并购产生影响。(2)近期交易是否涉及外国政府或外国人试图控制美关键基础设施、能源资产、关键材料、关键技术,及其累积的潜在国家安全影响。(3)关注是否存在外国人控制与美保障国家安全的能力有关的产业和商业活动,包括人才资源、产品、技术、材料及其他供给和服务的可得性。(4)关注交易是否会使外国政府或个人获得美国公民的个人信息、基因信息及其他敏感数据以至于危害国家安全。该条款将增加中国对美生物医药、大数据相关行业的投资并购难度。(5)关注交易是否在美国加剧或产生新的网络安全威胁,导致外国政府获得开展反美恶意网络活动的新能力。该条款将增加中国对美信息通讯行业的投资并购难度。(6)规定任何对美国企业产生、设计、测试、制造、开发关键技术的投资都将纳入审查。新法案开展审查的标准是交易是否使得外国获得美国企业所拥有的非公开技术信息、董事会成员/观察员席位或提名权,涉及企业收集的美公民个人敏感数据、关键技术、关键基础设施的使用、开发等权力的决策权。新法案不再将外资股权份额或获得美企控制权作为审查标准,美国企业的定义也不论其控制人的国籍归属。(7)将关键技术定义为除原有的军事、军民两用、核、化学武器(均已被列入出口管制清单),还包括《2018年出口管制改革法案》确定的新兴和基础技术。(8)对外国政府可能从持有关键技术、关键基础设施及敏感个人信息的美国公司获得实质性利益的交易,均要求强制报备(mandatory declaration),再由外国投资审查委员会决定是否开展审查。该条款将囊括中国国有企业及有国有资本背景的投资基金对美投资并购,使中国对美高科技初创企业的风险投资也可能被曝光并接受审查。(9)要求美总统应积极要求并帮助盟友及合作伙伴国建立类似机制,审查外国投资的国家安全风险,促进各国间的协调;并加强多边出口管制体系。这可能使得中国面临被西方国家集体封锁的风险。

美国围绕制造业回流以及打击中国高科技产业的政策直接影响了中国对美直接投资,进而冲击了中美双向投资。据美国荣鼎公司统计,2018年中美之间实现双向外商直接投资180亿美元,与2017年相比下降60%,而与2016年创纪录的600亿美元相比下降了70%。投资额下降的主要原因在于中国在美直接投资减少了80%,从2017年的290亿美元及2016年的460亿美元下跌至50亿美元。尽管如此,美国公司并没有减少在华投资。荣鼎公司数据表明,与此同时,2018年美国对华直接投资为130亿美元,相较2017年的140亿美元略有下降。因此,特朗普预想中的美国企业制造业回流并没有真正出现。美国商务部的统计也验证了这个判断。2018年,美国在华直接投资头寸为1 165亿美元,较2017年增长8.3%。中国在美国的直接投资头寸为395亿美元,较2017年下降0.1%。

第三,强化对华出口管制措施,限制中国自美获得先进技术。美国出口管制和经济制裁的执行机构主要包括:财政部海外资产控制办公室(OFAC)、商务部工业和安全局(BIS)和国务院国防交易控制办公室(DDTC)。出口管制政策也成为美国政府支持先进制造业的重要政策组成部分。通过有针对性的出口管制政策,抑制特定国家和特定企业的产业竞争力。从特朗普政府 2018 年 11 月公布的"管制清单征集意见版"来看,无论是管制类别还是管制范围,都与以往清单有明显的不同。

首先,管制领域差异明显。美国以往的技术管制清单一般包括 10 大领域:核及核相关;材料、化学、微生物及毒素;材料加工;电子;计算机;通信和信息安全;传感器与激光;导航与航空电子设备;潜艇;航空航天与推进。每个行业从应用角度又分为五类:系统、装备和组件;测试、检测与生产装备;材料;软件;技术。而本次清单则从原来的 10 大领域变为 14 大领域,包括生物技术;人工智能;位置、导航和定时技术;微处理器技术;先进计算技术;数据分析技术;量子信息和传感技术;物流技术;添加剂制造;机器人;脑机接口;高超音速空气动力学;先进材料;先进监控技术。可见新的清单中,涉及的行业领域更为广泛,且多为新兴技术行业。

其次,管制范围边界模糊。本次清单与以往相比,行业领域与技术类别并不是很清晰,很多是将技术和产业混在一起,如人工智能领域,本身范围很广泛,包含的内容很复杂,而数据分析技术、先进监控技术这些领域又是相对具体的技术领域。单看每个技术领域似乎并不复杂,但这 14 个领域放在一起,则是一个强大的组合,几乎涵盖了新兴产业领域的方方面面。本次清单中这些不甚明晰的技术领域和类别,像一个开放式的架构,使未来在具体管制中所包含的内容可能无限放大,很多潜在的技术都可放入,为美国未来不断扩大技术出口管制范围提供了可能。

再则,更加关注未来技术方向。本次清单中,不像以往根据传统行业领域列出了限制类别,而是将很多新兴技术罗列其中,如在生物技术中,目前前沿的技术类别几乎全部被列入,包括纳米生物、合成生物、神经科学等。而人工智能作为当前最为热门的新兴产业领域之一,其涉及的多项技术更是被详细地列入其中,如神经网络和深度学习、进化和遗传计算、强化学习计算机视觉等。而先进材料、先进计算这些领域更是针对未来的潜在技术,一切相关的新兴前沿技术都可能被包含在其中。

此外,2019 年 5 月 23 日,美国商务部工业与安全局(BIS)发布公告,根据瓦森纳协定 2018 年 12 月修订的两用物项清单,对战略物项实施有效出口管制,改善区域和国际安全,修改"商业管制清单"(The Commerce Control List),将当时已开发或处于开发中的、对美国国家安全至关重要的技术实施尽早管制。在本次修订的清单中,新增了 5 项已开发或处于开发的技术,分别为:微波分立晶体管(宽带半导体的主要组成部分)、连续性软件、后量子加密、设计用作水听器的水下传感器和空中发射平台。修订 4 个出口管制分类编码(ECCN),即3A001、5A002、6A001 和 9A004,新增 3D005。

第四,特朗普对华开展国际经贸规则竞争。产业政策成为中美关系中日益重要的议题。它和双边经贸关系的利益分配有关,也和中美两国的地缘经济影响力有关,还和中美全球经济竞争力有关。从两国战略竞争的长期态势看,中美在制造业相关领域的争夺态势会更为明朗。事实上,在奥巴马时期,中美两国就围绕中国钢产量是否产能过剩以及如何化解产能过剩进行交锋。美国政府对中国削减钢产量的承诺并不满意,试图构建全球对华所谓过剩产能的集体性施压。特朗普对华发动贸易战的重要动因也是抑制中国制造业产能升级。

特朗普政府为取得产业竞争优势可能采取的政策包括但不限于:(1)通过关税加征或威胁关税加征,常态化、长期性地加大中国制造业运营成本,挤占中国制造业利润空间,迫使中国制造业外流,降低外商对华制造业投资的信心,削弱中国在制造业领域的全产业链优势。(2)通过技术控制压制中国制造业价值链和科技水平总体向上的趋势。从中美两国未来一段时间的制造业发展路径看,中国制造业是从价值链的中低端向高端发展,美国制造业是从价值链的高端往中低端延伸,中美两国在中高端制造业领域发生直接竞争的可能性加大。(3)构建制造业盟友圈。美国和欧洲、日本进行密切沟通,试图打造在高端制造业领域对华技术封锁的包围圈,缩小中国高端制造业的海外市场,阻碍中国迈向高端制造业的升级路径,鼓吹中国制造业对其他新兴市场和发展中国家制造业的冲击等。(4)在制造业相关规则和标准领域指责中国。具体而言,包括针对中国各级政府给予中国企业各类补贴,中国国有企业的融资模式为中国企业获得了"不公平"的竞争优势,"低标准"的环境保护降低了制造业的总体成本,以及"低质量"的知识产权保护损害了其他国家制造业公司的利益等。

第二节 拜登政府产业政策

拜登政府作为民主党总统,执政理念天然偏好产业政策。早在 2021 年 7 月,拜登总统就提出为了更好地重建美国经济,必须制定一项以公共投资为基础的产业战略。[①] 其内阁高级官员,如白宫国家经济委员会主任布莱恩·迪斯(Brian Deese)、财政部部长耶伦、商务部部长雷蒙多和贸易谈判代表戴琪等,则在不同场合对产业政策和现代产业战略加以发展和完善。[②] 美国国家安全事务顾问沙利文当地时间 2023 年 4 月 27 日的演讲,全面、系统地阐释了拜登政府"现代产业战略"的意义和内涵。[③] "现代产业战略"由此正式成型,并成为拜登经济学的核心支柱。简而言之,拜登政府"现代产业战略"建立在对新自由主义理念反思、批判的基础上,服务于拜登政府所提

① "A Proclamation on Made In America Week," The White House, https://www.whitehouse.gov/briefing-room/presidential-actions/2021/07/26/a-proclamation-on-made-in-america-week-2021/.

② "Remarks on a Modern American Industrial Strategy," The White House, https://www.whitehouse.gov/briefing-room/speeches-remarks/2022/04/20/remarks-on-a-modern-american-industrial-strategy-by-nec-director-brian-deese; "Remarks by Secretary of the Treasury Janet L. Yellen at Stanford Institute for Economic Policy Research's 2022 Economic Summit," U.S. Department of the Treasury, https://home.treasury.gov/news/press-releases/jy0632, 2024-01-15; "Ambassador Katherine Tai's Remarks at the National Press Club on Supply Chain Resilience," Office of the United States Representative, https://ustr.gov/about-us/policy-offices/press-office/speeches-and-remarks/2023/june/ambassador-katherine-tais-remarks-national-press-club-supply-chain-resilience.

③ "Remarks by National Security Advisor Jake Sullivan on Renewing American Economic Leadership at the Brookings Institution," The White House, https://www.whitehouse.gov/briefing-room/speeches-remarks/2023/04/27/remarks-by-national-security-advisor-jake-sullivan-on-renewing-american-economic-leadership-at-the-brookings-institution/.

出的"中产阶级经济学"和"以劳工为中心",通过重点扶持对经济发展、产业竞争和国家安全有重大意义的新兴关键产业,制定相关法案,扩大对关键产业的政府投资和补贴力度,提升美国制造能力,加强供应链韧性,维护本国产业链安全,争取在新一轮全球产业竞争中占据优势地位。

一、拜登政府产业政策的提出

2021 年 1 月上任以后,美国拜登政府面对国内外疫情、经济、政治和战略等危机挑战,逐渐扭转了对产业政策的观念认知,计划通过"全政府"的方式实施综合性的现代产业战略,带动制造业回流美国,加强美国本土供应链韧性,从而在大国战略竞争中占据优势地位。2021 年 7 月,美国总统拜登在启动"美国制造周"时称,为了更好地重建美国经济,必须在新兴技术领域制定一项以公共投资为基础的产业战略,具体包括促进在美国本土生产清洁能源产品、医疗用品,促进创新产业发展,创造高技能、高价值的就业岗位,拒绝离岸外包与逐底竞争。① 延续拜登总统的思路,美政府多位高级官员对于美国版本的产业政策和现代产业战略进行了表述和阐释。

时任白宫国家经济委员会主任迪斯于 2022 年 4 月 20 日首次提出美国现代产业战略的概念。他认为战略性公共投资是美国强大的产业基础的关键。在高通胀、供应链瓶颈、产业投资不足等挑战下,美国应该从"为什么实施产业政策"转向"如何成功实施产业政策"的问题上来。当年 10 月,他进一步强调了美国

---

① 逐底竞争,是指一些国家为了吸引更多外来投资,试图通过降低税率获得相对于其他国家更多的竞争力。https://www.whitehouse.gov/briefing-room/statements-releases/2021/10/08/statement-by-president-joseph-r-biden-jr-on-the-unprecedented-oecd-agreement-for-a-global-minimum-tax/。

实行产业政策的必要性,认为自 20 世纪 80 年代初开始美国政府忽视产业投资,导致美国产业能力与科技创新能力下滑。因此,制定和实施美国现代产业战略是一项关键而紧迫的任务。美国的产业政策不是要挑选冠军、取代市场和排挤私人投资,而是通过公共投资撬动私人投资,引导制造业供应链回流,夯实美国产业基础,增强经济韧性。①

美国财政部部长耶伦则从宏观经济发展的角度,表达了对产业政策的支持。2022 年 3 月,其提出"现代供给侧经济学"理论,论证产业政策的必要性。② 现代供给侧经济学从经济逻辑出发,旨在通过产业投资、提高生产率与增加劳动力供应的政策来扩大美国的经济潜力。2023 年 4 月 20 日其在约翰斯·霍普金斯大学发表讲话中,再次强调,美国的竞争力取决于美国的政策选择。美国将以国内投资为中心,通过《两党基础设施投资与建设法案》《芯片与科学法案》《通胀削减法案》三项历史性法案,增强美国未来在基础设施现代化、半导体制造业、清洁能源等产业的实力。③

美国贸易谈判代表戴琪 2022 年 10 月在罗斯福研究所发

① "Remarks on a Modern American Industrial Strategy," The White House, https://www. whitehouse. gov/briefing-room/speeches-remarks/2022/04/20/ remarks-on-a-modern-american-industrial-strategy-by-nec-director-brian-deese/; "Remarks on Executing a Modern American Industrial Strategy by NEC Director Brian Deese," The White House, https://www. whitehouse. gov/ briefing-room/speeches-remarks/2022/10/13/remarks-on-executing-a-modern-american-industrial-strategy-by-nec-director-brian-deese/.

② "Remarks by Secretary of the Treasury Janet L. Yellen at Stanford Institute for Economic Policy Research's 2022 Economic Summit," U.S. Department of the Treasury, https://home. treasury. gov/news/press-releases/jy0632.

③ "Remarks by Secretary of the Treasury Janet L. Yellen on the U.S.-China Economic Relationship at Johns Hopkins School of Advanced International Studies," U.S. Department of the Treasury, https://home. treasury. gov/ news/press-releases/jy1425.

表关于产业政策的讲话。她强调,过去四十多年来,在激进的自由化浪潮下,全球贸易带来了经济增长,但也带来财富过度集中、供应链脆弱、去工业化、离岸外包与制造业社区衰落等问题。同时,认为中国等国家实施了大规模、"不透明"的国家主导的产业政策,传统贸易工具与多边贸易体系未能解决这些市场扭曲问题,这极大限制了美国等国家的产业与工人的发展与生存。美国需要产业政策来进行再平衡。通过投资美国,对美国国内产业与工人进行投资,打击全球贸易中损害美国企业的非市场政策,以自下而上、由内向外的经济增长,赢得全球竞争。①

美国国家安全事务顾问沙利文 2023 年 4 月 27 日在布鲁金斯学会的讲话真正明确了美国"现代产业战略"的意义与内涵。他主张,长期以来,放松监管、私有化、贸易自由化的新自由主义政策使美国产业基础被掏空,全球贸易并未惠及美国劳工,反而破坏了美国民主制度赖以生存的社会经济基础。因此,拜登政府推行现代产业战略,是要投资于美国自身的经济与技术实力,促进多元化、有韧性的全球供应链,为劳动力、环境保护、可信技术与良好治理制定高标准,并部署资金提供气候变化与医疗卫生等公共产品。这一战略将建立一个更加公平、可持续的全球经济秩序,成为"新华盛顿共识"。

---

① "Remarks by Ambassador Katherine Tai at the Roosevelt Institute's Progressive Industrial Policy Conference," Office of the United States Trade Representative, https://ustr.gov/about-us/policy-offices/press-office/speeches-and-remarks/2022/october/remarks-ambassador-katherine-tai-roosevelt-institutes-progressive-industrial-policy-conference; "Ambassador Katherine Tai's Remarks at the National Press Club on Supply Chain Resilience," Office of the United States Representative, https://ustr.gov/about-us/policy-offices/press-office/speeches-and-remarks/2023/june/ambassador-katherine-tais-remarks-national-press-club-supply-chain-resilience.

拜登政府的现代产业战略主要内容包括如下步骤。第一步行动是采用现代产业战略,在国内奠定新的产业基础。第二步是与志同道合的伙伴共同建立起一个强大、有韧性、占据领先地位的产业基础。第三步是超越传统贸易协定,创新国际经济伙伴关系,以更好地应对时代挑战。第四步是动员资金进入新兴经济体,更新世界银行、国际开发银行等国际组织。最后是通过"小院高墙"战略维护美国基础技术与国家安全。① 沙利文这一演讲完整阐述了美国现代产业的战略意义与行动计划,标志着美国对新自由主义理论政策的重大反思与批判,也标志着美国政府对其治国理念与全球战略进行重大调整,以有针对性的、必要投资为核心的产业政策取代新自由主义政策。

从上述政府高级官员的系列表态可以看出,美国近年来对推出新的现代产业战略有着迫切需求。与以往美国政策界对产业政策的批评抵制的态度不同,拜登政府、国会两党议员在此次产业战略的调整过程中体现出明显的"合流"。美国产业政策的工具集中体现在《美国救援法案》《两党基础设施投资与建设法案》《芯片与科学法案》与《通胀削减法案》中。这四大法案均展现出美国现代产业战略愿景,使用财政、税收、贸易、金融等政策工具,培育与保护特定产业的竞争力,以上千亿的联邦支出撬动私营部门的投资,对芯片研发制造、基础设施建设、新兴技术开发、供应链韧性等众多产业领域进行扶持。由此,

---

① "Remarks by National Security Advisor Jake Sullivan on Renewing American Economic Leadership at the Brookings Institution," The White House, https://www.whitehouse.gov/briefing-room/speeches-remarks/2023/04/27/remarks-by-national-security-advisor-jake-sullivan-on-renewing-american-economic-leadership-at-the-brookings-institution/.

现代产业战略已经成为拜登政府经济政策的核心。①

从一系列法案及配套政策来看,美国现代产业战略可以从投资于国内、服务于竞争和突出价值观三个维度理解。第一是投资美国国内的鼓励性产业政策。拜登政府选择若干重要产业领域,通过鼓励资金、技术、人力等资源要素流向特定产业部门。这一点在《芯片与科学法案》和《通胀削减法案》中有明显体现。《芯片与科学法案》投资 527 亿美元促进美国本土半导体的研发制造,其中 390 亿美元用于补贴汽车、国防系统中的成熟技术芯片制造、先进芯片研发与劳动力培育。《通胀削减法案》则为清洁能源汽车、清洁电力与运输等提供了 3 940 亿美元的税收抵免政策,但只有在美国本土或北美地区进行组装的新能源汽车才能获得补贴。同时法案对汽车电池的原材料来源地设置了限制要求,电池组件所含一定比例的关键矿产必须由美国或与美国有自贸协定的国家进行提取、加工或回收,不得使用来自"外国敏感实体"(foreign entity of concern)制造的电池组件。这类扶持特定产业的政策属于传统的产业政策范畴,恰恰是美国长期以来质疑、批评他国的非市场政策与不公平做法。这些立法所提供的补贴、税收减免与研发投入等联邦支出规模超过历史水平,吸引了许多企业在美建立或扩大产能。

第二是服务于战略竞争的竞争性产业政策。拜登政府明确提出,未来十年将是美中竞争的关键阶段,战略竞争将全面塑造美国的未来。以对华竞争为逻辑起点,拜登政府从"投资

① 有关美国产业政策的国内研究,可参见刘露馨:《重塑"利维坦"——大国竞争与美国式发展型国家的建构》,《世界经济与政治》2022 年第 10 期;贺俊:《制度逻辑、竞争位势与政府干预:美国产业政策的分解与合成》,《国际经济评论》2023 年第 4 期。

于国内"和"打压中国产业发展"两个维度实施现代产业战略。一方面,投资于国内的先进制造业和新兴关键技术产业。拜登政府不断加大在量子信息、人工智能和先进半导体等领域的产业投入,以削弱中国在相关产业的发展能力,提升美国的产业制造水平,维护美国先进产业垄断地位。另一方面,拜登政府采取打击中国高科技产业升级发展的进攻型产业政策。拜登政府不仅延续了特朗普政府的对华打压战略,强化中国商品进口关税、对华出口管制等政策,并在中国对美投资审查以及美国企业对华投资限制等方面采取新的行动。拜登政府在2022年10月大幅提高了对华芯片出口的管制强度,将高性能芯片及其制造设备、超级计算机等相关物品列入管制清单,以达到削弱中国获得西方国家先进技术的能力,将中国逐渐排除出全球芯片等产业价值链、供应链之外的目的。2023年8月,拜登政府出台酝酿已久的对华投资限制行政令,要求美国企业及时披露对华投资计划,未来美国还可能更进一步调整涉及国家安全的技术与产品清单。数据显示,中国对美投资近年来受到美国外国投资委员会的严格审查,尽管中国在美并购活动占比仅为4%,但涉华审查案件却占美审查案件总数的15%。

第三是突出价值观的差异性产业政策。拜登政府重新确立价值观外交战略,强调美国等民主国家正处于与"专制主义""修正主义国家"的制度竞争之中。因此,拜登政府将价值观注入现代产业战略构想之中,突出美国在产业竞争中的价值观优势。在新兴技术政策领域,拜登政府召开"民主国家峰会",通过资金支持、技术援助等方式与盟友伙伴共同开发人工智能、生物技术等新兴技术,以民主价值观指导建立完整、开放、有韧性、可信任的技术生态系统,并将人权因素纳入多边出口管制合作之中，防止两用技术落入"专制国家"之手，打击"独裁政府"滥用技术行为。在规则规范方面，拜登政府借助知识产权、环境保护、"经济胁迫"等政策工具打击"非民主国家"，寻求自身产业政策的正当性。在劳工与环境保护问题上，美国批评"非民主国家"的产业政策扭曲市场秩序，压制劳动权利，降低环境标准，造成美国工厂关闭、工人失业，制造业社区被摧毁，使全球陷入"逐底竞争"。在"经济胁迫"问题上，美国指责"非民主国家"利用国际经贸关系中不对称的相互依存，对部分民主国家多次进行"经济胁迫"，迫使遵从其意志。在拜登政府提出的 2023 年预算提案中，计划花费 4 亿美元建立"抗击中国不良影响基金"（Countering PRC Malign Influence Fund），以打击中国所谓"非法胁迫"的经济活动。美国还积极争取盟友协同，在 2023 年 6 月经合组织会议上达成了《反对与贸易有关的经济胁迫和非市场政策与做法联合声明》，呼吁对他国使用影响贸易和投资的措施、诱导或影响外国政府作出某些决策的"经济胁迫"行为进行联合抵制。此外，"印太经济框架"作为拜登政府最新的国际经济议程，集中反映了美国用民主价值观推行其自身产业政策，同时打击对手的意图。在"印太经济框架"中，美国与其他 13 个印太地区国家在国有企业、劳工标准、环境标准、知识产权保护等方面建立新的规则标准，并加强关键产业部门的供应链风险监测，以新的规则引导产业合作。

二、拜登政府产业政策提出的动因

毫无疑问，拜登政府谋划并实施"现代产业战略"，有着深刻的时代背景。具体而言，美国当前所面临的安全、经济、政治和战略环境等诸因素的重大调整及认知的显著变化，是拜登政府推行"现代产业战略"的主要动因。

　　在安全方面，美国意识到产业安全是经济安全的关键，也是国家安全的基石。大国竞争日趋激烈，外部环境的剧烈变化导致美国对安全威胁的认知发生改变。新冠疫情期间美国多次面临医疗物资、能源与芯片等关键物资短缺，进一步加剧了美国各界的"安全焦虑"。拜登政府 2022 年 10 月发布的《国家安全战略报告》明确指出，地缘政治、大国竞争使国家安全的内涵不断扩大，国家安全不再局限于传统意义上的军事安全，经济安全、技术安全、能源安全等均面临外部安全威胁。开发与部署新一代基础技术的激烈竞争正在改变全球安全与经济的环境，美国要维护国家安全，必须维护产业安全。[①] 而长期以来，美国传统制造业持续外流，制造业岗位与企业数量减少，在人工智能、量子计算、清洁能源、生物技术以及 5G 等关键产业领域缺乏长期投入，致使美国在部署新的技术系统方面缺乏必要的劳动力与技术支持，创新后劲不足，对外依赖程度高。[②] 随着产业安全日益成为美国内政外交的重要议题，美国需要制定新的产业战略加强防御，减缓竞争对手的发展速度。[③] 因此，"现代产业战略"由明晰的安全威胁认知所驱动，美国试图避免供应链对外过度依赖所造成的严重安全后果。

[①]　"National Security Strategy," The White House, 2022-10-12, https://www.whitehouse.gov/wp-content/uploads/2022/10/Biden-Harris-Administrations-National-Security-Strategy-10.2022.pdf.

[②]　孙成昊：《拜登政府的供应链重塑战略：路径与前景》，《美国研究》2023 年第 1 期；Tony Schmitz, "The Next Generation of Machines has Arrived but America May not Have the Workers to Operate Them," *Fortune*, https://fortune.com/2023/01/04/labor-shortage-manufacturing-jobs-machines/.

[③]　Emily Kilcrease and Emily Jin, "Rebuild: Toolkit for a New American Industrial Policy," Center for a New American Security, https://www.cnas.org/publications/reports/rebuild.

拜登政府要通过"现代产业战略",振兴国内关键产业供应链,增强制造业能力,减轻对外依赖所造成的安全威胁,从而保障美国产业安全。

在经济方面,美国更为重视产业发展对经济增长的重要性。拜登政府认为,美国企业追求效率与利益最大化,将大量的生产、服务业务外包到海外国家的"涓滴经济学",是导致美国本土制造业流失、实体经济与虚拟经济发展失衡等一系列问题的根源。美国制造业规模持续萎缩,在全球制造业中所占份额从1970年的40%下降至2021年的15.5%,美国制造业增加值占全球制造业增加值的比重从2000年的25.2%下滑至2021年的15.6%左右。美国制造业增加值占其国内生产总值的比重也持续下降,从1970年占比24.3%降至2021年的11%。[①] 美国制造业就业人数也从1979年1 960万的顶峰水平下降到2021年的1 258万人,制造业占全部就业的比重则从1979年的22%下降到2021年的8%。[②] 即便美国创新优势明显,引领全球的高科技行业,但由于缺乏制造业基础,也不得不依赖外部生产。拜登政府认识到,轻视产业战略,弱化产业发展不利于美国国内经济增长。[③] 美国经济的健康、可持续

---

① 根据联合国、世界银行等报告数据计算得出。World Bank Data, Manufacturing, value added (% of GDP)-United States, https://data.worldbank.org/indicator/NV.IND.MANF.ZS?locations=US.

② "Employment and Wages, Annual Average 2021," U.S. Bureau of Labor Statistics, https://www.bls.gov/cew/publications/employment-and-wages-annual-averages/2021/home.htm; "2022 United States Manufacturing Facts," National Association of Manufacturers, https://nam.org/state-manufacturing-data/2022-united-states-manufacturing-facts/, 2024-02-21.

③ "Remarks on Executing a Modern American Industrial Strategy by NEC Director Brian Deese," The White House, https://www.whitehouse.gov/briefing-room/speeches-remarks/2022/10/13/remarks-on-executing-a-modern-american-industrial-strategy-by-nec-director-brian-deese/.

发展,需要补上制造业,尤其是先进制造业的产业短板。但在现有经济体系下,完全依靠市场力量难以奏效,美国必须发挥政府力量分配和引导资源,通过现代产业战略提升美国实体经济实力。

在政治方面,拜登政府及其政党非常注重制造业就业和对劳工选民的承诺。相较于共和党,拜登政府所属的民主党更加重视制造业落后地区的就业问题,更为积极地引导美国社会整体的经济走向。为解决特朗普政府遗留下来的国内矛盾与挑战,拜登在竞选时明确提出"以劳工为中心"的经济政策,对选举极为关键的摇摆州"铁锈地带"展开攻势,借此重新获得蓝领劳工及工会组织的支持。拜登上任之后,努力兑现竞选承诺,推出一系列产业政策,扩大联邦财政支出,为国内劳工阶层增加就业岗位,创造福利。同时,拜登政府推动现代产业战略还有打击共和党的国内政治考虑。现代产业战略鼓励清洁能源、芯片等先进制造业发展,共和党往往支持传统化石能源产业。2020年选举周期中,字母表、亚马逊、脸书、苹果、微软等大型科技公司为民主党捐献了2 680万美元,远高于向共和党贡献的340万美元。① 拜登政府以促进能源转型、应对气候变化威胁为理由,在对新能源汽车等提供巨额投资补贴的同时,减缓石油等传统化石能源部门的项目审批,对共和党及其支持的州和地方造成了不同程度的打击,巩固了民主党的选民基础,促进民主党各州,尤其是关键摇摆州新的产业发展。

---

① "Democratic National Committee Top Contributors in 2020," Open Secrets, https://www.opensecrets.org/political-parties/DNC/2020/contributors? name= democratic-national-cmte.

　　第四,在战略方面,与中国竞争成为拜登政府制定与落实现代产业战略的出发点和落脚点。美国认为中国是其最大的竞争对手和安全威胁,中国对美形成挑战的最重要原因是其不断崛起的产业经济实力。而中国经济的成功,得益于其长期实施的产业政策。美国评估认为,中国借助产业政策扶植产业发展,造成"不公平竞争",获得了相对于美国及其盟友的产业优势。新兴技术的发展超越了现有国际制度规范的范畴,中国利用这一机会,使美国对华竞争处于劣势。① 为了与中国更好竞争,在无法改变中国产业政策实践的情况下,美国也应制定现代产业战略来支持私营部门的创新能力,对微电子、先进计算、生物技术、清洁能源等产业进行战略性投资,成为21 世纪美国强大产业创新基础的支柱。此外,中美战略竞争更是国家经济治理模式与制度之争,美国需要现代产业战略来重塑全球产业分工,提升与盟国的经贸联系,展现美国经济韧性,借此削弱中国影响力,争夺更多第三方国家的市场与政治支持。②

　　虽然现代产业战略由拜登政府明确提出并实施,但这一战略有其绵长的历史延续性,并非突然出现。事实上,美国自建国之初就实施了产业政策。美国首任财政部部长亚历山大·汉密尔顿(Alexander Hamilton)在其《关于制造业的报告》(The

---

① "Fact Sheet: The Biden-Harris Administration's National Security Strategy," The White House, https://www.whitehouse.gov/briefing-room/statements-releases/2022/10/12/fact-sheet-the-biden-harris-administrations-national-security-strategy/.

② Katherine Walla. "Inside the United States' plan to compete with China in the Global South," The Atlantic Council, https://www.atlanticcouncil.org/blogs/new-atlanticist/inside-the-united-states-plan-to-compete-with-china-in-the-global-south/.

Report on the Subject of Manufactures)中所提出的产业保护理论,可谓美国产业政策的理论源头。其后美国历任政府多少都受其影响。这种保护主义性质的产业政策助推美国在19世纪快速实现工业化进程,从而奠定了美国在20世纪的世界霸主地位。产业政策之所以长期不被美国主流学界、政界接受,实际上是因为在20世纪中后期美国经济、科技与产业实力雄厚,力推新自由主义主导全球化进程,鼓励广大亚非拉发展中国家实行全面自由化政策,极力批评他国的保护主义产业政策,从而实现依托西方跨国公司在全球市场扩张的目的。随着国内制造业空心化加剧,美国又开始转而注重产业政策。这一时期美国实施的产业政策也更为隐晦,以至于有学者提出美国是披着自由市场外衣的"隐藏的发展型国家"①。就在拜登政府之前,奥巴马政府和特朗普政府都出台了旨在重振美国制造业的产业政策。奥巴马政府发布了《美国制造业促进法案》(Manufacturing Enhancement Act of 2010)和《先进制造业国家战略计划》(A National Strategic Plan for Advanced Manufacturing)等以制造业复苏为核心的产业政策,其重点是加大对先进制造业的研发投入,以此维持美国在先进制造业的全球领先地位。特朗普政府上任之初,就签发了"购买美国货,雇佣美国人"的行政令,显示出对制造业的重视,通过《制造业就业倡议》(Manufacturing Jobs Initiative)力图带动制造业就业增长,利用减税政策吸引传统制造业回流。特朗普还认为贸易失衡是损害国内制造业发展

① Robert H. Wade, "The American Paradox: Ideology of Free Markets and the Hidden Practice of Directional Thrust," *Cambridge Journal of Economics*, 2017(41): 859—880.

的首要原因,选择以高关税作为实施产业政策的主要抓手,试图以此推动制造业回流美国。对华发动贸易战是其中的代表。而拜登政府不仅吸收了奥巴马政府培育先进制造业的积极取向,而且还继承了特朗普政府利用关税调整国内外产业失衡的防御措施,因此,从奥巴马政府、特朗普政府到拜登政府,美国的产业政策实践越来越清晰、强化,具有明显的延续性和连贯性。拜登政府在产业领域政策频出,正是美国当前内外战略调整的必然结果,也表现出了不同于以往的鲜明特征。

三、"现代产业战略"鲜明特征

与美国历史上或明或暗的产业政策相比,拜登政府"现代产业战略"的要点并不仅仅在于从国家战略高度看待产业政策,更在于"现代"两字。"现代"体现在三个方面。一是领域"现代"。现代产业战略更多聚焦于现代产业,如清洁能源、关键矿产、半导体和人工智能等新兴领域。这和传统现代产业扶植战略所涉及的领域形成鲜明对比。二是目标"现代"。现代产业战略内外目标兼具,既服务于国内经济发展,又服务于对外(中国)战略竞争。这与主要是着眼于国内经济发展和产业结构改善的产业政策有所不同。三是理念"现代"。拜登政府将民主价值观注入现代产业战略构想之中,借助知识产权、环境保护、劳工标准等意识形态问题打击"非民主国家",突出美国在产业政策中的"价值观优势"。这和以往产业政策主要是经济属性而没有意识形态属性产生差异。

除了"现代"这一关键点外,拜登政府推出的现代产业战略还有如下鲜明特征。

第一,借助新冠疫情,拜登政府趁机突破国内政治约束,快速落实现代产业战略。疫情爆发后，由于美国产业链、供应链严重依赖海外，国内出现严重的医疗与生活物资短缺现象，政府成为应对公共危机的关键依靠。美国国内对拜登政府抱有更多期望和要求，对产业政策接受度增大。面对新冠疫情，拜登也借机积极干预关键行业，快速推出一系列具有强烈产业政策色彩的措施。① 2021年2月24日，拜登政府发起对关键矿产、原材料、半导体与电池等关键产品供应链的百日审查；3月31日拜登政府出台《美国就业计划》(The American Jobs Plan)和《美国制造税收计划》(Made in America Tax Plan)，计划向交通、建筑、互联网等基础设施建设投入2万亿美元；7月28日，拜登政府推出"购买美国货"的联邦政府采购清单。拜登政府借助疫情时期的特殊性，不断深度干预经济，加大了对众多产业的介入程度，对国内产业布局进行调整，从联邦层面强化了本土制造的规则。最为关键的是，拜登政府借抗击疫情的特殊时机，冲破国会重重阻力，成功通过《美国救援法案》《两党基础设施投资与建设法案》《芯片与科学法案》和《通胀削减法案》，确保其"现代产业战略"有了长期实施的坚实法律基础。可以说，如果没有新冠疫情，拜登政府推行现代产业战略不会如此顺利。

第二，综合使用政策工具箱，形成"现代产业战略"内外联动组合效应。对内政策方面，拜登政府使用财政支持和税收减免政策，对国内特定产业进行保护与扶持。例如，《芯片与科学法案》除了提供总计527亿美元用于美国半导体研发、制造与劳动力发展外，还为半导体和相关设备制造的资本支出提供

① Steven Vogel and Niel Fligstein, "Political Economy After Neoliberalism," *Boston Review*, https://www.bostonreview.net/articles/political-economy-after-neoliberalism/.

25％的投资税收抵免。《通胀削减法案》的支出规模更加庞大，不仅为清洁能源相关行业提供至少 3 690 亿美元的直接补贴和税收抵免，而且对符合条件的税收抵免支出没有设置上限。对外政策方面，拜登则推行贸易限制和投资禁令等政策工具，打压国外产业竞争对手，维护美国产业技术优势。在贸易限制上，拜登政府不仅基本延续了特朗普政府对华进口商品的高额关税，还出台了对中国出口先进半导体与制造设备新的出口管制政策，打压中国在人工智能等高科技领域的技术发展。在投资限制方面，拜登政府颁布了两个行政令，进行双向投资限制，既限制中国对美投资，也限制美国对华投资。一是 2022 年 9 月的第 14083 号行政令，要求外国投资审查委员会加大审查力度，限制中国企业对美国微电子、人工智能、生物产业、清洁能源等领域投资。二是 2023 年 8 月的第 14105 号行政令，限制美国私募股权、风险投资、合资企业以及绿地投资对中国半导体与微电子、量子技术、人工智能等高新技术领域的投资。

第三，在联邦债务不断突破历史新高的情况下制定与实施现代产业战略。数据显示，美国联邦债务不断创下历史新高，从 2020 年第一季度的 23.2 万亿美元快速攀升至 2023 年第四季度的 34 万亿美元，短短三年间增加了 10.8 万亿美元，而美国在 2007—2019 年间债务也仅增长 14 万亿美元。2023 年 8 月，国际评级机构惠誉将美国长期外币发行人违约评级从 AAA 下调至 AA＋，即源于美国预期的财政恶化以及不断增长的债务负担，这已是美国第二次面临国际评级机构对美国信用的下调。长期的入不敷出迫使政府连连举债，美国国会又不得不多次提高债务上限，联邦债务又频频突破"天花板"。在此背景下,拜登政府的现代产业战略各项额外拨款,将大幅增加联邦政府开支。预计《芯片与科学法案》将增加联邦政府芯片基金等强制性支出超过 510 亿美元,减少联邦政府 2023 年收入 30 亿美元,在 2023—2032 年间减少 240 亿美元。[①] 综合拜登政府的各项产业战略相关法案,美国将在十年内支出 1.04 万亿美元,远远高于最初估计的 3 849 亿美元,财政赤字增加 7 500 亿美元,产业补贴总成本可能高达 300%,无法扭转美国不可持续的财政前景。[②]

　　第四,保护主义色彩浓重,但也注重协调盟友诉求。拜登政府制定现代产业战略的最初目的是通过投资于美国自身,增强自身实力,未考虑盟友利益。例如拜登政府上任伊始就签署第 14005 号行政令,要求联邦机构采购美国制造的比例逐年增加,产业保护色彩明显,引发盟友伙伴及其他国家的强烈不满。[③] 由于其浓厚的保护主义色彩,拜登政府现代产业政策一开始就受到盟友伙伴的质疑。但拜登政府也逐渐认识到,无论是更好维护供应链安全还是与中国产业竞争,美国都需要盟友支持。为此,拜登政府日益注重与盟友沟通,表现出回归多边主义的善意姿态,力图减轻实施产业战略的外部阻力。拜登政府上任以来成立了美国-欧盟贸易与技术委员会,推动建立美日印

---

① "The Budget and Economic Outlook (2023 to 2033): Changes in Revenues," The Congressional Budget Office, https://www.cbo.gov/publication/58946.
② "高盛""瑞士信贷"与宾夕法尼亚大学分析表明,由于拜登政府提供的税收抵免未设上限,因此最终成本被严重低估。参见 Jarrett Renshaw, "Biden's IRA climate bill won't cut deficit as expected," Reuters, https://www.reuters.com/world/us/bidens-ira-climate-bill-wont-cut-deficit-expected-2023-06-16/。
③ Laura Tyson and Lenny Mendonca, "America's New Era of Industrial Policy," Project Syndicate, https://www.project-syndicate.org/commentary/biden-industrial-policy-renewables-semiconductors-good-jobs-by-laura-tyson-and-lenny-mendonca-2023-01.

澳四国安全机制,组建芯片联盟,提出"印太经济框架",希望通过这些机制加强与盟友国家在供应链韧性、清洁能源发展等产业议题上的合作。尤其值得注意的是,拜登政府还提出供应链"友岸外包"政策,宣称可以将关键产业供应链转移到盟伴国家,以此打消盟友顾虑。美国《通胀削减法案》中特别要求,生产电动汽车的电池所含矿物必须来自美国或与美国签订自贸协定的国家。[①] 这引发盟友强烈反对。为解决这一冲突,美国提出供应链"友岸外包"政策,与欧盟、日本、英国等国家通过谈判达成妥协。[②] 目前,美国已经与日本完成谈判并签署了《美日关于加强关键矿产供应链的协议》,使用在日本采购或加工的关键矿产的电动汽车也将符合《通胀削减法案》要求的享受税收优惠政策。[③]

第五,和高科技企业保持密切联系,政企互动明显,引导企业积极参与现代产业战略。拜登政府评估认为,如要更好培育先进半导体、人工智能、量子计算、清洁能源、生物技术、电动汽车、智能电网等关键和新兴产业部门,需要鼓励相关企业积极

[①] Inu Manak and Manjari Chatterjee Miller, "Friendshoring's Devil Is in the Details," Council on Foreign Relations, https://www.cfr.org/blog/friendshorings-devil-details.

[②] 美国《通胀削减法案》有关电动汽车税收抵免的规定要求,生产电动汽车的电池所含的关键矿产必须在美国或与美国签订自由贸易协定的国家或地区提取或加工,同时还需满足一定比例:2024 年 1 月 1 日之前投入使用的电动汽车至少 40% 自美国或与美国签订自由贸易协定的国家或地区提取或加工;2024 年、2025 年、2026 年之后至少分别满足 50%、60%、70% 的比例,2026 年后投入的车辆中至少 80% 的比例,才可获得税收抵免。参见 "Section 30D New Clean Vehicle Credit," Federal Register, https://www.federalregister.gov/documents/2023/04/17/2023-06822/section-30d-new-clean-vehicle-credit。

[③] "United States and Japan Sign Critical Minerals Agreement," Office of the United States Trade Representative, https://ustr.gov/about-us/policy-offices/press-office/press-releases/2023/march/united-states-and-japan-sign-critical-minerals-agreement.

参与到产业政策中,使得政府和企业"自上而下"与"自下而上"形成互补。拜登政府注重与产业界的积极互动,听取产业界意见。美商务部部长雷蒙多数次就产业补贴问题和相关企业交流、沟通。相关产业与拜登政府的关系因此愈发紧密,纷纷在华盛顿设置办事处。英特尔、美光、英伟达、德州仪器、台积电等先进半导体及设备制造商,谷歌、微软、苹果、亚马逊等科技公司,福特和通用等汽车制造商,韩华集团和安托拉能源(Antora Energy)等新能源电池生产企业等都在《芯片与科学法案》和《通胀削减法案》的出台过程中与政府部门保持密切沟通,获取对其有利的条款,寻求政府的研发、采购与制度支持,美国政府借此积极培育美国先进产业的研发与生产能力,形成信息技术、汽车、能源和基础设施等多个产业部门的协同发展。[①] 作为吸引企业支持的关键抓手,拜登政府为在美生产的企业提供巨额补贴。据统计,2024 年以来,美国已初步批准向英特尔、台积电、三星电子与美光等芯片制造商分别提供85 亿、66 亿、64 亿和 61.4 亿美元的直接拨款,此外,美国还将为英特尔、台积电分别提供 110 亿和 50 亿美元的贷款,用于企业新建或扩建晶圆厂与研发中心等。

第三节　美国产业政策进展及对中国影响

一、产业政策进展

现代产业战略推出已有一段时间。短期看,相关政策取得

---

① David Boaz, "The CHIPS Act Lays Out a Picnic for Lobbyists," CATO Institute, https://www.cato.org/blog/chips-act-lays-out-picnic-lobbyists.

了一定成效,巨额联邦投入刺激了私营部门投资,带动了相关产业发展。一方面,该战略重点扶植的行业发展态势良好。在半导体行业领域,产业投资大幅增加。根据美国半导体行业协会(Semiconductor Industry Association)数据显示,自《芯片与科学法案》推出以来,全美超过 35 家公司已承诺为芯片制造项目提供近 2 000 亿美元投资,2022 年美国芯片产业为芯片研发投资 588 亿美元,在 12 个州新建了 15 个工厂,并扩建了 9 个工厂。其中,美光科技正在投资 400 亿美元用于尖端芯片制造,将创造多达 4 万个新的就业岗位。高通计划在未来五年内将美国本土的半导体产量提高 50%,并承诺对格罗方德(Global Foundries)纽约州北部的制造设施投资 42 亿美元。在芯片政策支持下,美国在全球芯片产能中所占份额有望将从现有的 12%左右提升至 2030 年的 14%。① 受产业政策刺激,美国电动汽车相关产业也获得了一定发展。现代汽车与 LG 新能源公司将在美国佐治亚州投资 76 亿美元建设生产电动汽车电池的工厂,本田汽车也与 LG 新能源在俄亥俄州投资 44 亿美元建设一座生产锂电池的工厂。密歇根州、俄亥俄州、印第安纳州、佐治亚州、肯塔基州、田纳西州、北卡罗来纳州和南卡罗来纳州等地区正在形成一条新的电动汽车电池生产带。2023 年 8 月,美国制造业设施建设支出达到 1 980 亿美元,同比增长 66%,创下美国经济分析局自 20 世纪 50 年代追踪这

---

① Don Clark and Ana Swanson, "U. S. Pours Money Into Chips, but Even Soaring Spending Has Limits," *New York Times*, https://www. nytimes. com/2023/01/01/technology/us-chip-making-china-invest. html; "2023 State of the U. S. Semiconductor Industry," Semiconductor Industry Association, https://www. semiconductors. org/wp-content/uploads/2023/07/SIA_State-of-Industry-Report_2023_Final_072723. pdf.

一数据以来的最高水平。①

　　另一方面，产业政策带动了就业和投资，刺激了制造业回流和研发投入，有利于改善美国经济结构。根据拜登政府统计，相关产业政策法案新增 80 万个制造业岗位，为美制造业吸引了 8 660 亿美元的私人投资。拜登政府还提供了超过 2 200 亿美元资金，支持超过 3.2 万个基础设施项目，覆盖全美 50 个州约 4 500 个社区。② 传统制造业的复兴与先进制造业的回流为美国增强供应链韧性、实现供应链本土化提供了机遇。受产业政策提振，跨国企业对回流美国日益积极。2022 年以来，美国公司谈及近岸外包、回流和在岸外包的频率同比增长 216％。③ 与 2015 年相比，2022 年半导体外国直接投资占美制造业外国投资总额的比重从 1.1％增至 3.1％。私营部门已对美国电动汽车与电池供应链投资超过 1 700 亿美元，新建 20 余家汽车与电池工厂，创造了 25 万余个就业岗位。根据科尔尼《美国制造业回流指数》年度报告，美国从 14 个亚洲低成本国家的进口额从 2022 年的 10 210 亿美元下降到 2023 年的 8 780 亿美元，进口占美国制造业总产值比重从

①　"Monthly Construction Spending September 2023," The U.S. Census Bureau, https://www.census.gov/construction/c30/pdf/release.pdf.

②　"Remarks by President Biden on Investing in America Agenda," The White House, https://www.whitehouse.gov/briefing-room/speeches-remarks/2024/05/08/remarks-by-president-biden-on-his-investing-in-america-agenda-racine-wi/; "FACT SHEET: Biden-Harris Administration Kicks off Infrastructure Week by Highlighting Tremendous Progress Rebuilding America's Infrastructure 18 Months In," The White House, https://www.whitehouse.gov/briefing-room/statements-releases/2023/05/12/fact-sheet-biden-harris-administration-kicks-off-infrastructure-week-by-highlighting-tremendous-progress-rebuilding-americas-infrastructure-18-months-in/.

③　Redd Brown, "'Made in USA' Revival Sparks Building Boom 506％ Rally in Value," Bloomberg, https://www.bloomberg.com/news/articles/2023-10-07/-made-in-usa-revival-sparks-building-boom-506-rally-in-value.

2022 年的 14.1％大幅下降到 2023 年的 12.14％,回到了美国 2015 年的水平,这在一定程度上体现出美国制造业回流本土、产值回升的趋势。[①] 超大规模的政府研发支出也带动了私营部门的研发投入规模。数据显示,2021 年,美国企业研发支出达 6 086 亿美元,较 2020 年增长 12.1％,高于 2020 年和 2019 年的增幅。在现代产业战略推动下,美国供应链产业链更加完善,高技能劳动力储备逐渐充实,相关产业正在发展,为经济结构改善奠定了较好基础。

尽管拜登政府现代产业战略取得一定进展,但也因如下几大因素限制了其产业战略发挥的空间。第一,美国国内政治极化、府会斗争,是制约产业战略顺利实施的制度性因素。美国民主、共和两党对立严重,在政治极化的决策环境中,现代产业战略很难满足共和党诉求,相关产业法案的内容都不同程度上被裁减、削弱,大大限制了拜登政府推动产业战略的政策空间,降低了产业战略的投资规模。两党在产业政策上的分歧根源在于两党之间“大政府”与“小政府”的理念冲突。拜登政府与民主党信奉大政府理念,认为联邦政府需要提供国家基础设施、增进社会福利。拜登总统本人试图对标罗斯福总统,推出“新政式”的政策,在疫情与供应链危机下实现美国经济变革。共和党则持保守立场,遵循里根政府以来的小政府理念,主张限制政府预算、放松市场监管等政策。在两党冲突和斗争之下,产业政策法案的资金规模被严格限制,很大程度上降低了“现代产业战略”的整体投资规模。民主、共和两党围绕《芯片与科学法案》的博弈充分体现了两党在产业政策上的冲突。

---

① Kearney, "2024 Reshoring Index: Made in America, Here to stay?" https:// www.kearney.com/service/operations-performance/us-reshoring-index.

2021年4月参议院民主党领袖舒默提出《美国创新与竞争法案》,计划在未来五年拨款520亿美元促进国内芯片研发与晶圆厂建设,并投入约2000亿美元支持美国国家科学基金会等联邦科研机构。共和党认为民主党推出的一系列提案对半导体的产业补贴的规模巨大,联邦政府支出将大幅增加,加剧赤字问题。在共和党反对之下,民主党人2022年2月只能又推出《美国竞争法案》,将资金规模限制在520亿美元,并删除了近2000亿美元对区域技术中心等其他的拨款要求。在此基础上,两党就法案资金规模基本达成一致,最终于8月出台了《芯片与科学法案》,但相比于民主党的最初设想,补贴资金规模已经大为减小。

　　第二,美国经济体系的固有局限限制了产业回流进程。一是美国缺乏产业集群效应。以芯片制造为例,美国虽然在先进半导体研发设计及相关设备的制造技术方面占据垄断地位,但美国在芯片制造方面配套能力不足。在短期内,即使美国政府提供的巨额产业补贴激励可能会缩小企业在美国生产的成本差距,但由于没有足够的产业集群与规模生产,综合成本依然很高,政策激励整体效果不足。二是美国缺乏合格的技术工人和理工科毕业生。美国国内经历长期的制造业空心化后,产业工人严重缺乏。富士康和台积电等公司赴美投资,迟迟难以取得预期效果,一个重要原因就是缺乏成熟的产业工人。① 除了缺乏合格的产业工人,符合要求的理工科毕业生以及工程师也无法满足需求。据预测,到2025年美国半导体产业的芯片工

---

① "TSMC delays U.S. chip plant start to 2025 due to labor shortages," Nikki Asia, https://asia.nikkei.com/Business/Tech/Semiconductors/TSMC-delays-U.S.-chip-plant-start-to-2025-due-to-labor-shortages.

程师等技术职位空缺率将增加 7%。[①] 三是美国的产业保护政策加剧了供应链瓶颈,限制了本国产业发展。以清洁能源行业为例,由于拜登政府限制从中国进口太阳能电池板等关键组件,2022 年全美新增光伏装机量仅为 18.6 亿瓦,同比下降23%。[②] 为防止中国太阳能组件通过东南亚转口贸易进入美国,拜登政府还加大了对东南亚出口美国的太阳能组件限制,严重损害了美国国内太阳能行业的发展。因此美国行业组织太阳能产业协会(Solar Energy Industries Association)呼吁,为发展本国太阳能产业,美商务部不能再对在东南亚组装、使用中国制造零部件的太阳能电池板加征反倾销税。

　　第三,美国现代产业战略面临强烈的全球政策对冲。受到美国政府现代产业战略刺激,包括美国盟友在内的其他经济体也开始效仿制定产业政策,增强政府补贴力度,保护本土重要产业。这对冲和抵消了美国政府的产业政策效果,降低了美国对企业提供补贴的经济效用。[③] 在芯片产业上,欧盟 2023 年正式生效的《欧洲芯片法案》将投入 220 亿欧元用于芯片项目补贴。该法案聚焦芯片研发与创新、制造产能提高、扩大市场份额和产业人才培养等方面,和美国芯片产业政策高度重叠。日本、韩国、印度等国也为半导体产业的发展提供了巨额资金。

[①] "America Faces Significant Shortage of Tech Workers in Semiconductor Industry and Throughout U.S. Economy," Semiconductor Industry Association, https://www. semiconductors. org/america-faces-significant-shortage-of-tech-workers-in-semiconductor-industry-and-throughout-u-s-economy/.

[②] "Solar Market Insight Report 2022 Q4," Solar Energy Industries Association, https://www. seia. org/research-resources/solar-market-insight-report-2022-q4.

[③] 刘卫东:《拜登政府的"美国优先政策":动因、特征与前景——兼论"美国优先"的政治底色与逻辑陷阱》,《世界经济与政治论坛》2023 年第 2 期。

日本政府 2021 年发布《半导体与数字产业战略》，计划通过国际合作加快实现本土量产 2 纳米先进芯片的"两步走"战略。2022 年 7 月韩国政府发布"半导体超级强国战略"，提供 70 亿美元支持半导体产业发展。印度也推出了 97.8 亿美元的半导体生态系统综合发展计划，大力培育半导体制造业，吸引美国、日本、泰国等外国企业投资。而在新能源产业领域，欧盟 2023 年 3 月发布了《净零工业法案》与《欧洲关键原材料法案》，将提供 400 亿欧元加快欧盟绿色能源转型，扩大欧盟清洁技术制造能力，培育具有竞争力和韧性的欧洲净零产业。[①] 目前，针对电动汽车产业链严重依赖海外的情况，欧盟正在打造电池产业联盟，拓宽关键原材料进口渠道，抢先制定有关锂电池回收与碳足迹管理等更高技术标准，德国、西班牙、法国等也争相发放补贴，激励本国汽车产业向电动汽车转型。此外，韩国推出的"绿色新政"、日本提出的《绿色转型 2040 愿景》，都旨在为可再生能源发电、电动汽车以及电网建设等绿色产业提供优惠政策。

二、产业政策对中国影响

拜登政府"现代产业战略"的一大驱动因素是与中国的战略竞争。与之前美国历任政府所推行的碎片化、短期化、行政化和国内化的产业政策不同，拜登"现代产业战略"在与中国战

---

① 净零技术，是指欧盟委员会提出的、旨在实现欧盟气候目标的一系列清洁能源技术，包括太阳能光伏、陆上风电和海上可再生能源、热泵和地热能技术、电解槽和燃料电池、生物甲烷技术、碳捕获和封存技术、电网技术与电池储能等。关于欧盟的《净零工业法案》法案，可参见 "Factsheet: Net Zero Industry Act," European Commission, https://ec. europa. eu/commission/presscorner/detail/en/FS_23_1667。

略竞争的驱动演化下,变得更为系统化、长期化、法律化和国际化,因此对中国影响会更大。所谓系统化,是指美国拜登政府各部门,尤其是经济决策部门,均参与到产业政策中。美国财政部、商务部、能源部、农业部和贸易谈判代表在产业政策制定和实施中有较为明确的分工和定位,这有助于打造部门协调一致的产业政策机制,避免产业政策制定和实施中存在巨大的盲区或者漏洞,从而产生更强的产业政策合力。长期化是指在拜登政府的不断渲染和推动下,产业政策已经获得了更多的国内共识,具备了长期运转的国内经济和政治基础。美国国内对产业政策的认知已经超越了"要不要产业政策",而是围绕"需要什么样的产业政策"以及"如何让产业政策更有效"进行讨论。法律化是指美国产业政策不是依靠美国总统行政命令获得政策动力,而是借助前述已经通过的相关法律而运行。行政令可能会因为总统的调整而被中止或者失效,但法律具有强制性,可以避免因为政府换届而造成中断。即便美国新政府调整了拜登政府的政策实施细节,如资金分配的时间节奏、企业流向或者区域布局,但已由法律所确定的产业政策行业难以被改变。国际化是指美国正在强化与盟友的国际协调,力推在盟友之间进行新的产业分工。美国及其盟友总体上处于全球产业链高端,与盟友间协调不仅有利于更好分配产业利益,而且有利于产业信息交换和产业政策互补,对中国出台更具针对性的集体性产业限制政策。系统化、长期化、法律化和国际化表明美国产业政策已经进入了新阶段,给中国带来更大的压力。

　　除此之外,拜登政府"现代产业战略"还从以下三方面对中国形成挑战。第一,"现代产业战略"重塑了美国经济运行的深层逻辑,将国家角色重新带入经济发展进程中,是美国"全政府"对华竞争模式在经济领域的具体表现,对中国经济增长模式的竞争压力更大。通常而言,美国经济的自由市场属性更强,政府介入经济的程度相对有限。而中国经济模式中政府作用更大,可以聚集相关资源集中力量办大事,在制度层面形成了与美国的差异化经济竞争优势。美国"现代产业战略"本质上是在学习中国。① 这是对中国经济发展模式的借鉴,充分说明中国经济发展模式的合理之处,但客观上也对冲了中国产业政策的制度优势,导致中国对美制度竞争成本加大。一方面,美国实施现代产业战略的财政补贴规模巨大,使得中国不得不相应增加本国产业政策资源投入,以平衡拜登政府产业政策效果。然而,由于美元居全球货币主导地位,拜登政府可以在增加联邦债务规模的基础上增加政府补贴,而中国政府需要在注重控制债务规模的前提下加大产业投入,这对中国继续实施产业政策所带来的财政挑战更大。另一方面,拜登政府实施现代产业战略,向其他国家,尤其是其原先奉行自由主义的盟友国家释放了扩大政府作用的信号,带动了更多国家也竞相制定各种形式的产业政策。全球产业政策竞争态势日益明显,给中国带来产业发展模式的竞争压力。

第二,随着美国"现代产业战略"的深入实施,全球经济原有体系发生重大调整,变迁加速,非经济因素对全球产业分工布局影响加大。首先,全球资本,特别是制造业资本流向发生显著变化。在市场逻辑下,中国原本是吸引全球制造业资本最多的国家,但在"现代产业战略"的扭曲下,全球制造业资本对

---

① Bob Davis, "America's Flailing Industrial Policy Can Take Lessons From China," https://foreignpolicy.com/2024/04/11/america-industrialpolicy-china-economics-infliation-manufacturing/.

华的直接正常投资受到干扰。不少制造业资本被迫回流到了美国,或者是美国的"友岸"与"近岸"。比如,作为美国的"友岸"和"近岸",墨西哥近几年吸收的制造业直接投资快速增长,对华替代角色愈发凸显。其次,全球市场,尤其是美国市场的保护主义增强。为打压中国具有竞争力的产业,拜登政府继续对中国输美产品征收高关税,通过公开的保护主义政策对中国产品实施限制,中国对美出口受阻。中国 2023 年对美出口同比下降 20%,被墨西哥超越,失去了美国第一大进口国地位。最后,全球资源竞争,特别是关键矿产争夺加剧,如现代产业战略所涉及的新能源、半导体等产业中镍、稀土等关键矿产。美国在确保关键矿产韧性和供应链安全的考虑下,在全球范围内寻找关键矿产的替代来源,并在开采和储备等领域构建"矿产安全伙伴关系",对华实施竞争性策略。① 这导致全球资源竞争加剧,对于同样需求关键矿产的中国带来不利影响。

第三,在现代产业战略实施过程中,美国对华产业竞争加剧,对中国相关产业围堵、遏压更为明显。拜登政府对华产业竞争兼具进攻性和防御性。在进攻性产业政策方面,由于在半导体、人工智能等高科技和产业领域拥有相对优势,拜登政府对华不断收紧出口管制、扩大双向投资审查、限制科研人员交流。拜登政府希望借助进攻性产业政策能够迟滞中国产业进步,削弱中国产业竞争能力。但同时,中美各自产业结构发展也出现了较大变化。其中尤其以中国绿色能源领域"新三样"(中国电动汽车、电动车电池以及光伏产品)快速增长最为突

---

① "Joint Statement of the Minerals Security Partnership," U. S Department of State, https://www. state. gov/joint-statement-of-the-minerals-security-partnership/.

出。立足于这一最新情况,拜登政府近期对华产业竞争政策出现了从进攻性到防御性的显著转变,把应对来自中国的"新三样"产品作为重点防范对象。美国高级官员表态严厉,限制性政策出台密集。其政策起点不是为了维护美国在相关产业的优势地位,而是为了防止中国的产业竞争优势冲击国内的相对弱势产业。具体政策手段包括考虑提高中国相关产品对美出口关税,审查中国相关企业对第三方直接投资等。特别是近期,拜登政府大肆炒作中国在清洁能源行业领域所谓"产能过剩"问题,为后续对华相关产业遏压实施舆论铺垫。[①] 拜登政府希望借助防御性的产业政策,一方面削弱中国在相关行业的国际竞争优势,另一方面则为本国行业发展提供宝贵的时间和空间。美国几任总统接续努力推动以制造业回流为代表的产业政策,并不断推出新的政策,这在美国这样一个政治体制中是不常见的。这说明美国国内对此有高度共识。

一是政策累积影响。美国政府为推动制造业回流制定了多项政策。在一段时间之内,由于原有政策尚未发挥显著作用,美国政府又加码新的政策,以使制造业回流能够取得效果。现在来看,之前的政策其实已经产生了作用。问题是,拜登政府为进一步推动制造业回流,继 2021 年 11 月签署了《基础设施投资法案》后,2022 年又通过了《芯片与科学法案》和《通胀削减法案》。这些刺激制造业回流的重大法案将会在未来数年持续发挥作用。此外,拜登政府目前仍延续特朗普政府对华高关税政策,也会有利于制造业回流美国。已经生效的以及未来

---

① Alan Rappeport, "Yellen Faces Diplomatic Test in Urging China to Curb Green Energy Exports," *The New York Times*, https://www.nytimes.com/2024/04/05/business/yellen-china-green-energy-exports.html.

将会推出的政策,会不断形成政策的累积作用,鼓励更多制造业回流美国。

二是技术封锁影响。美为推动制造业回流以及确保其在先进制造业领域的对华竞争优势,会强化对华技术封锁,给制造业跨国公司在华生产设置知识产权障碍,迫使其转向美国或者第三国投资。从政策取向看,以技术封锁推动关键制造业回流的策略愈发明显。美对华技术封锁不仅仅限于本国,还强迫或者利诱其他国家跟随美国,减少技术合作,对华实施技术限制。虽然美对华技术封锁不会根本阻碍中国技术发展,但客观上将给我高科技行业发展带来各种挑战。

三是市场转移影响。随着全球疫情影响淡化以及美制造业回流效果逐步呈现,美制造业会相对快速增长。美本国制造业恢复及制造品产量增加,再加之"购买美国货"和对华高关税等政策原因,美对中国产品需求会相对减少,中国对美出口会相对下降。市场转移效应还包括美国为推动制造业回流而采取的"近岸外包""友岸外包"和"盟国外包"策略,美国的邻近国家、朋友国家以及盟友国家,也会扩大制造业生产并对美国出口。这些都会直接或间接形成对中国的市场转移效应。

拜登政府"现代产业战略"虽难以完全实现其目标,却给中国带来了巨大挑战,中国需要积极应对。首先,切实增强对美产业竞争自信。中国是全球产业链最为齐全的国家,在制造业增加值和制造业出口方面全球领先,而美国制造业回流虽然取得一定效果,但依旧处于空心化进程,全产业链是中国应对美国现代产业战略的最大优势。中国要在稳定和强化已有的全产业链优势基础上,做好产业规划,加快发展新质生产力,加大科技创新力度,用科技创新带动产业进步,逐步突破美国对中国半导体和人工智能等产业的限制。其次，主动塑造产业分工地缘格局。着眼于全球产业发展趋势，中国要主动塑造全球产业变局，有序引导产业在国内和国际层面的分工，提升中国在国际产业链中的关键枢纽地位，研判"现代产业战略"的地缘布点，积极在越南和墨西哥等新兴产业国家进行产业布局，防止拜登政府按照其既定"友岸外包"和"近岸外包"策略对华产业替代。再次，积极拓展产业发展所需的市场容量。产业和市场高度关联。没有市场的生产难以为继。基于这种认知，拜登政府实施保护主义措施，试图把中国制造排挤出其国内以及盟友市场。作为应对，中国要积极壮大容纳产业生产的市场容量。在国内，要进一步巩固和发扬超大规模市场优势，提升国内消费需求。在海外，要通过贸易和投资的方式创新，稳定和扩大在发展中国家、新兴经济体以及发达国家的市场容量。最后，坚持推进产业开放合作。美国现代产业战略日益注重盟友协同，在产能、技术、市场、基础设施和关键矿产等领域不断推动合作项目。越是在这种情况下，中国产业发展越是要开放，维持产业发展所需各种要素的内外双循环。产业自主不等于产业封闭。中国要以产业大开放应对美国产业小圈子，在产业体系开放中维护和实现产业发展和产业安全，让全球产业资本优先选择中国、留在中国和依赖中国，形成相互依存的全球产业分工和分配体系。

　　现代产业战略是拜登政府统筹国内国际经济要素、应对21世纪战略竞争的关键经济举措。新冠疫情、供应链中断、地缘政治冲突和大国战略竞争加剧等因素促使拜登政府加速拥抱产业政策，推动其从战略高度重视产业政策的作用。现代产业战略的核心，是以扩大联邦支出和增加产业补贴方式，扶持战略性和关键性产业发展，从而维护美国国家安全与经济利益。现代产业战略的提出和实施，反映了美国在面临激烈国际竞争时，抛弃新自由主义理念、拥抱产业政策与保护主义的国家经济意识形态的重大调整，并将中国作为重要参照系，实施现代产业政策力度更大、范围更广、决心更为强烈。美国实行产业政策，虽然能够在短期内为美国国内产业发展提供有力的政策支持，推动产业创新研发与产业集聚，提振国内需求，拉动国内经济增长，但由于国内政治极化、产业结构失衡以及全球产业政策对冲等体制性和结构性问题的限制，美国真正落实其现代产业战略仍面临巨大挑战。

中国既是美国现代产业战略的模仿对象，也是该战略的打击对象。美国希望通过实施现代产业战略，能够在与中国的产业竞争中保持和提升产业优势。对中国而言，要认识到美国现代产业战略还在不断强化的进程当中，其具体政策抓手和扶植产业领域，随着国内政治和经济结构的变化可能还会有调整，但可能跨越政党分歧和选举周期延续发展。面对美国持续推进现代产业战略及其所形成的产业竞争压力，中国需要化外部压力为发展动力，统筹发展和安全两大要素，打通国内和国际两大市场，采取更为积极有力的措施有效提升产业竞争力，从而顺应全球产业发展变局，赢得美国对华产业竞争。

第四章
美国对华出口管制

　　无论是特朗普政府还是拜登政府，都将中国明确界定为最主要的战略竞争对手。基于将中国视为竞争性、挑战性的崛起中大国的身份认定，美国当局的对华战略呈现遏制与抗衡的态势，从经贸、政治、人文交流等多个领域对华实施打压。这反映了在中美战略竞争不断加剧的背景下，处于全球价值链上游且在先进技术产业拥有优势的美国对力图提升本国技术能力和产业竞争力的中国的打压。除了通过加征关税以打击中国制造业的发展，美国政府还通过收紧对华出口管制，阻止中国以贸易和投资手段从美国获得能够带来战略、经济或军事优势的技术能力。美国在先进技术领域的对华封锁的战略意涵日渐突出，不断通过扩大出口管制的范围、加强出口许可的审查、阻碍中国企业对特定美国企业或资产的投资以及阻碍科研人才交流等一系列措施，力图压制中国在先进技术领域的发展势头。作为技术封锁最为简易可行且效果直接的工具，出口管制就被美国政府视为与中国开展战略性竞争的重要工具。① 美国就先进技术及其相关的产品对华实施定向的出口限制的直接目的在于防止中国通过获取美国的相关技术和产品,以用于中国技术能力、产业效力和军事实力的提升。深层目的则在于限制中国在先进技术领域可能获得的赶超,继而确保美国对中国的长期战略优势。

第一节 特朗普政府对华出口管制政策

在中美战略竞争日益加剧的背景下,中国被美国视为"唯一拥有经济、外交、军事和技术力量来严重挑战稳定与开放的国际体系的国家"。美国对华的战略认知发生了根本性变化,使其对华出口管制的政策目标也发生了重大改变。在美国对华战略遏制的塑造下,特朗普政府加快了技术领域的对华脱钩进程,不断加大对华的技术封锁,防止关键技术从美国转移到中国。美国采取了限制其国内的技术知识不为中国所获取的"屏蔽"(Shielding)和抑制中国技术能力提升的"扼杀"(Stifling)的政策组合。前者包括扩大对中国在美国投资活动的审查、抵制"强制技术转让"等措施,后者则包括对华加征关税、加强对先进技术和产品的出口管制以及在全球范围内限制中国技术推广等措施。②

---

① Michael Brown, Pavneet Singh, "China's Technology Transfer Strategy: How Chinese Investments in Emerging Technology Enable a Strategic Competitor to Access the Crown Jewels of U. S. Innovation," Defense Innovation Unit Experimental (DIUx), February 16, 2018, http://nationalsecurity. gmu. edu/wp-content/uploads/2020/02/DIUX-China-Tech-Transfer-Study-Selected-Readings. pdf.

② Anthea Roberts, Henrique Choer Moraes, Victor Gerguson, "Toward a Geoeconomic Order in International Trade and Investment," *Journal of International Economic Law*, Vol. 22, No. 4, 2019, pp. 655-676.

一、特朗普政府对华出口管制政策脉络

美国出口管制体系可以分为由美国总统和国会组成的决策层与由国务院、财政部、商务部等政府部门组成的执行层面。就后者而言,美国国务院负责军事与防务物项的出口管制,其下属的经济制裁政策和实施办公室(The Office of Economic Sanctions Policy and Implementation)为出口管制提供政策咨询;美国财政部负责执行对特定国家和实体的经济和贸易制裁,其下属的海外资产控制办公室(The Office of Foreign Assets Control)负责具体经济制裁事宜;美国商务部负责军民两用物项的出口管制,其下属的工业和安全局(Bureau of Industry and Security, BIS)负责执行具体出口管制事宜。由于美国始终对用于军事用途的物项对华实行高度严密的出口限制且变动不大,以及中美之间的直接贸易往来主要集中在商业领域,因此特朗普政府对华实施出口管制主要是由 BIS 以控制两用物项为名,限制相关技术和产品对华的出口。美国《出口管理条例》(The Export Administration Regulations, EAR)是美国现行针对两用物项实施出口管制的主要法律依据之一,详细规定了受管制国家的分类以及相应的出口管制要求。作为 EAR 的重要附件,"商业管制清单"(The Commerce Control List)罗列了所有受 EAR 管辖的物项,确认了相应的出口管制分类编码(ECCN),并明确受管制物项的技术特点、最终用户和最终用途等具体内容。BIS 实施出口管制主要采取了清单管理和出口许可审查,具体清单分为"被拒绝人清单"(Denied Persons List, DPL)、"未核实清单"(Unverified List, UVL)、"实体清单"(Entity List, EL)以及"最终军事用户清

单"(Military End-User List, MEU)。[1]

在将中国视为主要的战略竞争对手的前提下,特朗普政府将出口管制视为遏制中国的重要政策工具。为了提高对华出口管制的针对性和精确性,特朗普政府对其出口管制体系进行了一系列调整,尤其是对出口管制所涉指的物项范围进行了增补和修改。美国政府对出口管制制度的调整分为整体层面的普适性措施与针对中国的特定性措施。普适性措施是指从整体层面对出口管制制度所进行的修订,包括调整现行的出口管制机制、增设出口管制物项的范围以及加强出口许可的审批等举措。特定性措施是指针对中国所特定实施的出口管制措施,包括对受管制实体和管制物项的调整。

（一）普适性对华出口管制

特朗普政府时期对华普适性出口管制政策最具典型性的是特朗普政府在 2018 年 8 月签署通过的《2019 财政年度国防授权法案》(National Defense Authorization Act for Fiscal Year 2019)中纳入的《出口管制改革法案》(Export Control Reform Act of 2018, ECRA)。[2] ECRA 将原有的美国出口管制实践纳入了立法,为两用物项出口管制规则提供永久的立法基础,同时该法案还扩大美国出口管制法的适用范围,

---

[1]　"最终军事用户"清单为 BIS 于 2020 年 12 月所新增的清单,施行与"实体清单"一致的许可证管理制度,但管制对象为被美国认定与军事活动相关的实体,管制物项范围则限定为 EAR 第 744 部分附录 2 内的军事用途类物项。

[2]　在该年度国防授权法案中一同被通过的还有《外国投资风险评估现代化法案》(The Foreign Investment Risk Review Modernization Act, FIRRMA)。FIRRMA 法案主要是为了加强对中国对美国投资的安全审查。虽然其也涉及高科技,但主要是从投资角度出发,因此本文不加以讨论。U. S. Government Publishing Office, "John S. McCain National Defense Authorization Act for Fiscal Year 2019," August 13, 2018, https://www.govinfo.gov/content/pkg/PLAW-115publ232/html/PLAW-115publ232.htm.

对原有的《出口管理条例》进行了修订和补充,要求美国商务部建立并维护"新兴和基础技术"(Emerging and Foundational Technologies)清单,并在此基础上出台对出口、再出口或国内转让的适当的控制措施。

按照美国商务部的说明,"新兴和基础技术"的识别有三方面的考虑因素:(1)该技术在其他国家的发展情况;(2)针对相关技术的出口管制对该技术在美国发展的影响;(3)限制该技术向外国扩散的出口管制效果。按照规定,美国总统应与商务部、国防部、国务院、能源部以及其他相关联邦机构的负责人协调,发起一个定期、持续的跨机构程序,以确定对美国国家安全至关重要的新兴技术。商务部部长将对所确定的技术的出口、再出口或国内转让建立适当的控制,并将建议把任何新确定的新兴技术列入相关多边出口管制制度的管制技术清单。① 《外国投资风险评估现代化法案》则对外资审查作出了具体调整,授权外国投资审查委员会对掌握"关键技术"(Critical Technology)、"关键设施"(Critical Infrastructure)或搜集及掌握美国公民"敏感个人数据"(Sensitive Personal Data)的非控股投资企业进行审查。② 对"新兴和基础技术"和"关键技术"进行鉴别和筛选为美国的出口管制明确需要关注的对象及依据,也是美国对出口管制体系进行调整的关键优先事项。《外国投资风险评估现代化法案》将"关键技术"的范围

---

① https://www.federalregister.gov/documents/2018/11/19/2018-25221/review-of-controls-for-certain-emerging-technologies.

② U.S. Department of Treasury, "Provisions Pertaining to Certain Investments in the United States by Foreign Persons," January 17, 2020, https://www.federalregister.gov/documents/2020/01/17/2020-00188/provisions-pertaining-to-certain-investments-in-the-united-states-by-foreign-persons.

定义为受《国际武器贸易条例》(ITAR)管控的国防物项或服务、受《平等权利修正案》管制的物项、(关于援助外国原子能活动)特别设计和准备的核设备、零部件和组件、材料、软件和技术的法规、(关于核设备和材料的进出口)核设施、设备和材料的法规、特定的试剂和毒素以及由《出口管制改革法案》所定义管控的"新兴和基础技术"。①

基于上述法案,美国商务部工业和安全局在 2018 年 11 月率先公布了针对"特定新兴技术的识别及审查管制措施"(Identification and Review of Controls for Certain Emerging Technologies) 的"拟制法规预先通知"(Advance Notice of Proposed Rulemaking),确定了涵盖 14 大类"新兴技术"下的 45 项"代表性技术"(Representative Technology)。② 值得注意的是,美国商务部工业和安全局在 2020 年 8 月公布了针对"特定基础技术的识别及审查管制措施"(Identification and Review of Controls for Certain Foundational Technologies)的"拟制法规预先通知",但并未就"基础技术"制定具体的代表性类别,而是举例表明可能会将"半导体加工设备和相应的软件、激光设备、传感器和水下设备等可用于增强中国、俄罗斯、委内瑞拉军事能力的产品"列入管制范围。③ 同时,美国财政部在

① U. S.-China Economic and Security Review Commission, "Hearing On 'U. S.-China Relations in 2021: Emerging Risks'," September 8, 2021, https://www.uscc.gov/sites/default/files/2021-08/Jeremy_Pelter_Testimony.pdf.

② U. S. Bureau of Industry and Security, "Review of Controls for Certain Emerging Technologies," November 19, 2018, https://www.federalregister.gov/documents/2018/11/19/2018-25221/review-of-controls-for-certain-emerging-technologies.

③ U. S. Bureau of Industry and Security, "Identification and Review of Controls for Certain Foundational Technologies," August 27, 2020, https://www.federalregister.gov/documents/2020/08/27/2020-18910/identification-and-review-of-controls-for-certain-foundational-technologies.

2018年10月发布了分阶段执行《外国投资风险评估现代化法案》条款的"试点项目"(Pilot Program)，按照北美工业分类系统(NAICS)具体罗列了法规下受到监管的27项"试点产业"(Pilot Program Industries)，要求所涉及项目的交易强制向外国投资审查委员会报备。① 此外，美国白宫于2020年10月发布了《关键和新兴技术国家战略》(National Strategy for Critical and Emerging Technology)，罗列了涵盖20个技术领域的"关键与新兴技术"(CET)清单。② 尽管三份技术清单各有侧重点，但除去航天航空、导航与航空电子以及材料加工等相对较为传统的出口管制领域，上述清单所涉及的前沿技术领域主要集中在电子、计算机、电信和信息安全领域。其中，由于半导体技术是开发和部署高级计算、人工智能和量子信息等前沿信息技术的基础，因此本章认为三份清单所明确涉指的半导体设计和制造技术的重要性更为突出。③

　　在评估和罗列出口管制技术清单的基础上，特朗普政府也开始扩展出口管制范围，主要体现在新增管制物项和收紧对特

---

① U.S. Department of the Treasury, "Determination and Temporary Provisions Pertaining to a Pilot Program to Review Certain Transactions Involving Foreign Persons and Critical Technologies," October 11, 2018, https://home. treasury. gov/system/files/206/FR-2018-22182_1786904. pdf.

② U.S. the White House, "The National Strategy for Critical and Emerging Technologies," October 21, 2020, https://trumpwhitehouse. archives. gov/wp-content/uploads/2020/10/National-Strategy-for-CET. pdf.

③ 具体涉及：(1)"新兴技术"清单：微处理器技术(系统级芯片、片上堆叠存储器)、先进计算技术(内存中心逻辑)；(2)"试点产业"清单：半导体及相关设备制造(334413)、半导体机械制造(33242)、电子计算机制造(334111)、计算机存储设备制造(334112)、电话设备制造(334210)、无线电和电视广播及无线通信设备制造(334220)；(3)"关键与新兴技术"清单：半导体和微电子(半导体设计和电子设计自动化工具，制造工艺技术和制造设备，超互补金属氧化物半导体技术，异质整合和先进封装技术，用于人工智能等特定场景的专用/定制硬件配件，用于先进微电子的新型材料，用于功率管理、分配和传输的宽禁带和超宽禁带技术)。

定物项出口审查两个方面。商务部工业和安全局对《商业管制清单》的调整能够最为直观地体现美国当局加紧战略贸易品出口管制所重点关注的技术领域。自 2018 年通过《出口管制改革法案》以来，特朗普政府时期商务部工业和安全局共对《商业管制清单》进行了多次更新（新增出口管制分类编码如表 4-1 所示）。① 具体来看，除去水下传感器和空中发射平台、化学武器前体、亚轨道飞行器等较为传统且明确指向军事应用的技术外，新增出口管制物项主要指向半导体、人工智能与数字加密等技术。② 考虑到后两项技术的指向较为明确，相关出口管制所涵盖的范围相对狭窄，而针对半导体技术的出口管制则涵盖了光刻软件、晶圆精加工等多项技术，并且这些技术主

---

① 2019 年 5 月、2020 年 6 月和 10 月与 2021 年 10 月的更新是为了跟进落实"瓦森纳安排"（WA）全体会议和澳大利亚集团（AG）会议的决定。U. S. Bureau of Industry and Security, "Implementation of Certain New Controls on Emerging Technologies Agreed at Wassenaar Arrangement 2018 Plenary," May 23, 2019, https://www. federalregister. gov/documents/2019/05/23/2019-10778/implementation-of-certain-new-controls-on-emerging-technologies-agreed-at-wassenaar-arrangement-2018; "Implementation of the February 2020 Australia Group Intersessional Decisions: Addition of Certain Rigid-Walled, Single-Use Cultivation Chambers and Precursor Chemicals to the Commerce Control List," June 17, 2020, https://www. federalregister. gov/documents/2020/06/17/2020-11625/implementation-of-the-february-2020-australia group-intersessional-decisions-addition-of-certain; "Technical Amendments to the Export Administration Regulations: Export Control Classification Number 0Y521 Series Supplement-Extension of Software Specially Designed To Automate the Analysis of Geospatial Imagery Classification," January 6, 2021, https://www. federalregister. gov/documents/2021/01/06/2020-28776/technical-amendments-to-the-export-administration-regulations-export-control-classification-number; "Implementation of Certain New Controls on Emerging Technologies Agreed at Wassenaar Arrangement 2019 Plenary," October 5, 2020, https://www. federalregister. gov/documents/2020/10/05/2020-18334/implementation-of-certain-new-controls-on-emerging-technologies-agreed-at-wassenaar-arrangement-2019。
② 2020 年 1 月新增的"专门设计用于自动分析地理空间图像的软件"属于此前商务部工业和安全局所列"新兴技术"清单的范畴。

要集中在半导体制造领域,对其施加出口管制所造成的影响范围更为广泛。可见,美国新增出口管制物项对半导体制造技术的指向性相对突出。

表 4-1　特朗普政府时期商务部工业和安全局新增管制物项

时间	新增出口管制分类编码及其描述
2018 年 4 月	氚生产目标组件及相关开发/生产技术重新编码用于生产氚的特定目标组件和部件(1A231)
2019 年 5 月	分立微波晶体管(宽带半导体的主要组成部分)(3A001 b.3),(受电磁脉冲或静电放电时)确保电子器件操作连续性的软件(3D005),后量子密码学(5A002.a.4),设计用作水听器的水下传感器和空中发射平台(9A004a.2)
2020 年 1 月	专门设计用于训练深度卷积神经网络以自动分析地理空间图像和点云(point cloud,又称数字表面模型)的地理空间图像的软件(0D521)
2020 年 6 月	一次性生物栽培室(2B352)、因化学/生物和反恐理由而受管制的 24 种化学武器前体(1C350)
2020 年 10 月	混合增材制造(AM)/计算机数控(CNC)工具(2B001),用于制造极紫外(EUV)掩模而设计的计算光刻软件(3D003),用于 5 纳米生产的晶圆精加工技术(3E004)、绕过计算机(或计算机设备)上的身份验证或授权控制并提取原始数据的数字取证工具(5A004),用于通过侦听接口来监测和分析从电信服务提供商处获得的通信和元数据的软件(5D001)、亚轨道飞行器(9A004)

数据来源:美国商务部工业和安全局。

特朗普政府收紧出口审查最主要的举措则是在 2020 年 4 月对《出口管制条例》进行了重大修改,针对中国等 D:1 组别国家取消了民用许可证豁免(License Exception Civil End Users, CIV),要求所有向中国等 D:1 组别国家出口、再出口或国内转移 CIV 所涵盖管制物项均需向商务部工业和安全局申请出口许可证。[①] 民用许可证豁免的取消涉及了 8 大类 541 项出口管制分类编码。其中，除了化工原料、船舶、航空航天等传统的出口管制物项外，民用许可证豁免所涉及贸易品集中在半导体制造设备和材料、电子设备以及电信通讯领域（如表 4-2 所示）。而根据 BIS 在 2016—2020 年期间公布的对华出口适用许可证例外的排名前 10 的物项（按出口金额计算）显示，与民用许可证豁免相关的贸易品均入列多席且排名靠前。其中，用于制造半导体器件或材料的设备及其特殊设计的组件和配件（3B001）始终位列前五，电子设备（3A001）的排名不断上升且位居前列，光学材料（6C004）和流体和润滑材料（1C006）位列其中，但排名相对靠后。[②] 可见，美国当局收紧出口管制审查对半导体制造技术的指向性较为突出。

---

① 原先获得民用许可证豁免的实体，仅需要保证购买物项的民用和商用用途，并按照特定的要求对民用许可证豁免的使用情况向美国商务部工业和安全局提交报告，而无需要申请传统的出口许可证。之所以取消了对 D：1 组别国家民用许可证豁免，是由于美国商务部工业和安全局认定原先在没有许可证的情况下向 D：1 国家组别的民用终端用户所出口的管制物项被用于军事领域。参见 U. S. Bureau of Industry and Security, "Elimination of License Exception Civil End Users," April 28, 2020, https://www.federalregister.gov/documents/2020/04/28/2020-07240/elimination-of-license-exception-civil-end-users-civ.

② 在民用许可证豁免取消之前，2016 年 3B001 排名第二、6C004 排名第八、1C006 排名第九，2017 年 3B001 排名第二、1C006 排名第六、6C004 排名第八、3A001 排名第十，2018 年 3A001 排名第二、3B001 排名第四、1C006 排名第十，2019 年 3A001 排名第二、3B001 排名第四、1C006 排名第十；在民用许可证豁免取消之后，2020 年 3B001 排名第三、3A001 排名第六、1C006 排名第七。具体可参见美国商务部工业和安全局发布的年度对华贸易报告。

表4-2 适用商务部工业和安全局民用许可证豁免管制物项的
出口管制分类编码

技术分类	出口管制分类编码及描述
电子设计、开发与制造	电子设备（3A001）、通用电子组件、模块和设备（3A002）、用于制造半导体器件或材料的设备及其特殊设计的组件和配件（3B001）、抗蚀剂材料和涂有抗蚀剂的基材（3C002）、高电阻材料（3C005）、3C001未指定的材料（由3C005指定的基板和至少一层碳化硅、氮化镓、氮化铝或氮化铝镓的外延层组成）（3C006）、根据通用技术说明的技术（3E002）
计算机	数字计算机、电子组件及其相关设备和专用的组件（4A003）
电信和信息安全	电信系统、设备、组件和附件（5A001）、电信测试、检查和生产设备的组件和附件（5B001）、软件（5D001）
原料、化工、微生物、毒素	流体和润滑材料（1C006），为开发、生产或使用受1B001至1B003控制的设备而专门设计或修改的软件（1D001），用于开发有机基质、金属基质、碳基质层压板或复合材料的软件（1D002）
原料加工	减摩轴承和轴承系统及其组件（2A001）
激光和感应器	声学系统、设备和组件（6A001）、光学设备及组件（6A004）、雷达系统、设备和组件及其特殊设计的组件（6A008）、光学设备（6B004）、光学材料（6C004）及其他软件（6D003）
船舶、宇航器和推进系统	船舶系统、设备、零件和组件（8A002），用于制造燃气轮机叶片、叶片或导流罩的特殊设计的设备、工具或装置（9B001）、在线（实时）控制系统、仪器（包括传感器）或自动数据采集和处理设备（9B002）、专门设计用于生产或测试燃气轮机刷式密封件的设备及其特殊设计的组件和附件（9B003）、9E003.a.3或9E003.a.6中所述的用于燃气轮机的超合金、钛或金属间翼片-盘片组合的固态连接工具、模具或固定装置（9B004）、声学振动测试设备（9B006）、为9E003.h的技术并在FADEC系统中使用的软件（9D003）

数据来源：美国商务部工业和安全局。

（二）特定性措施

从特定性措施来看，美国政府在"实体清单"、"军事最终用户"清单等出口管制清单中增列中国实体以及针对华为等个别中国企业实施特定的出口管制。① 尽管美国当局对华实施出口管制的缘由涉及军民融合、人权问题、南海、知识产权争议纠纷以及违背美国出口管控条例等多种原因，但其名义上实施出口管制的原因与其实际实施制裁的目的并不完全一致。② 因此，仅依照美国当局名义上所提出的出口管制主张，难以对其收紧对华出口的实际意图进行正确的判断。另外，被纳入"出口管制清单"中的中国实体所从事的行业类别和涉及的技术领域较为多样，并且部分中国实体及其从事的行业先前就被美国列为出口管制的对象。③ 例如，特朗普政府时期，美国当局在"实体清单"中新增了 420 家中国实体，并在新设的"军事最终用户"（Military End-User List，MEU）清单中新增了 58 家中国实体。

美国商务部工业和安全局作为负责出口管制的主要执行

① 根据美国哈佛大学贝尔弗科学与国际事务中心对"实体清单"的分析显示，在2010—2020 年期间，"实体清单"新增 832 家实体，较前 10 年（2000—2010年）增长了 420％。其中，重点限制出口的对象从中东地区国家和俄罗斯转向中国，重点关注的技术从传统的航空航天转向了半导体、人工智能、信息通信、电子等领域。参见 Jeremy Ney，"United States Entity List：Limits on American Exports，" February 28，2021，https：//www. belfercenter. org/publication/united-states-entity-list-limits-american-exports。

② 以"实体清单"为例，中兴、华为及其子公司被纳入其中的理由分别为"向伊朗非法再出口管制物品"和"为伊朗的大规模杀伤性武器和军事计划提供支持"，海康威视、科大讯飞、大华科技、旷视科技、商汤科技、依图科技和云从科技等从事安防和人工智能的企业被纳入其中的理由则为"涉嫌侵犯和践踏人权"，中芯国际、华澜微电子等从事半导体的企业被纳入其中的理由为"涉嫌支持中国的军事现代化"。

③ 被列入"实体清单"的中国实体涉及超级计算机、人工智能、信息通信、安防设备、新能源及节能汽车能源设备、新材料、生物制药和高科技医疗器械、航天航空、核电、海事设备和高科技船舶等多个领域。

机构,其发布的数据能够直观地反映美国对华出口管制的具体执行情况。① 商务部工业和安全局在 2020 年受理了 3 754 项对华出口的许可证申请,较 2016 年的 3 077 项许可申请增加了 22%。其中,BIS 在 2020 年发放了 2 652 项对华出口的许可证,较 2016 年的 2 528 项许可证增加了 4.9%;商务部工业和安全局在 2020 年否定了 177 项对华出口的许可证申请,较 2016 年的 55 项许可证申请否定增加了 221%;平均审批时限则从 2016 年的 31 天上升至 2020 年的 39 天,增幅为 25.8%。同时,美国对华出口许可证申请的通过率始终弱于其整体通过率,并且对华出口许可证申请的通过率自 2019 年以来出现明显的下滑,而出口许可证申请的整体通过率同期并未出现波动。

此外,对华经由出口许可证授权的贸易占比在 2019 年出现了上升,对华由出口许可例外授权的贸易占比持续下降,对华不需要出口许可物项的贸易占比自 2019 年以来也出现了下滑。可见,美国政府从出口许可审查的范围和强度两个方面收紧了对中国的出口管制。②

就特朗普政府收紧出口管制造成的实际影响来看,按照美国人口普查局(United States Census Bureau)所公布的"先进技术产品"(Advanced Technology Products, ATP)的贸易数据显示,美国对华出口 ATP 的金额及其在美国整体 ATP 出口中的占比在 2016—2018 年期间保持了逐步上升的趋势,但自 2019 年以来却

---

① 下述数据均来自美国商务部工业和安全局对华贸易报告,具体参见 https://www.bis.doc.gov/index.php/statistical-reports/country-analysis/1787。
② 清单管理及其相关措施主要是通过出口许可申请的调整得以执行,这部分措施也体现在了美国商务部工业和安全局所公布的出口许可数据之中,因此本章不再具体罗列美国政府在各类清单中针对中国所增设的具体对象。

出现了连续的下滑。① 与此同时,2016—2020 年期间,美国对华出口各类 ATP 的波动各不相同。其中,信息及通信、光电以及先进材料等产品的对华出口同比出现了明显的负增长,而这些产品与美国加强对华出口管制的产品领域具有一定的重合性。②

从上述分析可以看出,美国收紧对华出口管制作为其实施对华遏制战略的重要手段,对中美整体贸易关系产生了实质性的影响。然而,为了提高对华技术遏制的精准性和预见性,美国当局对其出口管制所关注领域进行了调整和细化,试图在其定义的关键技术领域对华实施更为严格的出口管制措施。③

美国对于出口管制所涉指物项范围的变化也能够充分体现其对华开展战略竞争的意向。美国政府传统以军事为导向的国家安全作为审视出口管制物项的标准,也因此以军事、防务物项与军民两用物项作为其出口管制的主要涉指物项。④ 中美战略

---

① "先进技术产品"的贸易数据主要是由美国人口普查局从其确定的 10 项技术大类出发,按照 HTS 十位码所确定的产品清单所统计的数据。该数据能够较为直观地体现美国当局所认定的与先进技术相关产品贸易情况。具体参见 U.S. Census Bureau, "FT900: U. S. International Trade in Goods and Services," https://www.census. gov/foreign-trade/Press-Release/ft900_index. html,访问时间:2022 年 1 月 15 日。

② 需要说明的是,美国航空航天类产品的对华出口的下降更多是出于对等贸易反制、新冠疫情减少需求、波音 737 MAX 飞机安全事件等多重因素的考量,与中国主动减少自美进口该类产品有关。

③ 宋国友:《中美贸易战:动因、形式及影响因素》,载《太平洋学报》2019 年第 6 期。

④ 尽管美国在奥巴马政府时期对其出口管制体系进行了改革,但其对出口管制调整的目的在于提高出口管制运作体系的精简和高效,因此主要对制度、机构和信息系统等机制层面的内容进行了改革,其出口管制所涉及的范围仍以军事为导向的国家安全为主要考虑。参见 The White House Office of Press Secretary, "President Obama Lays the Foundation for a New Export Control System To Strengthen National Security and the Competitiveness of Key U. S. Manufacturing and Technology Sectors," August 30, 2010, https://obamawhitehouse. archives. gov/the-press-office/2010/08/30/president-obama-lays-foundation-a-new-export-control-system-strengthen-n。

竞争同样涉及军事领域，但美国本身就严格限制军用技术以及极易被用于军用的民用技术的对华出口，并且美国也无法仅通过对军事相关技术和产品的出口管制，对中国实施有效且完整的战略遏制。结合技术竞争重要性以及技术两用性的突出，美国将对关键产业和先进技术发展具有普遍意义的物项列为其对华出口管制的重点关注对象，尤其是对未来经济活动产生重大影响的新兴技术予以了高度关注。① 美国对华出口管制所涉指对象的调整说明其意图通过扩展对华技术封锁的范围，并同时严格限制极具战略意义的关键物项的对华出口，在范围和强度两个方面对华实施更为有效的出口管制。

二、作为特朗普政府对华出口管制核心的半导体

美国对华出口管制对象具有广泛性，其涉及行业和技术领域具有多样性，但美国当局限制对华出口所涉及的技术领域存在一定的重合。根据美国政府针对特定企业和特定技术对华所采取的定向管制措施，半导体是特朗普政府收紧对华出口管制所重点关注的领域。就特定企业层面来看，华为公司作为美国当局所重点关注的企业，受到了来自美国政府各个方面的打压。除了将"华为"及其关联企业纳入"实体清单"以外，美国政府还专门通过修改出口管制的规则，来加紧对华为公司的出口管制。其中，美国商务部工业和安全局于 2020 年 5 月对《出口管制条例》进行了重大修改，通过扩大"国外直接产品"（Foreign-

① Cindy Whang, "Undermining the Consensus-Building and List-Based Standards in Export Controls: What the US Export Controls Act Means to the Global Export Control Regime," *Journal of International Economic Law*, Vol. 22, No. 4, 2019, pp. 598-599.

Produced Direct Product，FDP)规则的适用情形和修订"实体清单"中的许可证要求,针对华为公司及实体清单上的关联公司实施定向的战略性限制,阻断华为公司获得源于美国境外的利用美国16项特定软件和技术生产的半导体产品。[①] 商务部工业和安全局又于2020年8月对上述规则进行了修订,进一步限制华为公司获得使用美国软件或技术开发或生产的、非美国家制造的且与美国同类产品先进程度相同的芯片。时任美国商务部部长威尔伯·罗斯(Wilbur Ross)明确指出,华为及其关联公司加大了从美国获得用于开发和生产先进半导体的软件和技术的力度,此举则旨在限制华为及其关联公司通过第

[①] 按照美国商务部的说明,尽管华为及其关联公司已经被纳入了实体清单,但是实体清单主要是限制美国实体对华为公司的直接出口,并未扩大对华为公司的再出口管制的范围,华为公司依然在使用美国的软件和技术来设计半导体,并通过其海外代工厂使用美国技术和设备。此次修正案的具体内容为:第一,扩大了"直接产品原则"受《出口管制条例》管辖适用情形。美国政府针对华为及其关联公司采用特定的"两步判断标准",即结合华为公司被指定的限制范围,先判断受控技术或软件的管制原因或分类,再判断供应商是否知悉其直接利用美国特定软件或技术制造的产品将提供给华为公司及其实体清单上的关联公司。第二,扩大了"直接产品原则"适用外国产品的范围。在现有"直接产品原则"框架下已覆盖的软件和技术基础上,美国政府扩大了针对华为公司及其实体清单上的关联公司的"直接产品原则"适用范围。新增的ECCN编码有3E991、4E992、4E993、5E991、3D991、4D993、4D994、5D991。第三,修改"直接产品原则"的许可证豁免规则。美国政府针对华为公司及其关联公司取消了"直接产品原则"所适用的许可证豁免原则,并公告对其采取的许可证审查政策均为"推定拒绝"。此次修改阻断了华为公司获得任何使用美国半导体制造设备生产的芯片产品。参见 U. S Department of Commerce, "Commerce Addresses Huawei's Efforts to Undermine Entity List, Restricts Products Designed and Produced with U. S. Technologies," May, 2020, https://2017-2021. commerce. gov/news/press-releases/2020/05/commerce-addresses-huaweis-efforts-undermine-entity-list-restricts. html; U.S. Bureau of Industry and Security, "Export Administration Regulations: Amendments to General Prohibition Three (Foreign-Produced Direct Product Rule) and the Entity List," May 19, 2020, https://www. federalregister. gov/documents/2020/05/19/2020-10856/export-administration-regulations-amendments-to-general-prohibition-three-foreign-produced-direct。

三方获取美国技术。① 综合来看,上述两项措施旨在修订美国
原先长期使用的外国生产的"直接产品规则"和"实体清单",以
期更具战略性地限制华为公司使用包含美国技术和软件在国
外设计和制造半导体的能力(如表 4-3 所示)。

表 4-3　美国当局针对华为及关联公司修改"国外直接产品"规则的技术指向

修改	技术指向
第一次修改	(1) 半导体设计(工具)等由华为公司及其"实体清单"上的关联公司生产的产品,只要采用了被列入《商业管制清单》的软件和技术的外国直接产品都将受到 EAR 管制。 (2) 芯片组等由华为公司及其"实体清单"上的关联公司的设计规格生产的物品,且由被列入《商业管制清单》的设备生产的外国直接产品都受到 EAR 管制,并且当此类外国生产的产品用于再出口、从国外出口或转让给华为公司及其"实体清单"上的关联公司时,都需要申请许可证。
第二次修改	(1) 基于美国软件和技术的产品不能用于开发或制造任何华为公司及"实体清单"上的关联公司所生产、购买或订购的部件、组件或设备中。 (2) 限制华为及实体清单上的关联公司作为"买方""中间收货人""最终收货人"或"最终用户"参与相关交易。

数据来源:美国商务部。

　　与华为被列入"实体清单"时美国商务部做出特定声明
情况相类似,美国商务部将中芯国际列入"实体清单"时也做

---

① U. S Department of Commerce, "Commerce Department Further Restricts Huawei Access to U. S. Technology and Adds Another 38 Affiliates to the Entity List," August 17, 2020, https://2017-2021. commerce. gov/news/press-releases/2020/08/commerce-department-further-restricts-huawei-access-us-technology-and. html.

出单独声明称,涉及生产 10 纳米及其以下先进半导体的必需物品将被直接拒绝出口,以防止这种关键的技术支持中国的"军民融合"战略。特朗普政府商务部部长罗斯也就此发表特定声明称,此举在于确保中国无法通过中芯国际利用美国技术提升本土技术,并将中芯国际视为"中国利用美国技术支持其军事现代化的典型例证"①。相较于其他被纳入"实体清单"的中国企业,美国政府针对华为公司和中芯国际所发布的特定声明意味着,美国政府高度关注这两家中国企业及其所从事的行业和所涉猎的技术领域。而针对华为公司和中芯国际所实施出口管制所涉及的领域更是具有鲜明的指向性,即严格限制向其出口用于提升半导体制造能力的相关技术和产品。

就特定技术层面来看,特朗普政府针对中国所特定进行的技术产品出口管制范围调整并不多,但具有明显指向性的措施便是商务部工业和安全局在《出口管制条例》中正式新增"军事最终用户"清单之前,对该清单所适用管制物项的范围(《出口管制条例》第 744 部分附录 2)所进行的调整。具体来看,美国商务部工业和安全局在附录中新增了 17 项 ECCN 编码,涉及材料加工、电子、电信、信息安全、传感器和激光以及推进有关的物项和技术,但其中有 10 项 ECCN 编码与半导体制造和电子设备相关。此次修正案的具体内容为:第一,增加对"中国涉军用户"的管控。将向中国军事最终用户的出口、再出口及国内转移纳入最终用户管控范围。第二,扩大了"军事最终用途"

---

① U. S Department of Commerce, "Commerce Adds China's SMIC to the Entity List, Restricting Access to Key Enabling U. S. Technology," December 18, 2020, https://2017-2021. commerce. gov/news/press-releases/2020/12/commerce-adds-chinas-smic-entity-list-restricting-access-key-enabling. html.

的定义。将"军事最终用途"的范围从"使用、发展、生产"扩大至"任何支持或有助于军事物项的运行、安装、维护、修理、大修、翻新、开发、生产的任何行为"。第三，扩大并调整了军用管控物项。新增的 ECCN 编码为 2A290、2A291、2B999、2D290、3A991、3A992、3A999、3B991、3B992、3C992、3D991、5B991、5A992、5D992、6A991、6A996、9B990。第四，许可证审查采用"推定拒绝"的标准。第五，无论货值大小、最终用户或最终用途，有出口管制分类具体编码的贸易品在出口时都必须进行电子出口信息申报（Electronic Export Information filing，EEI filling）。① "军事最终用户"清单所涉指的出口管制物项范围相对"实体清单"较为集中，首批被列入该清单的中国实体也主要集中在航天航空、机械制造以及通信领域，但就其正式出台清单前对管控物项的范围调整来看，半导体制造和电子设备在其中的占比得到了大幅提升。② 与半导体制造相关的技术和产品是美国对华出口管制的重点关注对象。③ 半导体设计工

---

① 参见 U.S. Bureau of Industry and Security, "Expansion of Export, Reexport, and Transfer (in-Country) Controls for Military End Use or Military End Users in the Peoples' Republic of China, Russia, or Venezuela," April 28, 2020, https://www. federalregister. gov/documents/2020/04/28/2020-07241/expansion-of-export-reexport-and-transfer-in-country-controls-for-military-end-use-or-military-end。

② U. S Department of Commerce, "Commerce Department Will Publish the First Military End User List Naming More Than 100 Chinese and Russian Companies," December 23, 2020, https://2017-2021. commerce. gov/news/press-releases/2020/12/commerce-department-will-publish-first-military-end-user-list-naming. html。

③ 除了直接的出口管制外，美国政府同样严格限制中国对美国半导体企业的投资。例如，特朗普上台初期就亲自否决了与中国资方有紧密联系的峡谷桥基金（Canyon Bridge）对美国莱迪思半导体（Lattice）公司的收购；拜登政府也否定了中国智路资本（Wise Road Capital）对韩国半导体公司美格纳（Magnachip）的收购。

具和制造设备更是首当其冲。^① 特朗普政府之所以选取半导体制造技术作为其收紧对华出口管制的主要领域是出于两方面的考虑。

其一,半导体制造技术对于大国竞争具有高度的战略意义。半导体对于推动技术发展、促进经济增长和提升军事能力具有重要的战略价值,可视为大国技术竞争、经济竞争和军事竞争的重要结合点。从技术层面来看,作为推动信息和通信连续革命性发展的核心技术,半导体几乎是所有当下信息通信技术的底层基础硬件,并且对于促成未来的数字化转型和人工智能等新兴技术的发展也至关重要。^② 半导体是通信、导航以及其他复杂武器系统等在内的军事系统运行的基础,因此对国家防务也有重要意义。从产业层面来看,尽管与航天航空、汽车等其他产业相比,半导体产业的总体规模并不大,但半导体产业处于包括信息与通信技术等在内诸多信息产业的上游,是下游庞大的信息制造和服务产业的基础,因此对一国国民经济的发展具有很强的杠杆效应。^③

---

① 除上文已经提及的 ECCN 编码外,与半导体产品和技术相关的 ECCN 编码还包括半导体设计/开发技术(3E003. b);材料:氟化氢(1C350d. 1)、氟化聚酰亚胺(1C009. b)、光刻胶(3C002. a);制造:半导体生产技术(3E003. d)、半导体制造设备(3D991/3D001)、用于半导体生产的软件(3D001);测试:半导体的测试设备(3B002. b/3B992. b)、为使用 3B001. a 至 f 或 3B002 控制的设备而"专门设计"的软件(3D002)。

② 根据美国半导体协会公布的数据,按照终端用途划分,2019 年有 26％全球半导体产品用于手机,24％用于信息和通信基础设施,19％用于计算机,12％用于汽车,10％用于其他消费电子。参见 Antonio Varas, Raj Varadarajan, "Strengthening The Global Semiconductor Supply Chain In An Uncertain Era," SIA, April 6, 2021, https://www. semiconductors. org/wp-content/uploads/2021/05/BCG-x-SIA-Strengthening-the-Global-Semiconductor-Value-Chain-April-2021_1. pdf。

③ 根据世界半导体贸易统计协会公布的数据显示,尽管全球经济受新冠疫情影响而陷入衰退,但受家庭办公、学习和电话会议需求上涨的推动,　(转下页)

而在半导体整体产业链中,处于产业链上游、涵盖设计工具和制造设备在内的半导体制造技术是其中资本最为密集和技术门槛极高的组成部分,对半导体中下游产业的发展具有极强的支撑作用。① 以先进光刻机为代表的半导体制造设备更是被视为半导体产业中"皇冠上的明珠"。在缺乏制造半导体相关产品所需要设计工具和设备的情况下,即使通过技术转移或自主研发获取了关键的制造技术,也难以借此充分发挥相应技术的实际价值。扼守此"咽喉"领域的国家则可通过出口管制对他国实施"卡脖子"战术,即直接阻断被管制国家获取外部先进半导体制造技术的能力,在短期内对其半导体中下游产业实现战术限制,在长期内对依赖半导体的其他广泛产业形成战略打击。② 此外,通过对被管制国家先进半导体制造能力的削弱,拥有先进制造能力的国家维持其在高端芯片上的优势地位,借此保留处于下游且作为主要贸易品的集成电路出口获利的机会。③

(接上页)全球半导体市场 2020 年逆势增长,全球半导体市场规模为 4 404 亿美元,同比增长 6.8%,并且考虑到全球经济逐步恢复以及 5G 进一步普及、扩大需求等因素,2021 年全球半导体产业市场规模将增长至 5 510 亿美元,同比增长 25.1%。参见 WSTS, "The Worldwide Semiconductor Market is expected to show an outstanding growth of 25.1 percent in 2021," August 16, 2021, https://www. wsts. org/76/103/WSTS-has-published-the-Q2-2021-market-figures。

① 根据国际半导体产业协会的统计,2016 年全球半导体制造设备企业的营收额约为 412 亿美元,2017 年约为 560 亿美元,2018 年约为 502 亿美元,2019 年约为 598 亿美元,2020 年约为 712 亿美元。

② Martijn Rasser, Megan Lamberth, "Taking the Helm: A National Technology Strategy to Meet the China Challenge," January 13, 2021, https://www. cnas. org/publications/reports/taking-the-helm-a-national-technology-strategy-to-meet-the-china-challenge.

③ Saif M. Khan, Carrick Flynn, "Maintaining China's Dependence on Democracies for Advanced Computer Chips," Brookings, April 27, 2020, https://www. brookings. edu/wp-content/uploads/2020/04/FP_20200427_computer_chips_khan_flynn.pdf.

其二,美国居于半导体制造技术全球领先地位,拥有不对称的战略竞争优势。半导体产业具有显著的"寡占"格局,各细分领域往往为若干企业所垄断。这在居于产业链上游的设计工具和制造设备领域尤为明显。半导体设计工具中的电子设计自动化(Electronic Design Automation, EDA)软件则基本为楷登电子(Cadence)、新思科技(Synopsys)和明导国际(Mentor Graphics)长期垄断,特朗普政府所新增出口管制的计算光刻软件也基本为"Tachyon"(荷兰)、"Prolith"(美国)、"Calibre"(德国)等公司所垄断。半导体制造设备的产业集中度也同样突出。美国、日本和荷兰三国的企业在全球半导体制造设备市场中享有极高的份额。根据"VLSI Research"发布的全球前15大半导体制造设备厂商营收排行显示,美国、日本和荷兰的企业长期在其中占据重要的地位。[1] 在光刻机等先进半导体制造设备领域,产业集中度尤为明显。例如,阿斯麦尔(荷兰)和尼康(日本)两家公司目前基本垄断了高端光刻机设备市场。

作为半导体技术的发源地,尽管美国本土的半导体制造能力相对衰退,但美国在研发密集度高的半导体设计工具和制造设备领域始终保持全球领先。美国在半导体设计工具领域则处于绝对的领先地位。例如,上文所提及的楷登电子和新思科技均为美国企业;明导国际则于2017年被德国西门子收购,但其总部仍然设在美国。美国在全球半导体制造设备市场也拥有极高的地位。数据显示,2018年美国共有720家从事半导体及相关设备制造(NAICS:334413)和143家从事半导体机

---

[1]　具体数据可参见"VLSI Research"官网,https://www.vlsiresearch.com/catalog/semiconductor-c-22_73.html。

械制造(NAICS:333242)的本土企业、机构。这两类半导体产业部门在 2019 年的经济产值约为 350 亿美元,约占同期全球半导体制造设备企业营收的 59%。① 根据美国国际贸易委员会(International Trade Commission)公布的数据显示,美国半导体设备企业占据了超过 50% 的全球市场份额。其中,美国的应用材料公司(Applied Materials)在半导体制造设备领域始终保持着领导地位,其营收在过去十年中始终占据全球首位。②

　　美国的技术领先地位使其深度融入当前全球半导体产业链,诸多非美企业采购了大量来自美国的半导体制造设备,继而使得美国的出口管制同样能对这些非美企业产生相当大的影响。例如,受美国政府施压,荷兰政府搁置了对阿斯麦尔更新产品的出口许可,导致其至今无法对中国出口极紫外光刻机(EUV)等先进半导体制造设备。③ 尽管中国不断加大对半导

---

① U. S. Census Bureau, "2018-2019 Annual Survey of Manufactures (ASM): 2018-2019 Industry Products," https://www. census. gov/data/tables/time-series/econ/asm/2018-2019-asm. html; U. S. Census Bureau, "2018 SUSB Annual Datasets by Establishment Industry," https://www2. census. gov/programs-surveys/susb/datasets/2018/us_state_6digitnaics_2018. txt.

② John VerWey, "The Health and Competitiveness of the U. S. Semiconductor Manufacturing Equipment Industry," USITC, July 2019, https://www. usitc. gov/publications/332/working _ papers/id _ 058 _ the _ health _ and _ competitiveness_of_the_sme_industry_final_070219checked. pdf.

③ 阿斯麦尔在关键部件的供应链层面与美国的企业深度绑定。例如,阿斯麦尔在 2007 年收购了从事先进计算机光刻软件的美国企业睿初科技(Brion Technologies),Brion 的总部设立在美国加州;阿斯麦尔在 2013 年收购了从事光刻机激光光源的美国企业 Cymer,并且作为收购条件,美国当局明确要求阿斯麦尔不能在美国之外建立 Cymer 生产线,Cymer 的总部设立在美国加州,为阿斯麦尔位于美国的独立运营单位。与此同时,按照阿斯麦尔的 2020 财年报告显示,在其采购支出占比中,荷兰占 40%、欧洲、中东和非洲地区(不包括荷兰)占 39%、北美地区占 15%、亚洲地区占比 6%。而在其核心供应商中,美国占据 9 家,位居首位(其余分别为中国台湾地区 4 家,日本 3 家,德国 1 家)。参见 "2020 Annual Report," ASML, February 10, 2021, https://www. asml. com/-/media/asml/files/investors/financial-results/a-results/2020/2020-annual-report-based-on-us-gaap-2er7np. pdf?rev=0c2229f82af (转下页)

体技术和产业的投资,但中国目前的半导体设计工具和制造设备国产化尚处于发展阶段,在设计工具和关键制造设备领域仍高度依赖国外进口。例如,根据中国电子专用设备工业协会的数据显示,2020 年国产半导体制造设备的国内市场占有率约为 8.4%。[①]

从上述两点可以看出,处于产业链上游的半导体设计工具和制造设备是半导体产业的关键一环,对大国竞争具有相当的战略意义。美国及其盟友国家在半导体设计工具和制造设备的垄断地位,为其实施对外出口管制创造了良好的条件。特朗普政府从战略角度意识到,美国在半导体设计工具和制造设备的全球领先地位以及中美在此领域不对称依赖关系使得美国能够将此类技术产品作为对华实施技术遏制的有效抓手,使其能够更为精准地操控相关技术产品的流向,极大地限制中国获得外部先进技术以提升半导体制造的能力。

第二节　拜登政府对华出口管制政策

和产业政策类似,拜登政府总体上也是延续了特朗普政府所确定的对华出口管制政策,并根据实际情况加以强化。但是,有些强化的出口管制政策可以说是颠覆性的。调整的总体方向既受到国内政治的影响,被共和党所推动,也受到中美高科技发展动态的影响,试图通过更为严厉的出口管制政策尽可

(接上页) 04c2985f5ffe4faf9487a; "ASML Still has No License to Ship Newest Machines to China-CEO," Reuters, https://www.reuters.com/technology/asml-still-has-no-licence-ship-newest-machines-china-ceo-2022-01-19/。
① 中国电子专用设备工业协会:《2020 年中国半导体设备经济运行分析和 2021 年展望》,2021 年 6 月 19 日,http://www.cepea.com/news/384.html。

能维持对华高科技优势,打压中国高技术发展。

一、拜登政府对华出口管制主要政策

拜登政府对华出口管制政策,被不少人称为"小院高墙"政策。"院"指的是出口管制所涉及的特定技术领域,"小院"表明拜登政府出口管制政策所认定的技术领域会比较狭窄和精准;"墙"代表着围绕这些领域所制定政策的宽松程度,"高墙"表明拜登政府出口管制政策会较为严厉。因此可以从"院"和"墙"两个维度衡量拜登政府对华出口管制政策的演化。从政策实际演化看,拜登政府对华出口管制政策大致可以分为以下三阶段,其政策走势为管制的技术领域越来越宽,管制的政策力度也越来越严厉。

(一)"小院低墙"阶段

这一阶段是从拜登政府执政之初到2022年10月份。尽管拜登政府此一阶段要求美国国防部、商务部、贸易代表办公室等部门进行了全面的对华政策审查,但尚未就特朗普政府所制定的对华出口管制政策进行根本调整,而是在其基础上继续收紧对华的出口管制。换言之,在该阶段,拜登政府在特朗普政府所确定的出口管制政策框架内做"加法",并未出台创新的重大政策。

一是增加新的出口管制技术。2021年10月,拜登政府首次在商业管制清单中增加"新兴技术"出口管制分类编号2D352,该分类号为"核酸组装/合成器软件"(2D352)。[1]2022年2月,拜登政府推出了新修订的《关键和新兴技术国家

---

[1]   https://www.federalregister.gov/documents/2021/10/05/2021-21493/com-merce-control-list-expansion-of-controls-on-certain-biological-equipment-software.

战略》清单,对每项技术领域所涵盖的技术做出了详细说明。[①] 但上述政策涉华关系不大,难以被认为是针对中国。但在 2022 年 8 月,美商务部工业与安全局(BIS)发布公告,称出于"国家安全"考虑,将四项"新兴和基础技术"纳入新的出口管制。该禁令于 8 月 15 日生效。四项技术分别为:两种超宽带隙半导体的基材——氧化镓(Ga_2O_3)和金刚石;专门为开发具有全场效应晶体管(GAAFET)结构的集成电路而设计的电子计算机辅助设计(ECAD)软件;以及增压燃烧(PGC)技术。BIS 称,将这些技术纳入出口管制是《瓦森纳协定》42 个参与国在 2021 年 12 月全体会议上达成一致的结果。[②] 在该公告中,负责出口管制事务的美商务部副部长埃斯特韦斯尽管声称,该出口管制是为了让"全球各地的公司能在一个公平的竞争环境中运行",但这四种技术具有潜在的国家安全重要性。BIS 在公告中明确,氧化镓和金刚石是可以在更恶劣条件下工作的半导体材料,能承受更高的电压或更高的温度,采用这些材料生产出来的设备具备更高的军事潜力;ECAD 软件,是专门被用于开发具有全栅极场效应晶体管(GAAFET)结构集成电路的软件,该技术使生产更快、更节能、更耐辐射的集成电路成为可能,可以用于推进许多商业

---

① 拜登政府表示该清单将为美国技术竞争力和国家安全战略的制定提供支持,并为各部门和机构制定具体技术政策提供参考。因此该清单对确定美国出口管制的重点领域有一定的参考价值。参见"Critical and Emerging Technologies List Update," February 7, 2022, https://www.whitehouse.gov/wp-content/uploads/2022/02/02-2022-Critical-and-Emerging-Technologies-List-Update.pdf。

② https://www.bis.doc.gov/index.php/documents/about-bis/newsroom/press-releases/3116-2022-08-12-bis-press-release-wa-2021-1758-technologies-controls-rule/file。

和军事应用，包括国防和通信卫星；压力增益燃烧（PGC）技术在陆地和航空航天领域具有广泛的应用潜力，涉及应用包括火箭和高超音速系统等。

二是把更多中国公司列入出口管制清单。在执政第一年，拜登政府分别于 1 月、4 月、7 月、11 月和 12 月把近百家中国实体列入"实体清单"。2022 年，拜登政府把更多中国公司列入出口管制清单。如 2022 年 8 月，美国商务部以国家安全与外交政策领域的担忧为由，将 7 家中国实体加入出口管制名单，包括珠海欧比特宇航科技股份有限公司、中国空间技术研究院的两个研究所、中国航天科技集团公司的两个研究所和中国电子科技集团公司的两个研究所等。这些实体多数与航空有关，商务部认为这些实体购买和试图购买美国生产的货物，以支持中国军事现代化行动。① 此外，拜登政府为达成企业主动配合实地核查的政策目的，还使用"未经核实清单"这一工具。2022 年 2 月，美国商务部宣布，把 33 个中国企业纳入"未经核实"实体名单。② 美方公开声明，因为无法核实涉事企业的公司背景及可信度，因此作出相关处置。根据相关规定，被列入"未经核实清单"的中国实体，需要在 60 天内配合商务部工业和安全局执行调查工作，若 60 天内 BIS 未能执行调查，则该企业可能被列入未经核实清单。若在被列入未经核实清单后 60 天内 BIS 依然无法完成调查工作，则该企业可能进一步被列入"实体清单"。

三是在制裁俄罗斯问题上对中国实体实施出口管制。

---

① https://www.reuters.com/markets/us/us-adds-seven-china-related-entities-export-control-list-2022-08-23.

② https://www.bis.doc.gov/index.php/documents/about-bis/newsroom/press-releases/2905-2022-02-07-press-release-final-002-1/file.

2022 年 2 月乌克兰危机爆发后,拜登政府对俄罗斯进行了严厉的经济和金融制裁。其中出口管制措施包括禁止向俄罗斯和白俄罗斯出售指定的高科技产品,包括高端半导体产品。而美国的出口管制措施不仅适用于美国企业,也适用于世界其他地区使用美国软件或技术生产产品的企业,其中包括许多中国企业。为确保对俄制裁成功,拜登政府要求中国实体也需要严格遵守对俄出口管制措施。美商务部部长雷蒙多曾"严厉警告"称,对于"不遵守美国对俄出口管制措施的中国企业",美国将切断其生产产品所需的美国设备和软件的供应,继续向俄罗斯供货的中国企业将面临"严厉惩罚"。如果美国发现中国企业向俄罗斯供应芯片,则美方"基本上"可以让这些企业关闭。雷蒙多还声称,如果美方对"不遵守管制措施的中企"采取行动,则将会对中国生产芯片的能力造成"毁灭性打击"①。

(二)"中院中墙"阶段

总体上,拜登政府在"小院低墙"阶段还是以特朗普对华出口管制政策为基础,进行一定的补充和完善,尚未制定重大的严厉措施。但这并不是说拜登政府不打算在出口控制问题上对华施压,而是其在结合中美科技发展态势和中美关系变化,思考新的举措。

2022 年 10 月 7 日,拜登政府经过酝酿,正式公布了专门针对中国的出口管制规定(以下简称"2022 年 10 月规定"),对美国出口管制条例进行了大量调整,以使得其更具有针对性,能更好打击作为竞争对手的中国。该新规主要针对属于军民

---

① https://www.nytimes.com/2022/03/08/technology/chinese-companies-russia-semiconductors.html.

两用物项及技术的先进计算和半导体制造。①

具体而言，"2022年10月规定"包括九方面内容。一是将某些先进和高性能计算芯片及含有此类芯片的计算机商品加入《商业管制清单》(CCL)。二是对运至中国的最终用途为超级计算机或半导体开发或生产的物项增加新的许可证要求。三是将《出口管理条例》的适用范围扩大至某些外国生产的先进计算物项及外国生产的最终用途为超级计算机的物项。四是将受制于许可证要求的外国生产物项范围扩大到"实体清单"上位于中国境内的28个现有实体。五是将某些半导体制造设备和相关物项增加到《商业管制清单》。六是对目的地为中 国 的 半 导 体 制 造"设 施"(semiconductor fabrication "facility")且能制造符合特定标准的集成电路之物项，增加新的许可证要求。由中国实体所有的设施将面临"推定拒绝"政策，而跨国公司所有的设施将基于逐案审查政策决定。相关阈值如下：非平面晶体管结构16纳米或14纳米或以下的逻辑芯片；半间距18纳米或以下的DRAM存储芯片；128层或以上的NAND闪存芯片。七是限制美国人员在没有许可证的情况下支持位于中国的某些半导体制造"设施"(semiconductor fabrication "facilities")集成电路开发或生产的能力。八是对开发或生产半导体制造设备和相关项目的出口物项增加新的许可证要求。九是建立临时通用许可证制度，对目的地为中国以外地区使用的物项，允许特定及有限的相关制造活动，以减

---

① https://www.bis.doc.gov/index.php/documents/about-bis/newsroom/press-releases/3158-2022-10-07-bis-press-release-advanced-computing-and-semiconductor-manufacturing-controls-final/file; https://www.federalregister.gov/documents/2022/10/13/2022-21658/implementation-of-additional-export-controls-certain-advanced-computing-and-semiconductor.

少短期内对半导体供应链的影响。

从波及范围看,"2022 年 10 月规定"不仅包括美国本土企业和个人,还有外国公司。从管制工具看,对《商业管制清单》、"实体清单"和"未核实清单"均做出调整,力度空前。从管制结果看,对申请出口的审核都将采取"推定拒绝"原则,导致先进芯片和其他半导体产品出口至中国几无可能。此外,新规还将"未经核实清单"与"实体清单"进行挂钩,要求在美方提出检查但因东道国政府无行动而妨碍核查完成的 60 天之后将相关方加入未经核查清单,在东道国政府持续缺乏合作以协助完成检查的情况下,经过额外 60 天的程序可以将未经核查清单相关方添加到"实体清单"中。

美商务部副部长埃斯特维兹表示,美国要尽全力保护国家安全,防止具有军事用途的敏感技术落入中国军方、情报和安全机构手中。由于威胁环境一直在变化,出口管制新规以确保美国应对中国构成的挑战。对于拜登政府的"2022 年 10 月规定",有观点认为,这是美国对中国在技术领域所实施的"珍珠港偷袭",宣告了中美技术冷战的到来。① 出口管制政策的更新也使得拜登政府"小院高墙"的描述失去可信度,因为其影响广泛,且将随时间推移而大幅增加,因此"小院"演化成了"中院","低墙"也变成了"中墙"。

除了"2022 年 10 月规定"外,拜登政府还于 2022 年 12 月发布了《对实体清单的补充和修订以及从未经核实清单中删除的符合规定内容》的新出口管制规定。根据该规定,商务部工

---

① https://www.federalregister.gov/documents/2022/12/19/2022-27151/additions-and-revisions-to-the-entity-list-and-conforming-removal-from-the-unverified-list.

业和安全局(BIS)通过修订《出口管制条例》(EAR),将主要是
人工智能行业的36个实体列入实体清单。拜登政府把中国实
体列入实体清单是常规操作,但本次新规的特殊意义在于 BIS
的操作主要是根据上述10月规定中的"脚注4:实体清单外国
制造直接产品规则"这一新创设的规则。拜登政府通过对涉及
人工智能或超算的实体标记脚注4的方式,扩大了相关物项的
受管辖范围。因此,12月份新规定该等实体不仅要适用《美国
出口管制条例》规定的通常适用于被列实体清单企业的限制性
要求,还要适用上述特别适用于被标注"脚注4"的被列企业的
规则。这意味着拜登政府扩大了出口管制范围,将更多非美国
原产物项纳入受 EAR 管辖的范围,要求更多的外国产品也受
EAR 管辖,在未获得许可证的情况下,任何人均不得向实体
清单脚注4实体提供这些产品。其要害在于,即使外国制造
商生产的最终产品本身不因最低比例原则或"直接产品原
则"而受管辖,但如该制造商"知悉"(knowledge)该产品中含
有的外国零部件因"直接产品原则"而受 EAR 管辖,则该制
造商必须在获得许可证情况下才能出口该部件及含有该部
件的产品。而在实践中,如何认定"知悉"存在一定争议,但
BIS 有较大的自由裁量权。这对第三方国家对华出口高技术
产品形成了严重制约。

(三)"大院高墙"阶段

拜登政府对华出口管制政策并未止步于2022年10月及
12月出台的规定。之后,拜登政府仍有意强化。其重要原因
是拜登政府更加感觉到中美高技术竞争的急迫性。国务卿布
林肯直言,全球技术格局也发生了变化。从量子到合成生物学
再到6G,其他关键和基础技术正在迅速发展,在某些情况下正

在融合,以增加进一步改变游戏规则的突破的潜力。① 沙利文更是认为,美国应放弃现有的领先对手两代芯片的"滑动尺度"方法,而应努力保持尽可能大的领先优势。② 因此,美国需要把出口管制覆盖到新的技术领域。此外,在中美战略竞争日益加剧的情况下,美国需要倾尽全力对华保持技术优势。在这种背景下,拜登政府对华出口管制政策进入了"大院高墙"阶段,即出口管制所涉及的技术进一步拓展,政策变得更为严厉。

2023 年 10 月 17 日,美国商务部工业和安全局再度发布出口管制新规《加强对先进计算半导体、半导体制造设备和超级计算物项出口到有关国家的限制》(简称"2023 年 10 月规定"),以对 2022 年 10 月 7 日发布的限制措施进行加强。③ "2023 年 10 月规定"包括三方面内容。其一为《实施额外出口管制:某些先进计算物项、超级计算机与半导体最终用途;更新和修改临时最终规则》。该内容删除了"带宽"(bandwidth)作为识别受限芯片的参数。与"2022 年 10 月规定"相比,"2023 年 10 月规定"在判断计算芯片是否受限时,取消了带宽参数的限制,保留了原有的性能阈值,引入了性能密度参数,旨在阻止未来受限制国的变通办法。其二为《对半导体制造物项的出口管制临时最终规则》。该内容一是扩大受管制半导体制造设备的范围,对其他类型的半导体制造设备进行了控制。二是改进了美国人限制,以确保美国公司不能再为中国半导体制

---

① https://www.state.gov/secretary-antony-j-blinken-video-remarks-at-the-special-competitive-studies-project-scsps-global-emerging-tech-summit/.

② https://www.miragenews.com/remarks-by-national-security-advisor-jake-856536/.

③ https://www.bis.doc.gov/index.php/documents/about-bis/newsroom/press-releases/3355-2023-10-17-bis-press-release-acs-and-sme-rules-final-js/file.

造提供支持。三是将半导体制造设备的许可证要求扩大到中国内地和澳门地区以外的其他国家和地区。根据"2023年10月规定"，更多的美国公司在试图对华销售先进芯片或者制造先进芯片的设备前，需要向美国政府报备其计划，或者申请特别许可。其三为将中国芯片行业的13个实体加入"实体清单"。主要涉及摩尔线程（Moore Threads Technology）和壁仞科技（Biren Technology）这两家中国芯片设计公司及其子公司。

"2023年10月规定"旨在限制中国购买和制造某些对军事优势至关重要的三种高端芯片。一是限制中国获得生产下一代先进集成电路所需的半导体制造设备。二是限制下一代先进武器系统所需的先进集成电路以及高端先进计算半导体。三是限制开发和生产人工智能技术所需的高端先进计算半导体以及军事应用中使用的人工智能技术所必需的高端先进计算半导体。拜登政府认为，先进的人工智能（AI）能力由超级计算推动，可以用来提高军事决策、规划和后勤工作的速度和准确性，还可用于认知电子战、雷达、信号情报和干扰。商务部部长雷蒙多表示，"2023年10月规定"将提高美国管制的有效性，并进一步切断逃避美国限制的途径。这些管制措施将继续明确美国对军事应用的关注，并应对中国政府的军民融合战略对美国国家安全构成的威胁，在美国实施这些限制措施的同时，美国将继续努力通过限制关键技术的获取、警惕地执行美国的规则来保护美国的国家安全，同时最大限度地减少对贸易流动的任何意外影响。① 雷蒙多还表示，为了确保规则足够有

---

① https://www.bis.gov/press-release/commerce-strengthens-restrictions-advanced-computing-semiconductors-semiconductor.

效,希望规则将随着科技进步而至少每年更新一次。[1]

"2023年10月规定"是拜登政府对华不断加强半导体技术出口管制的过程。新规生效后,美国对华的半导体技术出口管制将走向体系化、机制化和常态化,以阻断中国研发和生产先进芯片能力。

拜登政府之后依然继续推出对中国出口管制的改进和强化措施。例如2024年3月29日,拜登政府又无预警宣布修订对华芯片限制规则。这份长达166页的规定明确,对中国出口的芯片限制也将适用于包含人工智能芯片的笔记本电脑,这意味着美国芯片对华限制扩大到更广泛的消费电子领域。新规于不到一周后的4月4日生效。[2] 此外,拜登政府准备开辟新战线,为使美国的人工智能行业免受中国的影响,计划对最先进的ChatGPT等人工智能模型设限。有报道称,美商务部正在考虑推动一项新的监管措施,以限制专用或闭源人工智能模型的出口。消息人士称,为了制定对人工智能模型的出口管制,美国可能会采用2023年10月发布的人工智能行政令中所设置的基于模型训练所需算力的阈值。这一算力阈值可能成为决定哪些人工智能模型将受到出口限制的依据。值得注意的是,该阈值并非一成不变,美商务部会结合数据类型或人工智能模型的潜在用途等其他因素,最终可能会设定更低的阈值。[3]

---

[1]　https://www.nytimes.com/2023/10/17/business/economy/ai-chips-china-restrictions.html.

[2]　https://www.bis.gov/press-release/commerce-releases-clarifications-export-control-rules-restrict-prcs-access-advanced.

[3]　https://www.reuters.com/technology/us-eyes-curbs-chinas-access-ai-software-behind-apps-like-chatgpt-2024-05-08/.

此外,尽管美国已经严格限制美国技术对华为的出口,但拜登对这家中国企业还采取进一步行动,撤销了英特尔和高通的出口许可证,这两家企业不能再向华为供应半导体。受此影响,华为的手提电脑和手机的芯片供应将被迫中断。美商务部发言人称,考虑到不断变化的威胁环境和技术情况,美国将持续评估出口管制措施如何最好地保护美国国家安全和对外政策利益,包括采取撤销出口许可证措施。①

2024年12月初,美国商务部宣布加强出口管制,进一步削弱中国生产先进芯片的能力。第一,对24种用于生产先进芯片的制造设备进行管制。第二,对3种用于开发或生产芯片的软件工具进行管制。第三,对高带宽内存(HBM)实施新的限制。高带宽内存对大规模人工智能训练与推理至关重要,新规适用于美国原产的高带宽内存以及根据外国直接产品规则(FDP)受出口管制条例(EAR)约束的外国生产的高带宽内存。第四,在实体清单中新增140个实体,并对14个实体进行调整,涵盖了参与中国军事现代化的中国设备制造商、半导体晶圆厂与投资公司。第五,制定两项新的外国直接产品(FDP)规则及最低限度规定。第六,对软件与技术进行限制,包括电子计算机辅助设计(ECAD)与技术。第七,向《美国出口管制条例》澄清了软件密钥的既有限制。出口管制适用于软件密钥的出口、再出口或转让,拥有密钥则可使用特定硬件或软件,或续订现有软件和硬件使用许可。

美国商务部部长雷蒙多表示,这项规定旨在削弱中国在对美国国家安全构成威胁的先进技术本土化生产能力,凸显了商

---

① https://www.ft.com/content/cf965960-b083-49ee-bae1-6ce95fe872a3.

务部在执行美国国家安全战略方面的核心作用。国家安全事务顾问沙利文表示,美国已采取重大措施,保护技术不被对手用以威胁国家安全。随着技术的发展,对手不断寻求逃避管制的新方法,美将继续与盟友伙伴合作,积极主动地保护美国的领先技术。①

二、对本国高科技企业施压,强化出口管制效力

尽管美国努力限制对华半导体出口管制,中国仍然是大多数美国芯片制造商的重要市场。据科技咨询公司"Omdia"的数据,消费设备组装的最大市场中国消耗了全球近50%的半导体。因为美国政府对华出口管制措施主要针对尖端产品。即使是那些大部分业务在美国的企业,在面对出口管制时,也一直在努力为中国客户提供服务。②

拜登政府对中国实施越来越严厉的出口管制措施,美国公司损失巨大。美国泛林公司2022年在华本来销售强劲,但是由于美国出台的"2022年10月规定"对华半导体出口管制,该公司预计其从10月31日开始的2023财年的营业额将损失25亿美元。公司试图通过为某些中国客户申请许可的方式,减轻这种打击。美半导体行业协会(SIA)和部分主要制造商对美政府遏制中国半导体产业增长的持续努力持不同看法。SIA警告称,持续收紧的出口管制或将危及美国芯片相关补贴带来的收益,从而影响该行业在美扩张计划。美半导体公司认为,政府应对出口管制的后果进行彻底评估。对华芯片出口有

①　https://www.bis.gov/press-release/commerce-strengthens-export-controls-restrict-chinas-capability-produce-advanced.
②　https://www.cnbc.com/2024/04/12/china-remains-a-crucial-market-for-us-chipmakers-amid-rising-tensions-.html?&qsearchterm=china.

助于美公司在国内投资，维持其研发开支，从而保持美技术优势。出口管制或将激励中国政府推动本土企业国产化，导致美企错失在华商机，侵蚀美技术领导地位。英伟达、英特尔、高通等公司均呼吁美政府暂停对华实施更多的出口禁令。①

面对英伟达等公司的诉求，拜登政府还是推出了"2022年10月规定"，对中国的半导体技术和设备的出口管制政策再次加码，限制中国获取先进芯片的途径。以英伟达为代表的美国半导体企业为此不得不接连调整中国战略，向中国市场提供低配版芯片产品。这款名为A800的新图形处理芯片符合美国"2022年10月规定"的对华芯片出口限制条件，并且这款芯片已于2022年第三季度投产。A800的计算性能与A100相同，但互连带宽较窄。互联带宽指芯片发送数据以及从其他芯片处接收数据的能力，对于训练大规模人工智能模型或构建超级计算机至关重要。英伟达方面表示，A800符合美国政府的出口管制规定，且无法通过编程方式使传输速度超过出口管制的限制。此外，英伟达还为中国客户推出了一款名为H800的芯片作为旗舰H100的替代版。面对英伟达推出的A800和H800这两种为中国市场提供的"特供版"芯片，美商务部部长雷蒙多表示了不满，但暗示美国政府会给英伟达出口人工智能芯片留下一些余地。如果芯片性能低于美国最新限制规定中的性能上限，则可以出口到中国，但企业在与中国实体进行交易时应进行尽职调查。英伟达推出新芯片是为了应对拜登政府限制向中国出口美国芯片技术的全面新规，而新规限制

---

① https://thediplomat.com/2023/09/despite-china-us-dialogues-semiconductor-supply-chain-remains-uncertain/.

A100 芯片的对华出口将使其损失 4 亿美元。①

英伟达等公司意识到,美国政府可能对向中国销售芯片施加更严格的限制,并警告称,从长远来看,此举将损害美国企业的利益。这重申了顶级芯片制造商普遍持有的观点。这些公司认为,目前对人工智能芯片和高端零部件销售的限制已经产生了预期效果。从长远来看,一旦实施禁止对华销售数据中心GPU 的限制措施,将使美国产业永久失去在全球最大市场之一竞争和领先的机会。英伟达、英特尔、高通等企业高管还一起访问了华盛顿,会见了商务部部长雷蒙多、国家经济委员会主任莱尔·布雷纳德和国家安全事务助理沙利文等政府官员,主张暂停升级出口管制。但拜登政府表示,为了维护美国的国家利益,防止中国军事力量的发展,有必要采取限制措施。② 从拜登政府对华出口管制政策趋势看,美国未来对中国的芯片禁令只会更紧,不会放松。如果说美国此前的目标是让中国的芯片技术落后美国至少两代,而现在的目标是要让中国落后得越远越好。果然,拜登政府又出台了"2023 年 10 月规定",限制英伟达向中国出口 A800 和 H800 这两款特供芯片。美国"2023 年 10 月规定"迫使英伟达取消 2024 年向中国提供价值数十亿美元先进芯片订单。为维护在中国市场份额和利润,英伟达计划于 2024 年第二季度起,大规模生产其为中国设计的人工智能芯片,包括 H20、L20 和 L2 芯片,以遵守美出口管制规则。据分析,三款芯片均包含英伟达的大部分最新人工

① https://www.wsj.com/articles/nvidia-offers-alternative-chip-for-china-to-clear-u-s-export-hurdles-11667891718.

② https://www.bloomberg.com/news/articles/2023-08-24/nvidia-sounds-fresh-warning-about-damage-from-china-export-rules.

智能功能，但为满足新规要求，其算力遭到削减。这些面向中国市场的特供芯片可能会消耗英伟达的重要研究资源，并且这些产品最终可能会禁止对华销售。尽管英伟达希望通过推出多款芯片以保持其在华市场份额，但由于担心美国或再度收紧出口管制，中国公司对购买 H20 等降级芯片持谨慎态度，并正在测试和采购华为等公司研发的国产替代芯片。①

三、协调盟友企业，推动形成出口管制多边机制

尽管拜登政府对华出口政策不断收紧，但仅凭美国自身难以使得相关政策发挥作用。从生产链看，美国在半导体领域影响力远远构不成垄断地位。没有盟友的加入，美国的出口管制措施将受到严重掣肘。美国必须协调其盟友，构筑对华出口管制的联盟体系，同时防止单边出口管制损害美国自身利益。在很大程度上，拜登政府对华出口管制能否有效的关键在于与盟友保持出口管制政策一致性，建立对华半导体制造设备和设计工具的多边出口管制体系。拜登政府为此成立了由美国主导，包括美国、日本、韩国和中国台湾地区的"芯片四方联盟"。该联盟在 2022 年 9 月举行了首次工作小组会议，商议如何加强半导体供应链的协调行动。盟友相关半导体公司在拜登政府推动对华出口管制中处于关键地位。为此，拜登政府还瞄准重要企业，通过所在国政府以及直接施压公司的方式，试图取得积极效果。众所周知，荷兰阿斯麦尔公司在其中处于关键地位。

阿斯麦尔公司位于荷兰，是欧洲最大的科技公司，也是全球计算机芯片制造商最大的设备供应商。阿斯麦尔公司在光

---

① https://www.reuters.com/technology/nvidia-launch-china-focused-ai-chip-q2-2024-sources-2024-01-08/.

刻机技术方面取得了一系列关键创新,包括提高分辨率、加速生产速度和适应新材料等。这些创新不仅推动了半导体行业的发展,也确立了阿斯麦尔在光刻机领域的技术领先地位。目前,该公司是世界上唯一一家能够提供极紫外线光刻机(Extreme Ultra-violet, EUV)的公司。因此,在美国对华进行先进制程芯片及半导体制造设备出口管制之际,阿斯麦尔公司不仅具有巨大的经济价值,而且具有战略意义。

在 2022 年早先时候,美荷两国就接近达成一项临时协议,即禁止出口生产 10 纳米芯片所需要的制造设备。在中国中芯国际开发出 7 纳米芯片后,美国政府认为迫切需要将出口管制门槛定为 14 纳米,这样才能使中芯国际更难开发出更先进的芯片。但这导致荷兰遵从美国管制要求的意愿有所降低。这进一步挫伤了荷兰方面的谈判意愿。在拜登政府率先出台"2022 年 10 月规定"后,继续大力推动阿斯麦尔公司也遵守美国相关规定。美商务部副部长埃斯特韦兹与白宫国家安全委员会官员塔伦·查布拉(Tarun Chhabra)2022 年 10 月访问荷兰,以推动达成协议。

经过谈判,在美国的压力下,荷兰政府 2023 年 6 月发布出口管制规则。根据新出口管制条例规定,特定的先进半导体制造相关物项包括先进的沉积设备和浸润式光刻系统从荷兰出口至欧盟以外的目的地须事先向荷兰海关申请出口许可。也就是说,荷兰政府禁止阿斯麦尔在没有政府许可的情况下,维护、修理被管控设备或为其提供备用零件。尽管阿斯麦尔公司回应称,并非所有深紫外线(DUV)光刻机出口都需要获得许可,根据新出口管制条例规定,只有最先进的深紫外线光刻机(Twinscan NXT2000i 及后续推出的浸润式光刻系统)出口需要获得许可,而此前更先进的极深紫外线光刻机已经受到出口限制。阿斯麦尔公司还表示,由于该公司在今年年底前获得了必要许可,该公司能够履行合同义务。不过从 2024 年 1 月份开始,阿斯麦尔将不太可能获得对中国客户的出口许可。对此,阿斯麦尔高管警告称,对全球芯片生态进行限制将产生深远后果,对华脱钩将是极其困难且昂贵的。欧洲批评人士也指责荷兰政府过于轻易地屈服于美国压力,并认为此举将刺激中国加快构建本土先进芯片生产生态。① 但荷兰政府的出口管制新规表明,拜登政府的施压政策取得了效果。除荷兰政府的管制之外,美国还考虑禁止阿斯麦尔在没有美国许可的情况下,对大约 6 家中国工厂销售老式的深紫外光刻零件。拜登政府将通过外国直接产品规则(FDP)对阿斯麦尔施加新限制。即使产品包含的美国零件数量非常少,FDP 也允许美国限制外国设备供应商的销售。如果阿斯麦尔遵从美国限制规定,中国几乎没有国内替代品修复或者更换损坏的设备。②

拜登政府发布"2023 年 10 月规定",如果阿斯麦尔的 Twinscan NXT1930Di 光刻机含有任何美国零部件,美国就有权限制其出口。这对荷兰政府和阿斯麦尔公司提出了更高的管制要求。数位荷兰议员就美国单方面实施出口管制新规,限制阿斯麦尔另一款芯片制造设备对华出口是否正确的问题,向荷兰外贸与发展合作大臣施赖纳马赫尔提出质疑。施赖纳马赫尔表示,荷兰内阁并不反对美国影响阿斯麦尔的新规,但"应

---

① https://www.politico.eu/article/the-netherlands-limits-chinese-access-to-chips-tools-asml/.

② https://www.bloomberg.com/news/articles/2023-07-14/asml-faces-tighter-restrictions-on-servicing-chip-gear-in-china.

该以更加欧洲化的方式来解决这个问题"①。

由于此前阿斯麦尔已获得向中国公司运送三台顶级深紫外光刻设备的许可,美国总统国家安全事务助理沙利文就此事致电荷兰政府进行施压,但荷兰官员要求美国直接联系阿斯麦尔。在美国官员与阿斯麦尔进行接触后,阿斯麦尔取消了对中国部分机器出口。阿斯麦尔在一份声明中表示,"2023 年发货的"NXT2050i"和"NXT2100i"光刻系统的许可证最近已经被荷兰政府部分吊销,这将影响少数中国客户"。阿斯麦尔时任首席执行官彼得·温宁克(Peter Wennink)在 2023 年 10 月份的财报电话会议上表示,更新的出口限制将影响该公司对华销售额的 10%～15%,并警告这些措施可能会鼓励中国开发与之竞争的技术。②

2024 年 2 月份,阿斯麦尔公司在其 2023 年年报中称,美国的制裁措施越来越多,其中大多数都受到了荷兰政府的支持。报告在地缘政治风险板块表示,该企业向中国等部分国家提供技术的能力已经受到,并将继续受到该公司获取许可能力的影响。③ 正如阿斯麦尔公司所预测的,2024 年 3 月,拜登政府进一步对荷兰政府和阿斯麦尔公司施压,敦促荷兰政府禁止阿斯麦尔为禁令发布前购买现已被禁止出口设备的客户服务或者帮助其维修敏感的芯片设备。2024 年 4 月,美商务部副部长埃斯特维兹访问荷兰,正式要求阿斯麦尔停止向中国客户

---

① https://www.reuters.com/technology/dutch-lawmakers-question-new-us-export-restrictions-asml-chip-machine-2023-10-24/.

② https://www.bloomberg.com/news/articles/2024-01-01/us-pushed-asml-to-block-chinese-sales-before-january-deadline.

③ https://www.asiafinancial.com/any-expansion-of-china-chip-curbs-will-risk-business-asml-says.

的部分设备提供维修服务,这将给荷兰政府带来巨大压力。尽管荷兰政府不愿做出全面决定,但其公开声明和国家安全利益等迹象表明,荷兰政府将继续与美国政府在出口管制方面保持一致,包括在未来延迟批准来自中国的设备维护请求。荷兰外交部表示,将以逐案审查方式判断来自中国的许可请求。鉴于阿斯麦尔的维护业务约占其收入的两成且中国为其第三大市场,许可证取消对其造成的影响将逐渐显现,但影响有限。由于阿斯麦尔设备的重要性,维修服务中断或将对中国芯片制造商造成严重打击。①

作为一家高科技公司,阿斯麦尔被迫卷入了拜登政府对华出口控制的战略中。对此,阿斯麦尔 CEO 克里斯托夫·富凯(Christophe Fouquet)表示,必须在遏制中国获取设备的西方要求和在关键市场中国立足中保持平衡。富凯还表示,如果阿斯麦尔不在中国,就失去了对中国的控制。阿斯麦尔对进一步的出口管制表示担忧。富凯补充道,限制也将进一步推动中国发展本土尖端技术,施加的限制越多,越能激发中国自给自足。②

在施压阿斯麦尔公司的同时,美国还对日本、韩国和阿联酋等国施压。在芯片产业链中,日本是全球芯片供应链中众多关键节点的所在地,日本企业发挥着为芯片制造提供基本机械与材料的独特优势。拜登政府希望日本企业限制对中国出口对芯片制造至关重要的专用化学品以及成熟的制程半导体设备。日本经济产业省 2023 年 5 月 23 日公布了基于外汇法令修正案,把尖端半导体制造设备等 23 个品类列入出口管理限

---

① https://www.reuters.com/technology/dutch-set-comply-with-us-demands-china-exports-2024-04-07/.

② https://www.wsj.com/tech/the-ceo-trapped-in-the-u-s-china-chip-battle-7340c949?mod=tech_lead_story.

制对象名单,并于 2023 年 7 月 23 日正式实施。追加的 23 个品类除了向友好国等 42 个国家和地区出口外,均需要单独得到批准。23 个品类包括极紫外光刻机相关产品的制造设备,以及可立体堆叠存储元件的蚀刻设备等。按运算用逻辑半导体的性能来看,均属于制造电路线宽在 14 纳米以下的尖端产品所需设备。尽管日本经济产业大臣西村康稔此前表示,"这并非针对某个特定国家",但显然新管制措施的目标是切断中国企业获得一系列先进芯片制造工具的途径,使其更难以制造用于人工智能的先进芯片,帮助扩大美国及其盟友与中国之间的军事能力差距。日本政府实施的出口管制政策会让日本企业可能蒙受巨大销售损失。尼康公司约 28% 的收入来自中国,需重新制定浸入式光刻机的中国战略来为其下一项技术投资提供资金,以缩小与阿斯麦尔之间的差距。东京电子公司约有 25% 的销售额来自中国大陆,或因此下降 5～10 个百分点。

　　韩国半导体企业也是拜登政府重点施压的目标。在拜登政府公布"2022 年 10 月规定"后,由于韩国的三星电子公司和 SK 海力士公司在中国有数百亿美元投资,基于这一事实,这两家公司获得了美国商务部为期一年的授权,为中国工厂提供芯片生产所需的设备,而无需寻求额外的出口许可。在拜登政府公布"2023 年 10 月规定"后,SK 海力士首席执行官朴正浩表示,将再向拜登政府寻求延长针对中国芯片出口管制为期一年的豁免。在韩国政府就国内半导体企业利益与拜登政府沟通后,拜登政府又同意三星和 SK 海力士继续购买维持和扩大其在中国芯片制造业务所需的设备。三星电子表示,通过与美国政府的密切协调,新的豁免政策将使其在中国的半导体生产线运营相关的不确定性大大消除。但值得注意的是,美国政府决定允许韩国三星和 SK 海力士为其在中国大陆的半导体工厂购买的生产设备，主要考虑到这两家韩国公司在中国的半导体技术以成熟制程芯片为主。通过允许这两家韩国公司取得豁免，将有助于促进这两家公司在全球最大半导体市场的发展，稳定其市场份额，保持其在中国半导体供应链中的竞争优势，从而对已经被列入"实体清单"的长江存储等中国国内存储芯片制造商带来更为严重的挑战。①

　　除了关键的荷兰、日本和韩国外，拜登政府还强化了对中东地区的协调力度，避免中东成为其对华出口管制的"盲区"所在。阿联酋曾在 2019 年不顾美国的反对，选择华为公司安装首个国家 5G 基础设施，理由是美国推动的西方合作伙伴无法提供类似技术，但此后，美国政府加大了对阿联酋的政策压力。就企业而言，以阿联酋的 G42 公司为典型。② 拜登政府官员曾表达对阿拉酋人工智能公司 G42 与中国合作的担忧。由于担心美国先进技术可能通过 G42 流入中国企业或政府，拜登政府官员已就 G42 与华为公司等中国企业的合作发出警告，并敦促 G42 切断与中国公司和任何机构的联系，甚至还提出对 G42 实施制裁的可能性。美国官员向阿联酋官员表示，在敏感的新兴技术问题上，阿联酋必须在美中之间做出选择。③

---

① https://www.scmp.com/tech/tech-war/article/3237485/tech-war-us-waiver-china-export-restrictions-advanced-semiconductor-equipment-south-koreas-samsung.
② 阿联酋 G42 公司 2018 年成立于阿联酋阿布扎比，业务涵盖从云计算到无人驾驶汽车的各个领域，利用其基础和应用型人工智能以及云计算能力为企业或组织提供技术解决方案，也是阿联酋第一家国家级互联网平台。G42 的董事长、控股股东塔努努恩·本·扎耶德·阿勒纳扬(Sheikh Tahnoon bin Zayed Al Nahyan)是阿布扎比最富有、最有影响力的人物之一。他是阿联酋国家安全顾问，担任阿布扎比投资局、阿布扎比第三大主权财富基金 ADQ(阿布扎比发展控股有限公司)的主席。
③ https://cn.nytimes.com/usa/20231128/ai-us-uae-china-security-g42/.

为更好地对阿联酋施加压力，拜登政府放慢向英伟达和超微半导体等芯片制造商发放向中东地区大规模出口人工智能加速器的许可证，并正在对该地区的人工智能发展进行国家安全审查。对此，美商务部发表声明称，其首要任务是保护国家安全。对于前沿技术，美方将通过跨机构流程进行广泛的尽职调查，对所有先进技术出口许可申请进行全面审查。美方仍致力于与中东和全球伙伴合作以保护美国的技术生态。在美国的不断施压下，阿联酋官员表示愿意满足美国要求，将中国供应链分离或完全剥离中国技术。阿联酋人工智能、数字经济和远程工作应用国务部部长欧莱麦表示，美国对敏感芯片技术由中东转移至中国的担忧是合理的。阿联酋已证明其是美战略伙伴。G42 公司也已同意从中国撤资，转而与微软和 OpenAI 公司建立合作伙伴关系，并与微软签订了协议。根据协议，微软将向 G42 公司投资 15 亿美元，获得 G42 公司的少数股权和董事会席位。两家公司将共同研发人工智能产品，并支持建设一个为开发人员提供的 10 亿美元基金，以提高阿联酋和更广泛地区的人工智能技能。本次协议得到了阿联酋政府和美国政府的担保，是两家公司现有合作伙伴关系的进一步扩大。欧莱麦表示，与微软的协议以及美阿近年合作是阿方所做出的一系列保证的延续。①

四、拜登政府对华出口管制的国内政治因素

在继续对华出口管制方面，拜登政府与特朗普政府大致一脉相承。这是由中美两国战略竞争态势所决定的。但是与特

---

① https://www.bloomberg.com/news/articles/2024-06-11/uae-minister-says-us-concerns-over-chip-supplies-to-china-valid.

朗普政府不同，对拜登政府而言，是否放松对华出口管制不仅是与中国战略竞争的需要，还有着更为复杂的党派斗争问题。来自共和党和要求对华采取强硬立场的对华鹰派人士的施压，拜登政府在放松对华出口管制层面面临极大的压力。

在拜登执政之初，此前由于拒绝承诺将华为保留在"实体清单"内，并表态希望改善中美间的经贸关系，雷蒙多在美国国会进行美国商务部部长提名确认时遭到了共和党议员的抵制。[①] 雷蒙多担任商务部部长后，美国众议院外交委员会曾致信雷蒙多要求加强对华的出口管制、更新出口管制的技术清单，并提出了十条改革出口管制的"紧急关切"（immediate concern）。为了就此问题实现对拜登政府的施压，共和党还曾搁置了对提名担任美国商务部副部长、负责领导产业和安全局的埃斯特维兹的确认。[②]

共和党在出口管制问题上对华施压具体有如下表现。

[①] U.S. The House Foreign Affairs Committee, "McCaul, House Republicans Call for Hold on Raimondo Confirmation until Biden Admin Clarifies Huawei Plans," February 2, 2021, https://gop-foreignaffairs.house.gov/blog/mccaul-house-republicans-call-for-hold-on-raimondo-confirmation-until-biden-admin-clarifies-huawei-plans/.

[②] 在共和党议员提出的十条改革出口管制的意见中，有三条与半导体制造技术直接相关，包括：第一，将对中芯国际的出口许可证申请政策的适用范围扩展至所有中国的半导体代工厂和制造设备企业。第二，限制氟化氩（ArF）浸入式光刻技术、极紫外光刻技术、先进材料（光掩膜和光刻胶）以及中国任何企业所需的半导体设计工具的对华出口。第三，限制中国使用美国 EDA 软件。参见 U.S. The House Foreign Affairs Committee, "China Task Force Calls on Admin to Crack Down on Sharing Critical U.S. Tech with China," October 26, 2021, https://gop-foreignaffairs.house.gov/press-release/china-task-force-calls-on-admin-to-crack-down-on-sharing-critical-u-s-tech-with-china/; Kate O'Keeffe, "House Republicans Call for Tougher Controls to Keep U.S. Tech From China," October 26, 2021, *The Wallstreet Journal*, https://www.wsj.com/articles/house-republicans-call-for-tougher-controls-to-keep-u-s-tech-from-china-11635159601.

（一）批评商务部在审批对华出口许可时过于宽松

无论是基于党争还是基于党派偏好不同，共和党议员长期以来就拜登政府对中国获取美国技术实施的限制加以指责，称政府仍在允许半导体和其他美国创新产品流向中国，这最终可能在军事冲突中帮助中国。从数据看，拜登政府 2021 年批准了 86％的对华技术出口许可申请，共和党对此大为不满，认为该比例过高，认为商务部工业和安全局似乎不了解许多技术其实都有潜在的军事用途。共和党人认为商务部工业和安全局是美国在人工智能、芯片制造和其他核心技术方面与中国竞争的一个薄弱环节。特朗普政府时期曾任商务部工业和安全局代理局长纳扎克·尼卡赫塔尔称，商务部工业和安全局长期以来一直忽视中国构成的威胁，导致包括"半导体和电子制造到活性药物成分等数百种关键产品的供应链存在漏洞"，并表示缺乏足够的情报信息来确定出口的最终受益人。

共和党人认为，拜登政府对中国的出口管制是重复的无用功（"whack-a-mole" approach）。由于认为商务部工业和安全局执行出口管制不力，众议院外交事务委员会主席、共和党众议员麦考尔表示，商务部工业和安全局"这个系统缺乏透明度，无法保护美国的国家安全"，因此呼吁必须对商务部工业和安全局进行改革，并对涉嫌违反美国出口管制的实体采取更严厉的行动。麦考尔还表示，商务部工业和安全局长期不在国会的关注范围内，却属于国会的管辖范围，因此决定对商务部工业和安全局处理出口管制的方式进行为期 90 天的审查以了解其工作，并特别强调审查出口审批程序。① 为了帮助确定应对技

---

① https://www. politico. com/newsletters/politico-china-watcher/2022/10/06/gop-vow-intense-china-focus-if-they-flip-the-house-00060579.

术和国家安全挑战的新方法,众议院外交事务委员会还在审查结果出炉前声称,共和党领导的众议院或将对现有的出口管制立法提出新的重大改变,包括进一步向商务部工业和安全局授权,将其从商务部剥离以直接向总统报告,并在商务部工业和安全局内部设立一个新的情报办公室,以便更有效地处理机密信息,并扩大对新兴和基础技术的最终用户控制。①

2023 年 12 月,众议院外交事务委员会发布了对商务部工业和安全局的审查报告。在该报告中,共和党委员会继续批评拜登政府对华出口管制政策,美国政府未能执行限制向中国出售先进技术的出口管制措施。② 报告特别指出,美国政府发放了太多的特别许可证,允许美国公司向中国出口受限制的产品,有时甚至不顾国防和情报官员的反对而发放这些豁免。该报告还借机指责商务部工业和安全局与其监管的科技行业关系过于密切。许多科技公司向中国销售产品和服务,并推动制定更宽松的规则,以保持进入一个巨大且不断增长的市场的机会。共和党之所以强调此点,不仅是因为高科技企业在华有巨额利益,更为重要的是,脸书、谷歌、微软、高通等一众高科技企业对民主党的政治捐款要远多于对共和党的捐款。共和党议员建议进行一系列改革,包括在批准向中国提供技术的特别许可证方面给予国防部官员更大的发言权。

对于共和党人的指责,商务部部长雷蒙多回应道,美国政府正在建立一个更强有力的商务部来对付中国,包括发布历史性的管制措施,首次拒绝向整个国家提供特定技术。商务部工

---

① https://www.atlanticcouncil.org/blogs/new-atlanticist/how-will-the-republican-congress-affect-us-policy-on-ukraine-china-and-more/.

② https://foreignaffairs.house.gov/wp-content/uploads/2024/01/1.2.24-BIS-Report.pdf.

业和安全局要更好地执行对华出口管制,需要更多的资金和更少的任务,但是两者不可能兼得。在前者,商务部工业和安全局责任重大,但是明显缺乏足够资源。商务部工业和安全局的预算不到2亿美元,几乎与十年前一样。而后者,商务部工业和安全局需要处理的申请许可已经翻倍,未来将会更多。因此雷蒙多要求国会为商务部工业和安全局提供更多的资源。在其2023财年的预算要求中,商务部工业和安全局就要求国会提供近2亿美元的预算和593个职位以实现其目标。对此,麦考尔和另外两名共和党议员在一份声明中说,商务部工业和安全局任何有关增加资源的谈话都必须与行动相匹配,以证明其正在被改革成一个真正的国家安全机构,将采取必要的行动来对抗中国和其他对手。

(二)呼吁对中国实体采取更为严厉的出口管制措施

10名共和党议员呼吁美国商务部对中国华为公司和中芯国际实施更严厉的制裁,此前这两家公司出品的一款国产先进智能手机芯片,绕过了美国的出口管制。众议院外交委员会主席麦考尔和其他9名议员签署一封写给美国商务部负责工业和安全事务的副部长埃斯特维兹的信件,信中提出了七项措施,以加强对中国芯片业的制裁,并惩罚华为公司和中芯国际涉嫌违反美国出口管制的行为。信中呼吁美国商务部根据《国际紧急经济权力法》(The International Emergency Economic Powers Act)设立一个面向中国的制裁机构,对华为公司和中芯国际公司实施"全面封锁制裁"。撤销对华为公司和中芯国际公司的所有现有出口许可,并对这两家公司的高管提出刑事指控。信中称,关于这部手机的报道"表明"中芯国际违反了美国出口管制法规,但仍难以找到中芯国际生产新芯片违反制裁的证据。迄今为止,美国官员尚未证实他们是否有证据证明中芯国际有罪或无罪。①

在华为公司发布了其 Mate60Pro 系列手机后,美众议院两名资深共和党议员向拜登政府施压,要求其对向中国出口先进计算芯片及其制造工具实施更严格的出口管制。麦考尔和加拉格尔在写给美国国家安全事务顾问沙利文的信中表示,中国最大芯片制造商的新进展表明,之前推出的一套全面的规则需要更新,以堵塞议员所说的漏洞。议员们敦促拜登政府更新规则,并立即对华为公司和中芯国际公司采取行动。他们还敦促政府切断中国公司通过云计算服务访问强大人工智能芯片的渠道,并开始执行政府自己的规定,即对中国公司施加限制,不允许美国官员核实中国公司是否遵守美国出口规定。②

除了点名华为公司和中兴公司外,共和党议员还锁定其他中国高科技公司。2023 年 12 月,灿芯半导体(上海)股份有限公司被披露其部分股份由中芯国际所持有,并向至少 6 家中国军事供应商提供芯片设计服务。美共和党参议员卢比奥敦促拜登政府制裁中国芯片设计公司灿芯半导体,原因是该公司与中国最大的受制裁芯片制造商有关联,并为中国的军事供应商提供服务。卢比奥表示,灿芯半导体和其他中国科技公司相对自由地获得美国技术的事实表明,目前的出口管制规则正在允许中国崛起为一个技术大国。卢比奥在致商务部部长雷蒙多的信中称,"灿芯半导体的例子表明,现在需要迅速采取行动,防止中国的芯片产业基础变得更加强大","我敦促你对灿芯半

---

① https://www.washingtonpost.com/technology/2023/09/14/us-sanctions-china-huawei-mate-60-pro-smic/.

② https://www.reuters.com/technology/us-lawmakers-press-white-house-tougher-enforcement-china-chip-rules-2023-10-06/.

导体施加与中芯国际相同的许可要求"。卢比奥还呼吁对运往中国的芯片设计软件实施更多限制。加拉格尔也敦促商务部采取更多措施阻止美国技术为中国军方所用。包括民主党参议员凯西在内的其他美议员则将矛头对准了灿芯半导体与美国投资者的接触。[①] 美商务部于 2024 年 3 月回应卢比奥时称，拜登政府在评估"实体清单"中新增内容时，将考虑其担忧。对此，卢比奥表示欢迎，但敦促商务部采取具体行动，他表示虽然商务部已承认其有权将灿芯半导体列入"实体清单"并加强对美芯片设计软件的出口管制，但除非拜登政府迅速采取行动，否则其表态将毫无意义。[②]

（三）要求拜登政府把更多特定技术纳入出口管制清单

共和党议员要求把更多特定技术纳入对华出口管制中。RISC-V 技术可以说是一个典型案例。RISC-V 是一项开源的免费芯片技术，从智能手机芯片到人工智能的高级处理器，RISC-V 都可作为关键要素。RISC-V 芯片在复杂计算任务方面的性能落后于 ARM，但随着 RISC-V 初创公司的激增和更多科技公司对开源标准的投资，RISC-V 的低成本、易定制和高能效对一些芯片制造商产生吸引力。据 SHD 集团估计，2022 年出货的所有片上系统中有 1.9% 采用了 RISC-V 处理器。[③] 由于美国扩大对中国获得先进半导体和芯片制造设备的限制，RISC-V 的开源性质使其成为中国政府遏制对西方技

---

① https://www.reuters.com/world/us-senator-marco-rubio-calls-biden-sanction-chinese-chip-firm-brite-2023-12-21/?_x_tr_sl=en&_x_tr_tl=zh-CN&_x_tr_hl=zh-CN&_x_tr_pto=sc.

② https://www.reuters.com/technology/us-consider-concerns-about-chinas-brite-trade-sanction-decisions-2024-04-11/.

③ https://www.reuters.com/technology/china-bets-open-source-chips-us-export-controls-mount-2024-02-05/.

术依赖的一部分。可以从互联网上免费下载的 RISC-V 已经成为希望在半导体设计方面与美国匹敌的中国公司和政府机构的核心工具。根据调查,数十家遭受美国制裁的中国实体和研究机构在 2018—2023 年期间对涉及 RISC-V 的项目投资了至少 5 000 万美元。虽然金额有限,但在 RISC-V 方面取得了不少突破,让中国看到这一开源标准未来能威胁到 x86 和 ARM 垄断的希望。RISC-V 成为中国防止 ARM 停止向所有中国公司发放许可的可能性所在。

RISC-V 以开放源代码软件为蓝本,但开放源码技术通常被视为美国出口管制的例外。2023 年 10 月,两位共和党众议院委员会主席及共和党参议员卢比奥和民主党参议员华纳等议员,以国家安全为由,敦促拜登政府就 RISC-V 采取行动。议员表示,商务部需要要求任何美国人或公司在与中国实体就 RISC-V 技术进行合作之前获得出口许可。希望商务部工业与安全局采取行动,若不能实现,将寻求立法。① 2023 年 11 月,13 名国会众议院共和党人小组致信美商务部部长雷蒙多,要求其说明计划如何防止中国"在 RISC-V 技术领域取得主导地位,并利用这一优势损害美国的国家和经济安全"。这些议员包括美众议院中国问题特别委员会主席加拉格尔等人。他们还询问拜登政府如何执行现有的行政令,要求美国公司在与中国企业合作开发 RISC-V 技术之前必须获得出口许可。② 2024 年 4 月,美商务部致信美议员称,其正在审查中国使用开源 RISC-V 芯片技术对美国家安全的影响。阿里巴

---

① https://www.reuters.com/technology/us-china-tech-war-risc-v-chip-technology-emerges-new-battleground-2023-10-06/.

② https://www.reuters.com/article/usa-china-chips/us-lawmakers-press-biden-for-plans-on-chinese-use-of-open-chip-technology-idUKL1N3C23WO.

巴等中国大型科技公司正在使用这种技术,并已成为美中先进芯片技术战略竞争的新战线。美商务部在信函中表示,正在"努力审查潜在风险,并评估商务部门是否采取适当行动来有效解决任何潜在问题",但也指出,需要谨慎行事,以避免损害那些参与研究 RISC-V 技术的美国公司。此前向中国转让 5G 技术的管制措施给在相关国际标准机构工作的美国公司制造了障碍,从而危及美国在该领域的领导地位。[①]

第三节　对华出口管制未能有效及其原因分析

尽管美国努力对中国高技术企业实施愈发严厉的出口管制措施,但总体而言,其对华出口管制未能取得预期效果。

一、美国对华出口管制未能有效

以半导体为例,总体上美国政府对华出口控制的效果初步如下。第一,收紧对华出口管制对中国自美进口半导体制造设备造成了一定的阻碍,但中美总体上仍继续在此领域保持了密切的贸易往来。同时,中美在半导体制造设备领域本身有着紧密的贸易联系,美国收紧对华出口管制并未对双边在该领域的贸易造成广泛性的限制。[②] 第二,美国政府对不同半导体制造

[①] https://www.rcuters.com/technology/us-is-reviewing-risks-chinas-use-risc-v-chip-technology-2024-04-23/.

[②] 本章将半导体制造设备的零件和配件视为非关键设备,但零件和配件是半导体制造设备产业中最大的贸易类别之一,也是反映设备领域贸易联系的重要指标。与此同时,替换半导体制造设备的供应商需要对制造线进行调整,设备的零件和配件采购也因此会转向替代供应商。在严格限制关键设备对华出口的背景下,中国自美进口设备零件、配件的金额反而大增,其整体占比也不断增加。这从侧面说明了中美在半导体制造设备领域仍保持着较为密切的贸易往来。

设备领域的对华出口管制力度各不相同。其中，技术重要性突出且具有高附加值的关键设备领域是美国政府的首要关注对象，关键设备领域的对华出口也因出口管制的收紧而出现了不同程度的下降。这说明美国当局收紧对华出口管制极具"卡脖子"意图，即为了实现对中国经济的打压和技术封锁，美国严格限制关键制造设备的对华出口，但为了保持相应的商业利益，仍继续扩大了零件、配件等非关键设备领域的对华出口。

美国对华出口管制希望影响中国技术创新这一关键目标。随着美国对华出口措施增多，美国政府预期中国通过引进外部技术提高创新能力将会受到严重影响，制约中国高科技产品的生产规模和研发投入。然而，美国政府对华出口管制非但没有给中国芯片产业带来致命打击，反而使其更具创新性。中国芯片制造商计划 2024 年生产 5 纳米芯片，这给美国实施出口管制的努力提出了质疑。中国最大芯片制造商中芯国际已在上海组建新的半导体生产线，大规模生产华为麒麟芯片。借助新的 5 纳米工艺，华为公司有望升级其旗舰手机和数据中心芯片。若智能手机芯片的生产取得成功，华为公司的昇腾 910 芯片也将由中芯国际以 5 纳米工艺代工，缩小中国人工智能芯片与英伟达图形处理单元(GPU)之间的差距。尽管 5 纳米芯片比 3 纳米芯片落后一代，但中国将其能力推进到 10 纳米以下范围这一事实意义重大，尤其考虑到美国 2022 年出口管制中设定的门槛是 16～14 纳米。2023 年华为推出的 Mate60Pro 手机搭载了中国顶级芯片制造商中芯国际生产的 7 纳米芯片。[1]

---

[1] https://www.lowyinstitute.org/the-interpreter/are-us-export-controls-making-china-s-chip-industry-more-innovative.

根据对贸易数据的分析来看,美国政府收紧对华出口管制对双边在半导体制造设备领域贸易规模的影响并不如预期,但贸易结构却因此出现了显著的变化。具体变化又可以归为三类现象:第一,美国收紧对华出口管制导致中国自美进口半导体制造设备的总体增速有所放缓,关键制造设备进口增速的下降尤为明显。第二,美国收紧出口管制导致中国总体自美进口半导体制造设备的增速有所放缓,但美国仍在持续增加半导体制造设备的对华出口,零件、配件等非关键制造设备则是促成其进口增长的主要产品。第三,尽管美国的出口管制限制了关键制造设备的对华出口,但美国仍在中美贸易联系紧密的关键设备领域增加对华出口,而中美贸易联系较弱的关键设备领域的对华出口则出现了明显的下滑。还需要说明的是,美国在关键半导体制造设备领域的对华出口在 2021 年还出现了大幅反弹。

从现实经验来看,第一种现象符合出口管制会阻碍相关产品对被管制国家出口的预期,也证明了美国收紧出口管制旨在限制关键技术产品对华出口的意图,但后两种现象不符合出口管制作用的预期。换言之,尽管美国政府强势收紧半导体制造设备的对华出口管制,但中美并未在此领域出现完全的脱钩,而是呈现依存与去依存并存的有限脱钩形态。其中,中美双向依赖性较强的设备领域的脱钩并不显著,双向依赖性较弱的设备领域的脱钩却愈发明显。

二、对华出口管制未能有效的原因

第一,中美经贸相互依存及其互利平抑了美国对华实施广泛技术脱钩的可能。促成美国总体上仍继续增加半导体制造设备以及部分关键设备对华出口的主要原因并不仅限于中国对自美进口设备的依赖,还在于美国半导体制造设备企业对中国市场的依赖。目前,中国已经成为美国半导体制造设备企业最大和增长最快的市场。[1] 以应用材料、泛林集团(Lam Research)和科天(KLA-Tencor)三大美国半导体制造设备企业 2018—2021 年的营收为例,中国大陆市场始终是应用材料公司的第一大年度营收来源;中国大陆市场在泛林集团近三年的年度营收中占比不断增加,直至 2020 年位居首位;中国大陆市场在科天公司近三年的年度营收中始终位居前三,保持了高速增长,且在 2021 年位居首位。[2] 美国收紧对华出口管制将加深对美企在中国市场份额的侵蚀。[3] 例如,受美国政府收紧对华出口管制的影响,中国大陆市场在上述三家美企 2021 年的第一、第二财季中的营收占比和增速较同期均出现下滑。

市场份额的流失将对美企造成直接的经济损失。根据波士顿咨询公司的预测,如果美国继续维持现有对华的技术出口管制,美国半导体公司在未来的三到五年内可能会损失 8% 的全球市场份额和 16% 的收入;如果美国升级对中国的出口管制直至完全禁止向中国出口任何与美国相关的半导体产品,美国半导体公司同期可能会损失 18% 的全球市场份额和 37% 的

---

[1]　根据国际半导体产业协会发布的数据显示,中国大陆半导体设备的市场规模由 2016 年的 72.9 亿美元上升至 2020 年的 187.2 亿美元,并在 2020 年首次成为全球最大的半导体设备市场。

[2]　这三家美国企业在当前全球半导体制造设备市场占据了极高的份额。同时,尽管美国半导体制造设备企业在中国大陆市场的营收包含了英特尔、三星和 SK 海力士等在中国设厂的跨国企业所采购的设备,但本章认为其营收数据同样足以反映出中国企业对其半导体设备采购量的飙升。

[3]　The American Chamber of Commerce in Shanghai, "Reappraising Export Controls for a New Era of U. S.-China Relations," August 29, 2019, https://www. amcham-shanghai. org/sites/default/files/2019-08/Viewpoint_September_2019. pdf.

收入。① 同时,由于美国对半导体的高强度研发投入与其所拥有的市场份额之间存在着典型的正反馈循环,即大规模的研发投入奠定了美国半导体技术的全球领先地位,使其占据了极高的全球市场份额,而美国凭借全球市场领先地位所获取的巨额利润则为其半导体技术的发展提供了新的支撑点。②

半导体产业链的复杂性使得半导体企业对制造设备的选择存在着路径依赖的特征,"断供"风险的持续存在将削弱原先对美国半导体制造设备依赖的偏好。尽管设备"去美化"需要付出极高的成本和经历长期的过程,但对华出口管制的存续风险导致中国企业对美国半导体制造设备厂商的依赖黏性大幅下降,美企在华市场份额因此面临持续下降的风险。因此,美国收紧对华出口管制所造成的美企在华市场份额的损失将导致其被迫削减研发和资本支出,造成研发、销售和市场份额下降的螺旋式上升,进而扭转美国半导体技术创新和产业发展的良性循环的方向,对美国半导体产业的长期竞争力和整体领导力造成损害。③

正是出于对中国市场的依赖以及减轻出口管制对美国造

① Antonio Varas, Raj Varadarajan, "How Restricting Trade with China Could End US Semiconductor Leadership," SIA, March 9, 2020, https://image-src. bcg. com/Images/BCG-How-Restricting-Trade-with-China-Could-End-US-Semiconductor-Mar-2020_tcm9-240526. pdf.

② 根据美国半导体协会发布的数据,半导体产业对美国的经济增长具有极为重要的作用。2020 年,美国半导体产业对本国 GDP 的总贡献在 2 464 亿美元,并且为美国创造了 1 608 亿美元的经济收入。参见 Semiconductors Industry Association, "2021 State of the U. S. Semiconductor Industry," September 27, 2021, https://www. semiconductors. org/wp-content/uploads/2021/09/2021-SIA-State-of-the-Industry-Report. pdf。

③ The U. S. Chamber of Commerce, "Understanding U. S.-China Decoupling: Macro Trends and Industry Impacts," February 17, 2021, https://www. uschamber. com/assets/archived/images/024001_us_china_decoupling_report_fin. pdf.

成的负面影响的考虑,商务部工业和安全局仍对被定向实施出口管制的华为公司、中芯国际发放了出口许可。① 根据美国众议院外交委员会公布的数据显示,美国为华为公司和中芯国际供货的企业在 2020 年 11 月到 2021 年 4 月期间获得了价值上千亿美元商品的出口许可证。其中,供应商获得了向华为公司供货的 113 项出口许可证,价值 610 亿美元,出口许可申请的通过率约为 69%;供应商获得了向中芯国际供货的 188 项许可证,价值近 420 亿美元,出口许可申请的通过率更是高达90%。同时,在对华为公司的出口许可证中,有 55 项与半导体产品直接相关(并未说明具体出口金额,但其归属的许可申请占到了整体许可金额的 96%);在对中芯国际的出口许可证中,有 64 项与半导体制造设备及零部件直接相关,涉及金额约为 68 亿美元,有 124 项与半导体制造的软件、设备、材料相关,涉及金额 350 亿美元。此外,大多数针对华为公司、中芯国际的出口许可并未涉及敏感物项,但仍有部分出口涉及了敏感物项。其中,在为华为公司批准的许可证中 70.8% 是关于非敏感物项的出口,为中芯国际批准的出口许可证中则有 64.3%是关于非敏感物项的出口。②

---

① Robert Atkinson, "Why Limiting U. S. Tech Exports to Chinese Companies Like Huawei Is a Risky Strategy," ITIF, May 23, 2019, https://itif.org/publications/2019/05/23/why-limiting-us-tech-exports-chinese-companies-huawei-risky-strategy; Nic Fildes, James Kynge, "Huawei Spending with US Companies Surges Despite Sanctions," *Financial Times*, March 31, 2020, https://www.ft.com/content/42a0ed8d-c77a-4acd-93d5-676a656a2a0a; Chad P. Bown, "How Trump's Export Curbs on Semiconductors and Equipment Hurt the US Technology Sector," PIIE, September 28, 2020, https://www.piie.com/blogs/trade-and-investment-policy-watch/how-trumps-export-curbs-semiconductors-and-equipment-hurt-us.

② 美国商务部工业和安全局同期拒绝了华为公司和中芯国际供应商的 3 份出口许可证申请,同时有 65 份申请在未采取任何行动的情况下被退 (转下页)

出口许可证发放与美国继续增加半导体制造设备的对华出口相印证,同时也说明美国在对华出口管制上的抉择并不完全由大国竞争的权力逻辑所主导,中美相互依存的经济逻辑同样在其中发挥着重要作用。与中国开展经贸往来所带来的互利以及国内不同利益集团竞争所带来的施压,使得美国政府无法为了一味地获取所谓的战略竞争优势,而完全无视经济利益损失,强行对华实施广泛的技术脱钩。[①] 实际上,在商务部工业和安全局目前的"经过验证的最终用户清单"(Validated End-User List)中,除去波音公司和通用电气外,被列入其中的多为半导体制造企业,包括美国的超威半导体、英特尔、应用材料和泛林集团的在华子公司,韩国三星、SK 海力士,中国的中微半导体、上海华虹宏力和华润微电子。这些企业在一般授权下被允许对华出口的产品也基本与半导体制造相关。[②] 同

(接上页)回。上述数据来自众议院外交事务委员会,具体参见 Foreign Affairs Committee Republicans, "McCaul Brings Transparency to Tech Transferred to Blacklisted Chinese Companies," October 21, 2021, https://gop-foreignaffairs. house. gov/press-release/mccaul-brings-transparency-to-tech-transferred-to-blacklisted-chinese-companies/。

① 美国当局对于出口管制的负面影响并非无所知。商务部工业和安全局此前对商业通信卫星实施严格出口管制的效果进行评估后发现,出口管制的收紧使得美国商业卫星全球市场份额降幅超过 40%,并且在放松出口管制后,美国企业的全球市场份额也并未出现相应反弹。与此同时,接近三分之一的美国公司被迫改变了其研发支出策略,转向开发并未受到严格出口管制的商业类技术。因此,商务部工业和安全局认定早期严格的出口管制不仅削弱了美国企业在全球商业卫星领域的竞争力,并且还对美国商业卫星技术的健康发展造成了实质性的损害。参见 U. S. Bureau of Industry and Security, "U. S. Space Industry 'Deep Dive' Assessment: Impact of U. S. Export Controls on the Space Industrial Base," February 30, 2014, https://www. bis. doc. gov/index. php/documents/technology-evaluation/898-space-export-control-report/file。

② VEU 清单创设于 2007 年,旨在促进美国同中国、印度之间的先进技术和产品的贸易。美国出口商在一般授权下向被纳入 VEU 中的实体出售规定的相关物项,无需按照传统流程申请多个单独的出口许可证。被列入 VEU 清单的实体能够更容易、更快、更可靠地接收来自美国的产品和技术。但 (转下页)

时,美国政界、商界就半导体制造设备对华出口管制政策的实施存在一定的分歧。① 例如,美国国防部在商务部工业和安全局针对华为出台新的出口管制措施之际,以出口管制对高通、美光、英特尔等美国半导体以及相关企业造成不利影响为由,对商务部所颁布的拟议规则进行了干预。② 此外,美国半导体协会、国际半导体设备与材料产业协会等团体均对美国政府此前对华采取的广泛出口管制政策表示不满,呼吁纠正限制对华出口半导体技术产品的禁令,以减少对美国国家安全以及经济竞争力的损害。可见,尽管美国政府持续收紧先进技术产品对华出口,中美经贸的持续开展也能创造出新的共同经济利益点来维护中美经贸关系以及整体关系的稳定。

第二,贸易权力的持续分散弱化了美国对华实施广泛技术脱钩的效力及动机。技术的国际扩散多元化也是促使美国并

（接上页）VEU 对清单上的实体有着严格的合规体系,不仅要求其向美国政府递交 VEU 授权收货的书面证据,定期向美国政府提交 VEU 授权物项相关的使用报告,并且还要允许商务部工业和安全局官员对其进行实地访问和现场审查。正是在面临着高昂的合规成本、繁杂的审查程序以及拥有许可例外民用许可证豁免的前提下,作为首批被纳入 VEU 清单的中芯国际于 2016 年 12 月主动申请退出了此清单。参见 U. S. Bureau of Industry and Security, "Supplement No. 7 to Part 748-Authorization Validated End-User (VEU): List of Validated End-Users, Respective Items Eligible for Export, Reexport and Transfer, and Eligible Destinations," June 17, 2020, https://www.bis. doc. gov/index. php/documents/validated-end-user/457-supplement-no-7-to-part-748-veu-list/file; "Amendment to the Export Administration Regulations: Removal of Semiconductor Manufacturing International Corporation From the List of Validated End-Users in the People's Republic of China," December 6, 2016, https://www.federalregister. gov/documents/2016/12/05/2016-29057/amendment-to-the-export-administration-regulations-removal-of-semiconductor-manufacturing。

① 李巍、李玙译:《解析美国对华为的"战争"——跨国供应链的政治经济学》,载《当代亚太》2021 年第 1 期。

② Bob Davis, "Pentagon Blocks Clampdown on Huawei Sales," January 24, 2020, https://www.wsj. com/articles/pentagon-blocks-clampdown-on-huawei-sales-11579870801。

未选择广泛对华技术脱钩的重要因素。当前全球高科技产业分工高度全球化,技术研发投入的分布更为均匀,关键技术及其相关知识的分配也因此更加分散。半导体产业的高度全球化使得美国并非在所有的半导体制造设备领域都占据绝对垄断地位,美国也无法对所有半导体制造设备的国际扩散形成控制。[①] 贸易数据也证实了美收紧对华出口管制导致中国在半导体制造设备进口方面出现了部分贸易转移的现象。[②] 能否广泛地限制潜在的经济伙伴与崛起国间的贸易往来是决定主导国是否通过出口管制以对其实施经济遏制又一关键条件。[③] 然而,战略层面和经济层面的利益考虑使得国际社会并

[①] 在脆弱性的相互依存中,如果被制裁国家能够从替代伙伴处获得相应技术产品,那么实施制裁的国家会损失原先与被制裁国家间贸易往来所带来的经济利益,而被制裁的国家则能够通过与替代伙伴的贸易往来避免重大的损失。在此情况下,由于实施制裁的国家会对自身的经济能力造成更大的伤害,对外采取经济遏制措施对其而言可能不是一个有效的选择。参见 Dale Copeland, *Economic Interdependence and War*, Princeton: Princeton University Press, 2015, pp.1-30。

[②] 例如中国自美进口关键半导体制造设备领域的整体占比持续下降,而自日本、荷兰、新加坡、韩国等国进口产品的比重则出现了不同程度的上升;又如,中国原先对自美进口依赖程度较高的离子体干法刻蚀机、物理气相沉积装置和热处理设备的整体占比出现了大幅的下降,自日本、新加坡、韩国和中国台湾地区进口同类设备的整体占比却出现了大幅的上升。此外,美国收紧对华出口管制导致部分中国企业无法取得新款半导体制造设备,同时以直接交易为主的二手半导体制造设备并不在美方的限制范围内,使得中国企业积极转向二手半导体制造设备市场。例如,中国的晶瑞电子材料股份有限公司此前就发布公告称,为了推动 ArF 光刻胶等高端光刻胶的研发,将通过"Singtest Technology PTE. LTD."购买韩国 SK 海力士的二手光刻机设备,型号为 ASML XT 1900 Gi(ArF 浸入式光刻机),总价款约为 1 102.5 万美元。根据日本三菱 UFJ 租赁公司的数据显示,大约有九成以上的二手半导体制造设备流向中国。参见 YOICHIRO HIROI, "China hoards used chipmaking machines to resist US pressure," February 28, 2021, https://asia.nikkei.com/Business/Electronics/China-hoards-used-chipmaking-machines-to-resist-US-pressure。

[③] Dong Jung Kim, "Economic Containment as a Strategy of Great Power Competition," *International Affairs*, Vol.95, No.6, 2019, pp.1425-1429.

不愿意完全追随美国对华的技术封锁。

一是道义原因。美国是发起对华出口管制的主动方和加害方，中国则是被动方和受害方。而且，美国用所谓"国家安全"借口封锁中国，把原本是跨越国界的正常科技交流和经贸往来当成实现本国战略目标的霸权武器。而美方又迟迟不能拿出中国高科技企业损害美国国家安全的切实证据，更多的是基于无端的猜测和怀疑。国际社会不接受美国的单方说辞。美国政府还依靠其军事同盟体系和情报合作体系，强压其他国际社会成员跟随美国政策，也对中国进行出口管制。如果不符合美国的相关规定，美国将对其他国家或者跨国公司也实施打压。因此，美国对华出口管制不仅针对中国，而且也针对国际社会所有的利益相关方。

二是利益原因。从战略利益来看，国际社会绝大多数成员仍把中国视为战略伙伴，希望与中国进行战略合作，以此维护稳定和繁荣的国际体系，而不愿意被美国绑架到其维护自身霸权利益的对华"战车"上，并在包括技术在内的诸多领域与中国进行战略对抗。就半导体产业供应链而言，包括材料生产、设计研发、加工制造和封装测试在内的所有工序均呈现高度专业化与国际化的特征，国际合作对于半导体技术的研发也发挥着越来越重要的作用。① 而美国为了实现其自身的战略利益而对华实施的技术封锁，对国际统一市场和精细化分工的跨国生

① "Industrial Light and Magic: How ASML Became Chipmaking's Biggest Monopoly," *The Economist*, February 29, 2020, https://www.economist.com/business/2020/02/29/how-asml-became-chipmakings-biggest-monopoly; Jan-Peter Kleinhans, Julia Hess, Pegah Maham, Anna Semenova, "Who is Developing the Chips of the Future?" Stiftung Neue Verantwortung, June 26, 2021.

产网络造成了破坏，损害了国际社会的整体战略利益。例如，新冠疫情加剧了当前全球所面临的"芯片荒"，但其深层原因则是此前特朗普政府对华开展贸易战而造成的全球半导体供应链失序。与此同时，美国试图将在半导体封测等领域处于领先地位的中国排除在全球供应链之外，还将对全球企业吸纳中国优势制造能力造成阻碍，继而对国际社会在全球范围内最优配置供应链造成限制。

从经济利益来看，中国庞大的市场体量和持续深化的开放政策为国际社会带来巨大经济利益。美国在经贸层面对中国所实施的打压打破了现有的国际供应链和价值链，对国际社会利益相关者在贸易、投资、生产和销售等领域同中国所形成的良性分工合作关系造成了冲击。对于尤其依赖国际市场的跨国公司而言，主动跟从或被动遵从美国对中国的技术封锁都将使其失去中国这一全球最为重要的市场。相反，积极同中国开展贸易的国家能够通过同中国的合作，推进其自身整体利益的提升，而承接相应市场份额的非美企业也能够直观地获得更大的利润，为其技术能力的提升形成有效支撑。[①] 正如美国智库研究人员所指出的，美国将中国企业整合到全球半导体生产网络也是发展以美国为主导的半导体产业的组成部分，将中国企业排除在美国的半导体供应链之外同样带来巨大的成本。[②]

三是体系原因。随着美国对华出口管制以及其他领域的

---

① Helen You, Allison Carlson, "Semiconductors and the U.S.-China Innovation Race: Geopolitics of the supply chain and the central role of Taiwan," Foreign Policy, February 16, 2021, https://foreignpolicy.com/2021/02/16/semiconductors-us-china-taiwan-technology-innovation-competition/.

② Scott Kennedy, "Washington's China Policy Has Lost Its Wei," CSIS, July 31, 2020, https://www.csis.org/analysis/washingtons-china-policy-has-lost-its-wei.

"脱钩"战略往前推进,国际社会还尤为担心美国出口管制会扩大化,蔓延至金融等领域,使中美之间爆发"新冷战",进而导致国际体系的巨变。美国对华高科技出口管制意在表明,如果中国不按照美方要求进行政策调整,美国就要把中国挤出国际体系。美国把国际体系看成是私有物品,而非国际社会共同的公共物品。然而众所周知,中国不仅已经是国际体系中的关键一员和核心稳定力量,而且是国际体系(包括国际技术体系)的重要贡献者。美国试图通过霸权力量把中国和国际体系分割的企图,会冲击现有体系的稳定,带来严重的不确定性。而包括国际技术体系在内的国际体系的稳定,根本上符合国际社会的整体利益。因此,国际社会对中国的支持,还有希望维持当今国际体系平衡的考虑。美国高科技出口管制不仅针对中国,也可能瞄准其他国际社会成员。从国际体系的角度,国际社会对中国的支持有助于推动现有体系朝向更为均衡、更为公平的方向发展。

由于道义、利益和体系三重原因,国际社会对美国构筑的对华技术封锁之墙的支持并非是无限度的。美国也无法完全阻断其他国家同中国在半导体制造设备的贸易往来,更无法依靠第三方市场替代中国市场以为美国企业提供支撑。实际上,考虑到美国出口管制政策的不确定性以及对中国市场的依赖,非美企业也会寻求使用非美技术进行产品制造或直接使用替代供应商的设备,并在中国进行环形业务,整合更多垂直价值链,从而对美国企业在半导体产业链中的基础地位形成挤压,间接减少美国企业的市场份额。例如,考虑到中国市场的重要性以及为了规避美国对华出口管制的影响,瑞萨电子等部分半导体制造企业就通过收购非美国家的企业,意图选用非美国家企业的技术继续向中国供货。① 可见,贸易权力持续分散的事实弱化了美国通过出口管制对华实施技术封锁的有效性,同时美国为了避免本国企业市场份额的加速流失也不得不规避对华实施广泛的技术脱钩。

第三,中国技术自主的意愿及能力的提升减弱了美国对华实施广泛技术封锁的战略作用。不断增长的国内需求和来自政府层面的支持,为中国半导体产业的发展提供了市场和政策的双重激励。考虑到半导体对于技术进步和产业升级的重要性以及自身所具备的市场规模优势,中国政府出台了《国家集成电路产业发展推进纲要》《中国制造2025》《新时期促进集成电路产业和软件产业高质量发展的若干政策》等文件,通过积极运用财税政策、投融资政策、进出口政策、知识产权政策、人才政策、市场应用政策以及国际合作政策,促进国内半导体技术和产业的高质量发展。② 就半导体制造设备的实际发展情况来看,中国的技术自主能力正迅速增长。中国在部分半导体制造设备领域实现了对美国的追赶是促使美国当局在相关领域放松对华出口管制的直接动因。上文所提及的刻蚀设备之所以对自美进口产品依赖性下降的重要原因,除了增加了对非美企业的进口外,国内半导体设备企业的技术突破也是一大重

---

① MITSURU OBE, "Murata's Thailand move heralds Japan tech shift from China," January 10, 2022, Asia Nikkei, https://asia.nikkei.com/Spotlight/Supply-Chain/Murata-s-Thailand-move-heralds-Japan-tech-shift-from-China.
② 国务院:《国家集成电路产业发展推进纲要》,2014年6月24日,http://www.gov.cn/xinwen/2014-06/24/content_2707281.htm;国务院:《国务院关于印发〈中国制造2025〉的通知》,2015年5月8日,http://www.gov.cn/zhengce/content/2015-05/19/content_9784.htm;国务院:《新时期促进集成电路产业和软件产业高质量发展的若干政策》,2020年7月27日,http://www.gov.cn/gongbao/content/2020/content_5535318.htm。

要原因。① 例如，美国半导体设备和材料协会此前表示中国存在各向异性等离子干蚀刻设备（ECCN 为 3B001. C），并向商务部工业和安全局提出撤销对此类设备进行出口管制的要求。经评估后，商务部工业和安全局认定中国具备生产和美国产品性能相当的干法刻蚀设备技术的能力，因此将此类设备从商业管制清单中删去，并取消了此类设备的对华出口管制禁令。②

中国对于半导体技术的重视不仅来自技术创新和产业升级的内部因素，也受部分关键半导体制造设备对外高度依赖所面临风险等外部因素的影响。③ 如上文所述，尽管中国在部分半导体设计和制造设备领域取得了一定的进展，但对外依存度仍然很高。而半导体制造设备的有限国产化也加剧了国内半导体产能与消费的不平衡，也对中国整体制造业的发展及其出口形成了限制。例如，根据中国海关发布的数据显示，中国的集成电路贸易逆差从 2010 年的 1 277. 4 亿美元扩大到了

---

① 作为国内从事生产刻蚀设备和金属有机物化学气相沉积设备（MOCVD）工具的龙头企业，中微半导体（AMEC）的工艺节点已经达到 5 纳米，刻蚀设备的 7 纳米工艺得到了台积电的验证，其生产的 MOCVD 的市场占有率更是一度超过了 60%。

② "Foreign Availability Determination: Anisotropic Plasma Dry Etching Equipment," February 9, 2015, https://www. federalregister. gov/documents/2015/02/09/2015-02681/foreign-availability-determination-anisotropic-plasma-dry-etching-equipment; "Wassenaar Arrangement 2015 Plenary Agreements Implementation, Removal of Foreign National Review Requirements, and Information Security Updates," August 20, 2016, https://www. federalregister. gov/documents/2016/09/20/2016-21544/wassenaar-arrangement-2015-plenary-agreements-implementation-removal-of-foreign-national-review.

③ Cheng Ting-Fang, Lauly Li, "US-China Tech War: Beijing's Secret Chipmaking Champions: How Washington's Sanctions Boosted China's Semiconductor Sector," Nikkei, May 5, 2021, https://asia. nikkei. com/Spotlight/The-Big-Story/US-China-tech-war-Beijing-s-secret-chipmaking-champions.

2021年的2 787.7亿美元。在美国当局的施压下,半导体设备制造商认为同中国企业开展贸易往来具有相应的风险,被迫对相应的贸易活动进行了收缩。[1] 华润华晶、华虹宏力等部分中国企业无法采购先进的设备和材料而出现连年亏损。新冠疫情及其更广泛的影响也凸显了中美加强关键产业和技术领域的自主性以及减少过度相互依存的必要性。因此,中国在半导体制造设备领域国产化有限以及美国收紧对华出口管制所带来的施压的客观现实将更加坚定中国加速实现半导体产业自主发展的决心,并通过国家主导的努力调动资源,加速先进技术自主研发和生产的进程。[2]

需要明确的是,中国技术提升所推动的产业链变化在一定程度上会推动中美在半导体制造领域的脱钩,但这是符合经济发展规律而非受人为干扰出现的正常调整。同时,尽管国际资源对于中国的经济增长和技术创新至关重要,但中国的发展主要是中国政府实施了正确发展战略的结果,是充分调整国内体制以及吸收国际资源的产物。[3] 因此,美国政府的技术霸凌并不能使中国屈服,反而会加强中国实现技术自主的必要性和重要性。正如美国前助理国务卿、耶鲁大学高级研究员董云裳(Susan Thornton)所指出的,美国的制裁和关税等施压手段不会改变中国的政策动向,使其发生变化,反而是与之建立更稳

[1] Shunsuke Tabeta and Kensaku Ihara, "Taiwan Chipmaker UMC's Pullback Hurts China Self-Sufficiency Plans," Nikkei Asian, January 5, 2019, https://asia.nikkei.com/Economy/Trade-war/Taiwan-chipmaker-UMC-s-pullback-hurts-China-self-sufficiency-plans.

[2] Kazuto Suzuki, "US-China Technological Rivalry and Security," JIIA, March 11, 2021, https://www.jiia.or.jp/en/column/2021/03/11-us-china-technological-rivalry-and-security.html.

[3] 钟飞腾:《超越霸权之争:中美贸易战的政治经济学逻辑》,载《外交评论》2018年第6期。

定和建设性关系的前景。① 美国越是自恃在半导体制造设备领域的领先地位对中国实施技术封锁,就越将强化中国加大设备自主化的意愿和在设备领域的投入。而中国技术的快速发展和进步将加速弱化美国利用出口管制以施压中国的威慑力和实际效果,并长期打破其实施广泛的对华技术脱钩的战略作用。

上述三方面因素对美国实施对华出口管制的意愿和能力形成了一定的限制,但美国政府并不会轻易放松对华技术封锁,尤其是在双边战略竞争持续加剧的背景下,使其推动对华脱钩的因素依旧存在。从双边关系来看,战略竞争的背景及经济安全化的螺旋加大了美国持续对华实施出口管制的动能。考虑到中国的经济体量和技术发展趋势,中国在先进技术和产业领域的快速崛起不可避免地被美国政府视为对其经济领先地位的挑战。美国总统拜登就频频将中国在全球研发排名的上升和美国排名的下降进行对比,以此突出强调中国技术实力上升给美国带来的风险。也正是基于对经济竞争力和国家安全的双重考虑,美国当前不再以"经济福利"作为同中国发展经贸关系的首要目标,而是越来越多地从"经济安全"的角度对双边经贸关系进行审视。

这种视角的审视在很大程度上就导致了"安全困境"的出现,即任何一方认为提升自身安全的必要的防御性措施,比如限制先进技术产品的出口、减少对外部的依赖或是增强本国经济竞争力的行为,都被另一方视为对自身经济安全的挑战,使

---

① Susan Thornton, "This Is How Biden Can Get the Edge Over China," *The New York Times*, October 25, 2021, https://www.nytimes.com/2021/10/21/opinion/biden-china-xi-jinping.html.

之采取相应措施以提升自身的安全感,但这又加剧了另一方的不安全感,从而陷入反制措施不断升级的怪圈。[①] 一方面,美国的出口管制刺激中国提高了自主研发能力的意愿,并不断加大对自身技术研发的投入。另一方面,中国自主研发能力和技术水平越强,美国在国家安全和国际地位上的焦虑感就越强,促使其继续加大对华出口管制的范围和力度。[②] 美国政府收紧半导体制造设备的对华出口管制正是其围绕"经济安全"而进行对华战略调整的组成部分,也典型地说明经济安全化螺旋极有可能加大未来中美技术脱钩的可能。可以预见的是,伴随着经济安全化的螺旋,中美在先进技术领域的脱钩趋势可能难以得到根本扭转,光刻机及其配件等最先进的制造设备将被纳入美国的出口管制清单。[③]

与中国不断升级的战略竞争也加剧了美国对半导体制造高度集中带来风险的担忧,也刺激了美国对半导体技术的研发投入,以减少对中国市场的依赖。[④] 拜登政府在其百日供应链审查报告中明确指出,中国对美国半导体产业最直接的挑战并不在于中国技术水平的提高,而在于美国在关键的半导体设计

---

① 宋国友:《从特朗普到拜登:中美经贸关系评估与展望》,载《复旦学报》2021 年第 5 期。

② Paul Triolo, Kevin Allison, "The Geopolitics of Semiconductors," Eurasia Group, September 2020, https://www. eurasiagroup. net/files/upload/Geopolitics-Semiconductors. pdf.

③ Yoshiaki Takayama, "Semiconductor Supply Chains in the Era of Great Power Competition," The Japan Institute of International Affairs, October 25, 2021, https://www. jiia. or. jp/en/strategic _ comment/2021/10/2021-06. html.

④ June Park, "The United States is Determined to Dominate the Semiconductor Tech War," *East Asia Forum*, August 6, 2021, https://www. eastasiaforum. org/2021/08/06/the-united-states-is-determined-to-dominate-the-semiconductor-tech-war/.

工具和制造设备等领域对中国市场的高度依赖。这种对中国市场的依赖性为美国半导体产业发展带来了长期的脆弱性,也为中国反向对美施压提供了可能。① 为了减少因出口管制而失去中国市场对美国半导体技术创新造成的不利影响,美国国会通过了《芯片和科学法案》,以加大对美国半导体技术研发的投入。拜登政府还以"提高供应链透明度"为由,要求半导体供应链相关各方提交库存状态、需求情况、交付动态等商业信息,从而既为其管理和联动半导体产业链提供支持,也为其后续在半导体领域对华实施更为精准的定向施压提供数据。②

中美在半导体制造设备领域的合作与竞争深刻体现了双边日益复杂的经贸关系。③ 战略竞争所主导的权力逻辑和相互依存的经济逻辑的重叠交织是导致中美在半导体制造设备领域呈现依存与去依存并存的有限脱钩的主要动因。其中,战略竞争是导致美国限制半导体制造设备对华出口的最主要因

① U. S. The White House, "Building Resilient Supply Chains, Revitalizing American Manufacturing and Fostering Broad-based Growth," June 2021, https://www.whitehouse.gov/wp-content/uploads/2021/06/100-day-supply-chain-review-report.pdf.

② 美国商务部最初向半导体厂商征询了 26 项问题,要求其回溯近 3 年内的相关记录。例如,列出单项产品的前三大客户及其销售占比;订单受供应链挤压影响最大的产品及其总数、属性、过去一个月的销售额,以及生产、组装、包装所在地位置。由于半导体技术产品多数都是提前下单以锁定产能,因此通过获取相关企业的订单和销售数据,能够判断与之合作的中国半导体企业的情况,继而为美国政府扩展出口管制的范围和对象提供信息支持。参见 The White House Office of Press Secretary, "Readout of Biden Administration Convening to Discuss and Address Semiconductor Supply Chain," September 23, 2021, https://www.whitehouse.gov/briefing-room/statements-releases/2021/09/23/readout-of-biden-administration-convening-to-discuss-and-address-semiconductor-supply-chain/。

③ Stephen Olson, "Keeping an Eye on US-China Semiconductor Supremacy Struggles," February 20, 2017, *East Asia Forum*, https://www.eastasiaforum.org/2017/02/20/keeping-an-eye-on-us-china-semiconductor-supremacy-struggles/.

素,双边紧密的经贸合作则是缓和中美在该领域贸易冲突的关键因素。中美紧密的经贸关系在一定程度上抑制或者抵消了美国政府出于战略竞争目的而加大对先进技术产品的对华出口限制。同时,贸易权力持续分散的外部因素和中国技术实力不断提升的内部因素弱化了美国对华实施广泛技术封锁的效力。广泛地限制战略贸易品的对华出口并非是美国实施对华战略竞争的最佳策略,过度的出口管制政策反而会对美国整体的经济竞争力造成损害。此外,在中美战略竞争凸显以及先进技术已经成为战略竞争焦点的背景下,中美必然对经济相互依存所带来的风险进行重新思考,而经济安全化的螺旋以及美国国内的政治棘轮效应则将加大美对华实施技术脱钩战略的可能。而如果基于安全逻辑对塑造双边相互依存关系的动力得到增强,则将导致美国对华出口管制措施的不断升级。①

---

① Yoshiaki Takayama, "US Export Control of Emerging Technologies," JIIA, April 22, 2021, https://www.jiia.or.jp/en/column/2021/04/22-us-export-control-of-emerging-technologies.html.

第五章
从相互依赖到战略竞争：
中美经贸关系的变迁

经过中美建交以来40多年的发展，中美经贸交融发展，形成了深度相互依赖的发展模式。这不仅为两国人民带去实实在在的巨大福祉，而且在中美双边关系中发挥着战略稳定的"压舱石"作用。但随着特朗普上台(2017)以及拜登执政，美国政府对华战略转变为战略竞争，对中国在经济领域采取强硬的保护主义姿态，对中国发起了极为严厉的贸易制裁措施。原本以合作为基调的中美经济关系面临严峻挑战，使得中美经济关系的"压舱石"效应受到质疑，中美经济相互依赖关系不仅不是"压舱石"，反而是促使两国冲突的新"导火索"。

第一节　相互依赖：建交以来中美
经贸关系的总体发展

一、历史回顾

回顾中美关系的发展历程，自建交以来两国之间也曾经历许多重大波折，而经贸关系总体上不断朝向深化和相互依赖的方向发展，并多次扮演了促进两国关系转圜的润滑剂作用。特别是冷战结束后，虽然中美联合对抗苏联的政治基础不复存在，但经济全球化与中国深化改革开放促进了中美民间经济交往的急速发展，对中美关系中的重大波折起到了稳定作用。

中美经贸关系的发端源自 1979 年中美正式建交，中美两国签订了《中美贸易协定》，这一协定规定中美两国互相给予对方最惠国待遇。之前两国之间几乎没有任何经济往来，由于两国政治关系的缓和，1979—1989 年中美经历了十年左右的"蜜月期"，美国总体上实行友好的对华贸易政策，对华最惠国待遇年度审查每年都是自动延长。但 1989 年后，两国政治关系恶化，美国宣布对中国进行制裁，同时一些美国国会议员以原本用来针对苏联的《杰克逊-瓦尼克修正案》为依据，在 1990 年 5 月布什总统宣布将延长对华最惠国待遇时提出将是否延长中国最惠国待遇与人权等政治议题挂钩。① 但是，中美经贸往来经过仅仅这十年的快速发展就已经深刻影响了美国国内的利益集团，不同利益集团在对华贸易问题上展开激烈交锋。布什政府顶住国会的压力，1990—1992 年两次否决国会通过的关于中国贸易"最惠国待遇"问题的立法。其后的克林顿总统在选举中与上台之初对布什对华政策持批判态度，首次正式将人权问题与对华最惠国待遇挂钩。1993 年实施限制向中国出售卫星设备的政策，严重危害了美国部分企业的利益，美国休斯飞机公司总裁迈克尔·阿姆斯特朗在给克林顿的信中说，对

---

① 张建新：《美国贸易政治》，上海人民出版社，2014 年，第 208 页。

中国的制裁对休斯公司就是 10 亿美元的损失。[1] 1993—
1994 年中国经济和市场的发展，使美国的企业家们越来越清
楚地看到开发中国市场的广阔前景，各大工商业与农业利益集
团积极游说国会和政府，敦促政府恢复中国最惠国待遇。从
1990 年到 1993 年，中国先后 11 次派出贸易代表团赴美采购，
总额达到 40 亿美元。[2] 同时，中国政府不断阐明立场强调，最
惠国待遇是互惠待遇，对于中美经贸关系和中美关系是重要
的，如果取消则双方都受损，中美经贸关系将遭遇破坏性影响，
中美关系将倒退。克林顿政府最终认识到了中美之间巨大的
经济利益关系，不得不于 1994 年 5 月宣布人权问题和最惠国
待遇脱钩，1996 年无条件延长中国最惠国待遇。1999 年 11 月
15 日，中美两国就中国加入世界贸易组织达成了具体的协议，
美国政府在协议中承诺将全力推动对华永久正常贸易关系问
题的解决。2000 年美国国会最终表决通过了"对中华人民共
和国正常贸易关系"法案，从根本上终止了部分议员将最惠国
待遇问题长期政治化的企图。[3]

　　1989 年两国关系恶化跌至谷底，两国经贸关系从政治问
题的牺牲品后来变成两国关系的突破口，推动了中美关系的战
略稳定。到 1997 年，江泽民主席访美，中美两国以经济合作为
突破口，发表共同声明，建立中美建设性战略伙伴关系。整个
90 年代见证了中国建立社会市场经济的飞速发展和美国新经
济的繁荣，成为中美经贸相互依赖关系不断深化的条件，即使

①　谭融：《利益集团与美国对华贸易政策——中国贸易"最惠国待遇"案例研
　　究》，载《吉林大学社会科学学报》2004 年第 4 期。
②　Herbert S. Parment, George Bush, *The Life of a Lone Star Yankee*, New
　　York: A Lisa Drew Book/ Scribner, 1997, pp.311-312,319-321.
③　张建新：《美国贸易政治》，第 208—209 页。

在双方政治冲突增多的情况下,中美经济往来仍然取得较大成果。美国对华投资从 1993 年起进入持续高速增长期,到2000 年年底,美国对华投资项目累计达 31 309 个,合同投资金额 604 亿美元,实际利用金额 302 亿美元。美资企业在华投资数量和协议金额方面均仅次于香港地区企业而居发达国家(地区)之首,从 1998 年起美国一直是对中国实际投资最多的国家。① 两国政治关系经历了台海危机、中国驻南联盟使馆被美国炸毁这样的"地震",但经贸往来已经不可逆地让两国形成相互依存的关系,对两国政治冲突的制约作用逐渐显现出来。

2001 年,共和党的小布什当选美国总统。作为美国新保守主义的代表人物,小布什上台伊始便企图大幅调整原克林顿政府的对华战略,不再提"战略伙伴关系",反而将中国定位为战略竞争对手。同年 4 月就发生了中美南海撞机事件,中美关系再度恶化。但是,即便上台之前和上台之初的小布什将中国定位为竞争对手,对中国态度强硬,仍然支持发展对华贸易关系,支持中国加入世界贸易组织。小布什认为中国虽是对手但不是敌人,给予中国永久正常贸易伙伴关系、发展中美贸易可以促进中国的经济自由,进而推动社会政治自由化,并且符合美国国家利益,有利于美国和世界安全。② 2001 年 5 月 28 日,小布什总统便要求美国国会延长中国的贸易正常关系地位一年,使年度对华正常贸易关系得以顺利延长。中美经贸合作有

① 陶文钊:《中美关系史·下卷(1972—2000)》,上海人民出版社,2004 年,第320 页。
② China NTR promotes freedom, security and economics, Speech at Boeing plant, part of "Renewing America's Purpose", May 17, 2000, George W. Bush on China[EB/OL], http://www. ontheissues. org/Celeb/George_W__Bush_China. htm.

利于两国利益已是两国政府的共识。2001 年 10 月,中美两国以上海 APEC 峰会为契机,双方同意建立建设性合作关系。至小布什的第二任期,双边经贸关系的发展进一步促进了中美整体关系的成熟。2005 年 9 月,美国副国务卿佐利克将中国定位为"负责任的利益攸关方",这样的提法在美国官方尚属首次,反映出美国对华战略的重大调整。① 代表华尔街集团利益的时任美国财政部部长亨利·保尔森大力支持中美经济合作,在其任内经过中美双方的共同努力,首次中美战略对话于 2005 年 8 月在北京举行,2006 年 12 月,首次中美战略经济对话在北京举行。② 这一机制的建立将经济合作提升到与政治同等的战略高度,并弥补中美商贸联委会会议、中美经济联委会会议等原有层次经济对话机制的不足。这一高层机制的建立是小布什时期中美经贸关系的最大成果,并最终在其继任者奥巴马总统任内的 2009 年发展为"中美战略与经济对话"机制。中国加入世贸组织和中美建立战略经济对话机制极大地推动了中美经贸关系的机制化,降低了中美经济交流的成本。中美经贸关系机制化与经贸往来的增长相辅相成,按照美国的统计,中美双边贸易总额从 2001 年的 1 215 亿美元飙升到 2008 年的 4 075 亿美元③,增幅近四倍。中美已经成为彼此最重要的贸易伙伴之一,同时双边投资和人员流动也急剧增加,

---

① Robert B. Zoellick, "Whither China: From Membership to Responsibility?" Sept 21, 2005, https://2001-2009. state. gov/s/d/former/zoellick/rem/ 53682. htm.

② 新华网:《背景资料:中美战略与经济对话》,2015 年 6 月 24 日,http://www. xinhuanet. com/world/2015-06/24/c_1115704629. htm。

③ Bureau of Economic Analysis, U.S. Department of Commerce: China-International Trade and Investment Country Facts https://www. bea. gov/ international/factsheet/factsheet. cfm.

相互依存度进一步提升。到小布什政府任期结束,中美两国之间已经建立起了六十多个各种交流和合作的机制。① 经贸关系所开辟出的沟通机制让中美整体关系走向成熟,这并不意味着中美分歧和摩擦的减少,甚至在经济领域中美的摩擦随着相互依存的加深而不断增多,但是源自地缘政治和意识形态矛盾的台湾问题、人权问题、西藏问题等尽管依然时常干扰中美关系,但无法撼动中美双边关系。更加机制化和成熟的中美关系能够让矛盾和分歧得到有效管控,从而有助于避免两国在政治和军事上的巨大误判风险。

在金融危机的大背景下,奥巴马政府将工作重心放在复苏国内经济上,重视大国经济合作,突出国际经济治理。经济合作成为奥巴马时期中美经济合作的重要领域。在奥巴马上台后不久,首届中美首轮战略与经济对话于 2009 年 7 月 27 日开幕,在"坦诚对话、务实合作、循序渐进、互利共赢"原则的指导下,中美在经贸、金融、气候与减排问题上取得了实实在在的进展。从第六届开始,双方的成果数突破三位数,到 2016 年的第八届对话成果更是达到了 330 项。② 随着经济相互依存的深入,经济合作的正面外溢性扩散到更多的议程领域,进一步拓宽了中美关系的内涵,中美在应对全球气候变化、全球货币金融体制改革、人文与教育交流等方面进行了卓有成效的合作,这些合作也让中美关系更加具有全球性。在环境合作方面,中美两国达成了一系列有关气候变化合作的双边协议,包括 2008 年《能源和环境十年合作框架》、2009 年《关于加强气候变

---

① 陶文钊:《奥巴马第一任期的中美关系》,载《美国研究》2012 年第 2 期。
② 新华网:《背景资料:中美战略与经济对话》,2015 年 6 月 24 日,http://www.xinhuanet.com/world/2015-06/24/c_1115704629.htm。

化、能源和环境合作的谅解备忘录》、2013 年《中美气候变化联合声明》、2014 年《中美气候变化联合声明》、2015 年《中美元首气候变化联合声明》,2016 年两国批准联合国《巴黎协定》。[①] 在国际金融方面,奥巴马政府为履行 2010 年做出的改革国际货币基金组织的承诺,说服国会扫清障碍,推动 2015 年国际货币基金组织决定提高中国投票份额,并将人民币纳入特别提款权(SDR),人民币成为特别提款权的权重仅次于美元和欧元的第三大国际货币。相互依存加深不仅体现在合作上,还有摩擦的增加。随着中国经济体量和产业价值链地位的提升,中国在中美关系中的相对地位上升,话语权增加,中美相互依存关系更加平衡,但也加剧了中美之间的竞争性。中美贸易争端、汇率争端、知识产权争端有增无减。在亚太整体性崛起的背景下,奥巴马政府力推美国的"亚太再平衡"战略,在军事和经济上高调宣布重返亚太,推动建立高标准的《跨太平洋伙伴关系协定》以主导国际经济规则制定权,客观上增大了中国的战略压力。中美之间相互依存关系趋向平衡,也是中美之间权力转移的过程。[②] 在奥巴马时期,中美经济合作与经济竞争都大大加强,这表明中美相互依存进入深水区。跟经贸合作议题一样,经贸摩擦问题也是推动中美对话与沟通机制更加完善、更加复杂化的主要动力。这些不断增加的经济摩擦与竞争,是未来需要两国加强协调与合作的重点问题,而美国也越来越难以用单边主义手段解决这些问题,中国在中美关系中的议程设定能力越来越大,对塑造和引领中美关系的作用越来越大。经

---

① 薄燕:《中美在全球气候变化治理中的合作与分歧》,载《上海交通大学学报(哲学社会科学版)》2016 年第 1 期。
② 宋国友:《利益变化、角色转换和关系均衡:特朗普时期中美关系发展趋势》,载《现代国际关系》2017 年第 8 期。

贸关系对中美关系航向的稳定作用更加重要。

二、双边经贸关系促进中美战略稳定作用的原因

纵观中美建交以来中美经贸关系的发展历程，不难发现其总体上发挥了战略稳定作用。这一作用的发挥大致上有以下两大原因。

第一，与安全和政治关系不同，中美经济关系本质上是相互依赖的，本身具有"压舱石"的性质。中美两国的双边关系具有多个维度，在政治维度和军事维度上，两国关系很难实现像经济关系中这样的深度合作。冷战期间，中美两国关系正常化主要是政治上的考虑，中美合作建立在共同对抗苏联扩张的战略利益之上。今天，中美需要共同面对很多全球治理问题，但其中大部分是源于经济和社会发展过程中的问题，在涉及两国的地缘政治和内政治理等重大战略问题上，中美之间的分歧大于合作。在朝鲜问题上，美国长期贯彻对朝强硬制裁和军事威胁的策略，不断激化美朝矛盾和半岛局势，并长期指责中国对朝鲜核问题负有责任。在人权问题上，由于两国的政治制度和意识形态差异，美国往往不能客观看待中国内政，每年发布《世界人权报告》，对中国内政进行罔顾事实的评论和指责。在涉及中国主权与领土完整的台湾、涉藏等问题上，美国一方面声称尊重中国的主权和领土完整，奉行"一个中国"政策，另一方面却通过对台军售、联系接触台湾和西藏的分裂分子等行为来粗暴干涉中国内政，危害中国主权利益。在南海问题上，自美国推行"亚太再平衡"战略以来，美国不断增加在亚洲的军事存在和政治存在，强化同盟关系，对南海局势发布不负责任的言论，并以所谓"航行自由"为名对我国南海岛礁进行抵近侦察活

动,挑衅中国的主权利益,扰乱南海局势。此外,美国还时常指责中国正常的军费投入增长,宣扬"中国威胁论",在舆论上将中国视为对美国主导的自由主义国际秩序的威胁。在政治和军事领域,中美关系时常出现对抗,一方面是因为美国受冷战思维的影响始终不能摒弃对中国的意识形态偏见,另一方面是由于中国综合国力的快速增长使得亚太地区的力量格局向中国倾斜。政治与安全关系的零和博弈性质让中美政治关系和军事关系中斗争大于合作,这些斗争还经常波及非零和博弈的中美经济关系,累及中美经贸关系,最常见的就是美国政府以国家安全为由对中国企业赴美投资进行调查甚至阻挠。相比之下,由于经济关系的主要行为体是企业与个人,主要形式是商业往来,经济关系在本质上是非零和博弈,关系双方以追求绝对收益为主,因此中美经济关系是最少直接受到冷战思维影响的领域,也是中美合作成果最为丰硕的领域。中美政治与军事关系的负面外溢性,和中美经济关系的正面外溢性形成了鲜明的反差。中美的经济合作促进了两国之间的贸易流动、资金流动和人员流动,切实造福于两国人民,强化了两国的复合相互依存,对促进中美政治与军事关系的互信,消除源于意识形态、制度与文化差异的互疑起到了积极作用。

第二,中美经贸关系相互依存度高,分量足够重,极大提升了中美复合相互依存程度,堪当中美关系的"压舱石"。在经济全球化的背景下,国家间深入的复合相互依存是当今国际政治的本质特征。中美经济关系的发展让中美之间复合相互依存的程度越来越深。首先,从贸易上来看,时至今日,中国已经是美国第一大贸易伙伴,美国是中国第二大贸易伙伴。自中国加入世贸组织以来，美国对中国出口增长了 500％，远远高于同期美国对全球出口 90％ 的增幅。① 按照中国海关统计，2017 年中美贸易总值为 3.95 万亿元人民币，同比增长 15.2％，占我国进出口总值的 14.2％，其中对美出口 2.91 万亿元，增长 14.5％，自美进口 1.04 万亿元，增长 17.3％，对美贸易顺差 1.87 万亿元，扩大 13％。② 按照美国最新统计，2017 年美国向中国出口商品与服务 1 868 亿美元，比 2016 年增长 9.8％，对华出口占全美出口的 8％；美国从中国进口 5 240 亿美元，比上年增长 9.3％，对华进口占全美进口的 18.1％。其次，从投资上看，2015 年在华美资企业直接雇用 171 万人，销售额 3 558 亿美元，2016 年美国对华直接投资 925 亿美元，同比增长 9.4％，中国对美直接投资 275 亿美元，比上年激增 63.8％。③ 虽然中国企业赴美投资起步较晚，但发展迅猛，截至 2016 年年底，中国对美直接投资累计约 1 090 亿美元，涵盖服务业、制造业、地产业、酒店业、信息与通信技术、娱乐业、金融服务等领域。中国投资项目遍布美国 46 个州，分布于 435 个国会选区中的 425 个，为美国内创造就业岗位超过 14.1 万个。④ 截至 2018 年 6 月，中国持有的美国国债规模超过 1.1 万亿美元，仍是美国第一大债权国。⑤ 再

---

① 《关于中美经贸关系的研究报告》，中国商务部，2017 年 5 月 25 日，第 9 页。
② 《中华人民共和国海关总署：海关总署 2017 年全年进出口有关情况新闻发布会》，2018 年 1 月 12 日，http://fangtan.customs.gov.cn/tabid/539/InterviewID/119/Default.aspx。
③ U.S. Department of Commerce, Bureau of Economic Analysis: *China-International Trade and Investment Country Facts*, March 21, 2018. https://www.bea.gov/international/factsheet/factsheet.cfm?Area=650.
④ 《关于中美经贸关系的研究报告》，中国商务部，2017 年 5 月 25 日，第 28 页。
⑤ "U.S. Department of Treasury, Major Foreign Holders Of Treasury Securities," May 15, 2018, http://ticdata.treasury.gov/Publish/mfh.txt.

者，从服务贸易领域看，从 2006 年到 2016 年间，中美游客往来
累计 2 800 万人次，年均增长 10％。① 美国为中国学生出境留
学第一大目的国，根据美国联邦移民执法局的数据，截至
2017 年 12 月中国在美留学生数量约 38.3 万人，约占在美国
际学生总数的 32％，中国成为美国国际学生第一大生源
地。② 以赴美旅游和教育为主体的巨大服务贸易顺差不仅为
美国创造巨额经济效益，也有力促进了两国民心相通，有助于
消除中美之间的心理隔阂与偏见。基于贸易、投资和人员往来
的中美经济关系已经在两国之间建构起了多种渠道的联系，成
为中美复合相互依存的基础。相互依存并不排斥矛盾和竞争
的存在，随着相互依存的加深，矛盾和竞争也会增加。两国间
不断增长的贸易摩擦和经济竞争，恰恰也是两国经济交往不断
深化的表现。近年来经贸问题在中美两国关系的议程中日益
突出，其地位已不亚于政治与安全议程，而经贸问题上的争端
无法依赖军事力量的解决。因此，近来的中美经贸争端激化所
反映的，在一定程度上印证了基欧汉和奈所指出的复合相互依
存的另外两个特征：国际问题之间没有高低等级之分以及军事
力量作用下降。③ 在这样的复合相互依存状态下，中美互相的
敏感性和脆弱性都在不断增强，体量巨大的经济交往让双方都
已经形成了极其高昂的退出成本。美国前财长萨默斯给出了
中美两国经济依惯性深化的金融解释：美国巨额的资本输出和

① "U.S. Department of Treasury, Major Foreign Holders Of Treasury Securities," May 15, 2018, http://ticdata. treasury. gov/Publish/mfh. txt. p. 26.

② "Department of Homeland Security, Mapping SEVIS by the Numbers," https://studyinthestates. dhs. gov/sevis-by-the-numbers.

③ 罗伯特·基欧汉、约瑟夫·奈：《权力与相互依赖》(第 3 版)，门洪华译，北京大学出版社，2002 年，第 25—26 页。

双赤字维持了美国长期的高消费、低储蓄和低利率,但也成就了美国作为世界最大市场的地位,吸纳了中国等新兴国家的大量商品;庞大的商品出口增加了中国的外汇储备;在美元主导的国际货币体系下这些外汇储备又回流美国,购买美元资产,弥补了美国财政与经常项目赤字,支持着美国经济的持续稳定发展,循环往复。① 这种相互依赖关系使中美两国形成了双向的威慑和制约,双方为了维护自身的利益都不愿轻易改变这种格局,这一关系随两国经济发展而不断深化。这使得中美之间关系彻底破裂变得不可想象。经济关系成为维持中美关系"斗而不破"的防护网。

第二节　战略竞争:美国政府转向对华经贸冲突

美国对华经贸政策从促成相互依赖到服务于对华战略竞争,其历史转折点发生于特朗普政府时期(2017—2021)。

早在特朗普竞选美国总统之时,就频频大打中国牌,指责中美贸易对美国不公平,甚至声称"中国强奸美国",以此来形容中美贸易逆差问题,并威胁对中国商品征收高额关税来打击报复中国。因此,特朗普当选美国总统后引发了人们对中美两国经贸关系的担忧。自2017年1月特朗普正式就任美国总统后,特朗普政府并未立即在经济问题上向中国发难,中美关系也并未立即恶化,经过在台湾问题和朝鲜问题上的短暂交锋之后,中美两国通过2017年4月海湖庄园会谈和2017年11月

---

① Lawrence H. Summers, "The United States and the Global Adjustment Process," https://piie.com/commentary/speeches-papers/united-states-and-global-adjustment-process.

特朗普访华这两次元首外交,在一些重大议题特别是两国经贸议题上取得了重大成果,其中高达 2 500 多亿美元的两国经贸合作意向协议更是刷新了世界经贸合作的历史纪录。特朗普上任给中美关系带来的不确定性在一定程度上被中美经贸合作所消解。

然而,从 2017 年年底特朗普政府《国家安全战略报告》出台后,美国将中国定位为战略竞争对手,并将中国取代恐怖主义视为美国国家安全的首要威胁,中美关系再度蒙上阴影。与十几年前小布什上台之初美国将中国列为战略竞争者不同的是,在这份美国《国家安全战略报告》中,特朗普政府将美国的经济安全提高到与国防安全同等的高度,将中国称为"修正主义大国"(revisionist powers),中国对美国的威胁不单是军事安全上的,还有经济上的,在贸易、经济模式和知识产权等问题上对中国言辞激烈。特朗普的"美国优先"(America First)从口号上升到国家安全战略高度,其强调"公平贸易""对等贸易"的言辞也变为政策语言写入报告。① 进入 2018 年后,特朗普政府不断动用国内法加码单边主义经贸制裁措施,加剧中美经贸摩擦。特别是随着 2018 年 3 月 22 日,特朗普签署了针对"中国经济侵略"的备忘录,主要是针对中国的钢铁、铝以及知识产权"偷窃",基于美贸易代表办公室公布的对华"301 调查"报告,指令有关部门对从中国进口的约 600 亿美元商品大规模加征关税,并限制中国企业对美投资并购,"中美贸易战"的说法愈演愈烈,引发全球市场担忧,质疑"中美经贸相互依赖是两国关系'压舱石'"的声音也此起彼伏,认为原本合作大于冲突

---

① "National Security Strategy of the United States of America", The White House, Washington, D.C., December 2017.

的经贸领域如今成为两国矛盾的主要冲突点，甚至可能成为引发两国斗争的导火索。

　　特朗普政府对华发动贸易战既有其个人原因，也有中美关系发展的结构性因素。从个人因素看，特朗普为商人出身，特别注重利益得失，强调零和博弈，无视合作利益，认定中美贸易对美国不利，因此希望通过对华极限经贸施压的方式来扩大美国在中美原来经贸模式中的利益。从结构性因素看，中美建交后的40余年也是中国改革开放的40余年，更是中国经济稳定快速发展、国力迅速提升的40余年。经过40余年，中美力量对比发生了巨大变化。美国越来越多的战略鹰派从现实主义角度看待中美关系以及中国的崛起，把中国看成是美国国际领导地位的最大挑战者，因此试图首先从经济上限制中国发展，以继续维持美国对华竞争优势。此番美国对华发动贸易战主要针对的是以高科技为主的中国新兴产业，而不是历史上贸易逆差主要来源的传统制造业，而美国白宫贸易与制造业政策顾问皮特·纳瓦罗直言不讳地表示美国加征关税就是为了针对"中国制造2025"。① 其行为根源仍在于政治上对中国崛起的战略不信任和焦虑。

　　中美贸易战加剧了中美关系的紧张，开始动摇中美经贸相互依赖格局。两国经贸关系是市场塑造和推动的结果，本有着强大的市场利益纽带，如果贸易战在短期之内就能结束，美国政府能回到贸易自由主义，中美经贸关系不会引发"脱钩"担忧。从历史上看，保护主义的干扰在中美经贸关系中一直存

---

① "U. S. Tariffs on China to Target Tech, White House's Navarro Says," Bloomberg Markets. March 28th, 2018, https://www.bloomberg.com/news/videos/2018-03-28/u-s-tariffs-on-china-to-target-tech-navarro-says-video.

在，但从未在根本上改变中美经贸发展的大局。事实上，在高举保护主义大旗的特朗普上台执政的 2017 年，中美经贸关系仍在进一步发展，两国经济相互依存度更加深入。同时，高度紧密的经贸往来和日趋平衡的相互依存，也让中国拥有了对美国经济施加影响的巨大筹码。中国对美态度强硬，针锋相对地进行回击，极大提高了特朗普政府企图以关税战对中国进行敲诈的成本。由于中美经贸关系比过去更加趋向平衡，中美经贸关系的巨大体量意味着中美两国的敏感性与脆弱性是双向的，跟过去中国因单方面受制于美国而经常让步不同，中国也已对美国形成多渠道的巨大影响力，两国对彼此的敏感性和脆弱性在迅速接近。例如，美国农业高度依赖中国市场，中国是美国大豆第一大市场，代表 21 000 家生产商的游说集团美国大豆协会（ASA）警告中国对大豆增加 25％关税对美国农民是"灾难性的"①，强烈敦促美国政府重新考虑对华关税措施。②

　　但是 2020 年新冠疫情以及同年特朗普争取竞选连任，很大程度上抑制了中美经贸关系转圜的可能性。为报复中国和赢得选举，特朗普政府对华开展各种极限施压和边缘战略，不惜把中美经贸关系作为国内政治的手段，改变了中美经贸关系的发展方向。

　　拜登执政后，对华经贸政策虽有若干调整，但经贸冲突没

①　"Chinese Retaliation is No Longer a 'What If' for Soybean Farmers," American Soybean Association, Posted April 4, 2018, https://soygrowers. com/chinese-retaliation-no-longer-soybean-farmers/.

②　"Soy Growers Urge Congress to Rethink Tariffs," American Soybean Association, Posted April 12, 2018, https://soygrowers. com/soy-growers-urge-congress-rethink-tariffs/, "Multi Industry Association Letter-Ways and Means Tariff Hearing," April 11, 2018, https://nrf. com/sites/default/files/Multi%20Industry%20Association%20Letter%20-%20Ways%20and%20Means%20Tariff%20Hearing%20-%20Final. pdf.

有停止。与特朗普政府不同，拜登政府更加从体系角度和战略角度看待对华经贸关系。

一是对华经贸政策进一步调整为"去风险"，但力图在维持双边经贸关系稳定的状态下实现"去风险"。从政府高官公开表态看，拜登政府对华经贸政策已经明确为"去风险"，这和之前的"脱钩"提法形成显著对比。但对华经贸"去风险"也存在程度问题。风险不是单单只有中美经贸联系过高的风险，还有中美经贸联系过低的风险。过高意味着美国供应链可能受制于中国，过低则意味着美国难以从中国市场和中国生产中获得利益，特别是对于打通美国通胀"最后一英里"不利。此外，如果通过推出极具破坏性的颠覆性政策以实现"去中国风险"目标，也会引发中国政府强烈不满以及美国国内商界的强烈质疑。因此，以"去风险"为导向的对华经贸政策短期内过高或者过低都不符合美国利益。目前来看，拜登政府希望在竞争中维持双边经贸关系的大致稳定，其出台的对华经贸政策既要能够确保美国国家经济安全，又能够服务于美国当前经济现实。

二是根据中国产业发展态势，出台抑制中国优势产业的防御性经贸政策。拜登政府前三年对华收紧出口管制和扩大投资审查，进攻性特征明显，其前提是美国在半导体、人工智能等高科技和产业领域拥有相对优势。但拜登总统过去执政期间，中美各自产业结构出现了较大变化。其中尤其以中国绿色能源领域"新三样"（中国电动汽车、电动车电池以及光伏产品）快速增长及其对美国和全球的影响最为突出。立足于这一最新情况，拜登政府近期对华经贸政策出现了从进攻性到防御性的显著转变，把应对来自中国的"新三样"产品作为重点防范对象。官员表态严厉，政策出台密集。其政策起点不是为了维护美国在相关产业的优势地位，而是为了防止中国的产业竞争优势冲击其国内相对弱势产业。其政策手段包括限制中国相关产品对美出口，审查中国相关企业对第三方直接投资，以及进行所谓"过剩产能"调查等。拜登政府希望借助防御性的经贸政策，一方面削弱中国在相关行业的国际竞争优势，另一方面则为本国行业发展提供宝贵的时间和空间。

三是对华经济政策制定愈发从选举政治角度考虑。拜登谋求连任，与共和党候选人特朗普竞争激烈。在此背景下，其对华经贸政策的国内政治考虑日益凸显。其根本出发点是出台的对华经贸政策要能给选举加分，而不要减分。这意味着对华经贸关系的政治化会加剧。有些本可能不出台的政策，因为国内政治考虑，可能快速出台。拜登为争取选票，会考虑制造业工人诉求，对华展示强硬态度，出台提高关税、增加"双反调查"等限制进口措施。这预示着围绕制造业相关领域的限制性政策会增多。这在限制中国电动汽车对美出口上已有表现。

四是与之前相比，拜登政府在对华经贸政策上与国内"两会"的勾连愈发突出。"两会"，一是美国国会，二是美国工会。这种新动向出现的缘由是拜登政府不愿意完全从行政当局角度制定对华经贸政策，尤其是限制性对华经贸政策，而是希望借助国会议员的提案以及工会的请愿来"由外而内"及"由下而上"地制定对华经贸政策。这种勾连可以把国会和工会推至前台，拜登政府则隐藏其后。国会议员或者工会抛出涉华经贸议题后，行政当局随后介入，既可避免直接与中国政府产生冲突，又能增加拜登政府对华谈判筹码。在这种勾连下，当中国政府就某项政策和拜登政府沟通并向其施压，拜登政府可以将其推卸给国会和工会，解释相关政策举措并非行政当局有意为之，

而是因为法律规定而不得不为。行政当局与国会在对华经贸
政策上的勾连在国会众议院通过的"TIKTOK"法案上表现非
常明显。该法案虽然是由众议院提出并通过,但美国司法部在
议案撰写和议员情绪塑造等方面起到了重要作用。行政当局
与工会的勾连,则表现在美国钢铁工人联合会(USW)等 5 家
工会向美国贸易代表办公室提起请愿书,要求对中国涉嫌在海
事物流和造船行业的"不公平"政策和做法发起"301 调查"。
该请愿虽然看起来是相关工会所为,但事先也与贸易代表办公
室进行了沟通。

五是在涉华经贸议题上,拜登政府与盟友的协调更为增强。
这是拜登政府对华经贸政策与特朗普最大的区别点。拜登政府
上任后,与盟友建立相关沟通机制,运行数年,较为通畅,因此能
够减少机制本身问题,而更多聚焦于涉华经贸议题讨论。而且,
经过数年协调,美国和盟友在涉华经贸问题上,已经走过摸底、
沟通阶段,非常了解各自的条件和情况,清楚各自在涉华问题上
的立场和利益,因此双边协调向纵深发展,议题合作更为深入。
目前来看,美国和盟友在友岸外包、关键矿产、国际产能、《通胀
削减法案》补贴以及供应链安全等领域的协调取得了较大进展。
在很大程度上,拜登政府与盟友协调到了产生成果的时候。

第三节 稳定中美经贸关系的可能途径

面对美国政府在经贸上日益严重的单边主义破坏性行动,
特别是特朗普再度执政以来迅速升高的对华关税,作为世界第
二大经济体的中国在发挥战略定力的同时,可从四个方面主动
塑造,反制美国对华经贸遏压,维护自身正当利益,稳定中美经

贸关系。

（一）以实力求稳定

当今中国经济已经和中美建交之时的水平今非昔比,2017 年之后按汇率计算的中国 GDP 已经稳定地超过美国的60%,而据购买力平价测量的 GDP 总量来看中国早已经超过美国,2024 年时为美国的 130% 左右。而且,中国经济发展进入新常态,逐渐改变原本粗放、低质量的发展方式,中国已经形成了世界上最大的中产阶级消费群体,同时保有世界第一的储蓄率。当今中国的经济实力让中国拥有更多可以反制美国经贸摩擦的筹码。中国仍是美国第一大债权国,在金融上两国拥有类似核武器平衡作用的相互威慑能力,确保两国经济关系不会地动山摇。在贸易上,中国是美国农产品第一大进口国,也是美国服务贸易第一大顺差国,如果中国采取针锋相对的贸易报复措施将会对美国经济构成严重伤害。虽然中美经贸全面对抗的后果是中国可能会比美国的经济损失更多,但鉴于当下美国国内尖锐的社会矛盾及其特殊的政治体制,美国对损失的承受能力将远小于中国。同时,作为国际上举足轻重的政治大国,中国在诸如乌克兰危机、巴以冲突、伊朗核问题和朝鲜半岛等诸多国际问题上的谈判实力足以让美国难以承受失去中国协调的后果。同时,中国正在大力推动"一带一路"倡议的建设、人民币国际化进程、国内深化改革开放等诸多发展措施,中美之间的绝对实力差距越来越小,美国对中国要价的筹码将越来越少。美国政府对外政策总体上回归基于实力的现实主义路线,对美国政府不合理的要求,中国决不能轻易让步,对于美国政府的威胁、敲诈,中国要适时显示一定的实力,予以精确回击,让美国政府认识到中国完全有能力捍卫自己的国家利益,认识到一损俱损的严重后果是其难以承受的,尽快放弃对中国单方面妥协投降的幻想。

（二）以制度求稳定

中国和美国之间已经建立起多个正式和非正式的对话沟通机制,同时中国和美国都是世贸组织等重要国际多边机制的成员,中国要善于利用这些制度框架解决中美摩擦,管控中美分歧,稳定中美关系。一方面,中国应坚持运用世贸组织等国际制度框架对美国挑起的摩擦发起有针对性的调查,由于美国政府对国际多边机制持消极态度,频繁采取单边主义措施破坏国际多边机制,中国应该在世贸组织等国际多边机制中占据主动,维护中国自身的合法权益,同时也要捍卫国际多边机制,维护开放的国际自由贸易体制,这样有利于中国在应对美国的摩擦竞争中占据国际道义制高点,获得国际舆论的支持。另一方面,中国应通过已经建立起来的中美双边交流机制,加强与美国各层面的沟通与协调,了解美国内部的不同利益诉求,与美国展开有理有节的谈判,确保中美之间的分歧与摩擦处于双方的管控之中。中美三大经济领域工作组已经进行了多轮协商,在一些方面达成了共识,也存在大量的分歧。由于美国政府的表态反复无常,中美经贸协商也经历了反反复复的过程,可以预想的是,未来中美之间还将有更多围绕经贸摩擦的交锋,但只要中美坚持在对话机制框架内保持沟通,始终敞开谈判的大门,中美之间的分歧就可以管控在谈判桌上,让中美关系在剧烈波动中保持相对稳定。

（三）以合作求稳定

中美经贸关系面临严峻的挑战和分歧,也就意味着中美之间仍有更多合作的空间。国际合作既源自国家之间的共同利益,也来自国家之间的不和谐。中国和美国在协调处理两国之间不和谐上有共同的需求,但在具体的利益分配上存在分歧,这是中美经贸关系矛盾的本质。从美国方面来看,特朗普政府所追求的所谓"公平贸易"的出发点是国内矛盾,中国当前深化改革开放的出发点也是国内矛盾。在处理中美经贸摩擦上,中美应寻找新的合作点,主动拓展合作空间,只要是有利于中国经济深化改革开发、提高人民生活水平的,就可以与美国继续加强合作。对美国国内的中国利益攸关方、对中国合作持积极态度的势力,应积极争取,进一步扩大中美经贸关系中的合作性力量。对于国际社会,应看到美国政府以"本国优先"为宗旨的贸易政策并不是只针对中国,美国对加拿大、日本、韩国、德国、墨西哥等国家的单边贸易制裁措施已经严重损害了世界各国的利益,也是对世界自由贸易的粗暴破坏,中国应积极扩大与其他主要贸易大国的合作,建立维护自由贸易的国际统一战线,形成国际合力。通过加强并扩大与美国国内利益攸关方和世界各国在贸易问题上的协调合作,既可以适当平衡中美贸易摩擦所带来的利益损失,也可以壮大有利于中国的合作性力量,在一定程度上制约特朗普政府对中美关系和世界经贸秩序的破坏性力量。

（四）以利益求稳定

无论是"反建制"出身的特朗普政府还是所谓建制派的拜登政府,都表态要维护国家利益。然而美国政府用以维护自身国家利益的手段,违背市场经济规律,重创美国的国际信誉,降低美国市场和美国产品在国际上的竞争力。面对愈发"内顾化"的美国政府,中国应当认清自身的利益划分,区分核心利益和次要利益、短期利益和长期利益。在不伤害中国核心利益的前提下，通过增加特定行业的进口采购计划等对美国行政当局的利益攸关方适当让利，在满足我国经济发展需要的同时稳定中美关系发展大局，同时对特定行业进行有针对性的反击性制裁，比如美国对中国存在巨大顺差的农业和服务贸易行业，让美国感受到与中国大致相当的利益损失。并且，借中美经贸竞争的压力加强与美国国内特定利益集团的关系，通过对华利益攸关的利益集团向美国政府施压，一方面警告美国政府单边主义制裁会反过来伤害美国国内的众多行业，另一方面谋求中美经贸关系的战略稳定。在历史上，中国派遣政府采购团和美国利益集团大力游说都曾迫使美国政府改变政策和态度，在对华贸易问题上回归中美合作。今天的中美关系比历史上更加复杂、多元，即便我们无法实现中美友好，也应当认识到维护中美关系基本稳定的大局、防止中美跌入"修昔底德陷阱"是中美双方的最重要利益。中国需要更细致入微地研究美国内部的动态变化并形成灵活的应对政策，以适当妥协和警告相结合，以让利和制裁相结合，以次要利益、短期利益分化美国，化解矛盾，实现中美关系稳定这一核心利益和长远利益。

中美如何避免"修昔底德陷阱"是21世纪国际政治的巨大命题。中美权力转移过程不会一帆风顺，体量巨大的中美经贸关系是构建中美战略稳定关系的基础，这不仅意味着中美经贸合作，也包括两国在经贸上的磨合、交锋和博弈。中美关系是两国互动共同塑造的，绝不是美国一家随心所欲，只不过由于过去中美实力悬殊，中国通常处于弱势被动地位，尽管表面上这样的不平等状态下弱势者的妥协掩盖了两国之间的竞争摩擦，但其实更倾向于一种严重受制于强势方单边行为的不稳定关系。随着中美经济相互依存的加深和中美经贸地位趋向平衡，在中美经贸关系这一"压舱石"的体量不断增大的同时，中美经贸关系更加趋向一种"势均力敌"的双向制衡关系，曾经较弱势一方的中国对中美关系的塑造能力也大大增加。对于一直处于强势一方、习惯让中国让步的美国而言显然无法很快适应这种变化，其政治思维和战略心态滞后于中美关系发展的客观现实。因此，两国进入一段较长时期的战略磨合期，从美国的角度讲也并非想要，也不可能做到强行倒退中美之间的经贸相互依存关系，但会寻求采取诸多方面的措施尽量延长美国的强势地位，寻求对中国更高的相对收益。中美经贸关系的战略稳定作用既是客观存在，也需要中国发挥主观能动性。对于美国政府挑起的经贸摩擦，一味妥协退让无助于"做大蛋糕"，共同增加两国的绝对收益，在这段战略磨合期，中国应该主动运用多种渠道影响美国对华政策，一方面要坚决击破美国政府不切实际的想法，迫使其放弃对华讹诈；另一方面坚持进一步深化改革开放，以面向全球的自由贸易旗帜回击美国政府"美国优先"的保护主义，将中美经贸关系"压舱石"做大、做强，并为我所用，推动中美关系发展回到良性互动的轨道上来。

美国对华经贸政策已经进入新的历史阶段，其逻辑出现了重大调整，经贸因素的自身塑造相对弱化，而国家安全考虑、地缘政治冲击，甚至类似于"无人飞艇"等偶然突发事件的影响在加大。中美经贸关系发展正处于十字路口。是在合作中解决问题还是在对抗中制造麻烦，是在良性竞争中向前发展还是在恶性竞争中下坠沉沦，是依靠多边化全球路径还是通过孤立式民族主义，不同道路选择将引向不同的前途命运。中国选择前者，但结果不完全取决于中国。美国如果沉迷于霸权心理，陷入了零和博弈，认定中国是美国问题的源头，继续实施对华脱钩断链,对美国自身、对世界经济的成本极高,危害极大。中国要掌握中美经贸关系的主动权,加强对中美经贸关系的塑造力,不能将中美经贸关系的发展方向任由美国强行塑造,按照美国的剧本发展。从底线思维出发,中国不能排除美国选择极端的经贸政策,必须要加以认真应对。这要求中国必须始终聚焦于国内高质量增长,用自身经济发展的确定性应对美国对华经贸政策的不确定性,提升和强化经济逻辑在美国对华经贸政策制定中的作用。这是稳住中美经贸关系的根本,也是赢得中美经贸竞争的关键。

后　记

　　这是本人撰写的第三本专著。上一本专著《中美金融关系研究》出版于 2013 年。如此算来，距离上一本书的出版，已超过 10 年。这十余年间虽然发表了几十篇学术论文，但没有出版一本专著，心中一直为此而忐忑。论文发表和专著撰写的很大一个不同在于，学术论文只需要对一个有趣的问题加以深入的研究并得出相应的结论，其需要的更多是创新性，所需时间相对较短；而撰写专著需要更加静下心来，围绕一个主题谋篇布局，搭建框架，进行系统分析，所需时间更长。

　　此书仍聚焦于本人长期研究的中美经贸关系。上一本书有明确的研究领域，是有关中美金融关系，主要探讨中美在金融领域的互动和博弈。其时代背景也很清晰，是 2007 年金融危机爆发，中美两国围绕着金融领域开展了大量的合作。这本书没有聚焦于特定的经贸领域，和上本书还算比较乐观的基调相比，本书的基调也发生了显著的变化。正如书名所显示的，中美经贸关系从相互依赖转向了战略竞争。

　　这与时代背景变化高度相关。美国是中美经贸关系发生此种变化的主要推手。两国正式建交后，中美经贸经历了长时间的融合和依存,这一方面给美国带来了巨大的经济收益,另一方面也产生了一定的负面冲击。前者无须赘言,有大量的研究证明了此点。但是美国国内越来越从负面角度看待中美经贸关系。这种负面看法不仅存在于经济利益分配层面,还把正常的双边经贸关系看成是帮助了中国大国崛起的战略因素。这就不是简单的经济问题,而是政治和安全问题了。

　　从时间段看,本书主要探讨了 2017—2024 年间中美经贸关系的发展和演变。这一阶段经历了特朗普和拜登这两任美国总统。通过对这两任总统任内中美经贸关系的总结,可以非常明显地感受到美国政府不断调整对华经贸战略,希望能够找到应对中国崛起的有效经济策略。在各种调整中,美国对华经贸政策和中美经贸关系逐渐偏离了方向,不断被政治化和安全化,日益成为中美双边关系的矛盾点和冲突点。除了重点梳理从特朗普到拜登这两任总统期间中美经贸关系历史性的重大转向外,本书还深入分析了产业政策和出口管制这两大具体政策议题。这两大议题作为理解中美经贸关系从相互依赖走向战略冲突的实证领域,其重要性在这八年内不断凸显,未来还会继续强化。

　　书稿大致完成,正值 2024 年底美国总统大选结果揭晓。特朗普击败了民主党候选人,成为美国第 47 任总统。历史往前发展,但又往回拐了个小弯。特朗普再度执政后,延续并加强对华战略竞争,制定比其第一任期更为严厉的对华经贸政策,短时间内快速对中国征收高额关税,将中美关系置于更为剧烈的冲突境地。特朗普的回归及其所制定的对华经贸战略,在某种意义上也进一步验证了本书的主题,说明中美经贸关系的战略竞争持续增强。

　　2013年,我评上了教授,并获聘博士生导师。因此,这本书的写作时间刚好也贯穿了我作为博导培养博士生的阶段。教学相长,本书的部分内容得到了学生们的帮助,期待学生们都有更加美好的未来。

　　和上一本专著顺利出版一样,本书得以最终完成,也离不开妻子和儿子的鼓励鞭策。借本书出版,再度表达对他们的谢意。

　　最后,我要对2018年突然去了另外一个世界的父亲表达深深的敬意。他辛劳、勤勉的身影,始终陪伴着我前进的道路。深沉的父爱,永远难以忘怀。就用这本书的这个地方,表达儿子对父亲的无尽想念吧。

宋国友

于复旦园

2025年4月

图书在版编目(CIP)数据

从相互依赖到战略竞争:美国对华经贸战略的重塑/
宋国友著. —上海:复旦大学出版社,2025.6.
(21世纪的美国与世界). —ISBN 978-7-309-17795-4

Ⅰ. F757. 128. 2

中国国家版本馆 CIP 数据核字第 2025SP7927 号

从相互依赖到战略竞争:美国对华经贸战略的重塑
宋国友 著
责任编辑/关春巧

复旦大学出版社有限公司出版发行
上海市国权路 579 号 邮编:200433
网址:fupnet@ fudanpress. com http://www. fudanpress. com
门市零售:86-21-65102580 团体订购:86-21-65104505
出版部电话:86-21-65642845
上海四维数字图文有限公司

开本 890 毫米×1240 毫米 1/32 印张 9.25 字数 200 千字
2025 年 6 月第 1 版
2025 年 6 月第 1 版第 1 次印刷

ISBN 978-7-309-17795-4/F·3106
定价:65.00 元

如有印装质量问题,请向复旦大学出版社有限公司出版部调换。
版权所有 侵权必究